上海市高原学科（监狱学方向）学术文库
系列教材编委会

主　任　严　励　张　晶　刘庆林

委　员　（以姓氏笔画为序）

　　　　马臣文　王传敏　乔成杰　仲玉柱

　　　　刘方冰　刘庆林　宋　行　宋立军

　　　　胡素清　贾洛川　徐海琨　蔡一军

上海市高校高原学科法学学科（监狱学方向）建设项目资助

上海政法学院刑事法学文库

上海市高校高原学科法学学科（监狱学方向）学术文库系列教材

总 主 编　严 励　张 晶　刘庆林
副总主编　贾洛川　王传敏

监狱法学

JIANYU FAXUE

乔成杰　宋 行　主编

化学工业出版社

·北京·

《监狱法学》共分十章，主要内容包括：导论、监狱法的基本原则、监狱法的渊源、监狱法律关系、监狱法律责任、监狱监督制度、特定类型罪犯刑罚执行保护制度、出狱人回归保护制度、国外监狱法律制度简介、我国监狱法律制度的发展与展望等。

全书体系新颖，安排得当，基本涵盖了监狱法学的内容，反映了该学科的整体框架。在内容的编排上，本书既注重理论的支撑，详细论述了监狱法学中的经典理论，也结合监狱行刑实践进行了分析。书中所附的知识拓展材料，可以开拓读者的视野，增加对监狱法学理论与行刑实践的了解。

本书可以作为本科院校和职业院校刑事执行、监所管理等专业的基础教材和监狱人民警察培训教材，也可供司法部门、法律工作者等在实际工作中参考和学习。

图书在版编目（CIP）数据

监狱法学／乔成杰，宋行主编．—北京：化学工业出版社，2018.3（2022.8重印）
ISBN 978-7-122-31456-7

Ⅰ．①监⋯　Ⅱ．①乔⋯②宋⋯　Ⅲ．①监狱法-研究-中国　Ⅳ．①D926.74

中国版本图书馆CIP数据核字（2018）第017071号

责任编辑：旷英姿　　　　　　　　　文字编辑：李　曦
责任校对：边　涛　　　　　　　　　装帧设计：王晓宇

出版发行：化学工业出版社（北京市东城区青年湖南街13号　邮政编码100011）
印　　装：天津盛通数码科技有限公司
787mm×1092mm　1/16　印张13¼　字数284千字　2022年8月北京第1版第5次印刷

购书咨询：010-64518888　　　　　　售后服务：010-64518899
网　　址：http://www.cip.com.cn
凡购买本书，如有缺损质量问题，本社销售中心负责调换。

定　　价：42.00元　　　　　　　　　　　　　　　　　　　版权所有　违者必究

《监狱法学》编写人员

主　　编　乔成杰　宋　行

副 主 编　石慧芬　张　伦

编写人员（以姓氏笔画为序）

　　　　　　马　艳　王　伟　石慧芬　吕　珂　乔成杰

　　　　　　李婵娟　宋　行　张　伦　林芬杰　温子程

序

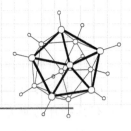

监狱学研究再出发

在一些理论研究者尤其是非法学背景的研究者眼中，监狱学似乎算不上一门学问，也谈不上是一门学科。事实上，监狱学非但有学问，而且是有大学问。问题是，我们该如何深刻揭示、诠释监狱学问，这本身就是有一个大有学问、大有门道的大问题。

监狱学属社会学范畴的科学

如果把人类的学问分成自然科学和社会科学（钱学森说还有思维科学），那监狱学无疑是社会科学。当我们真正认识监狱学的时候就会发现，监狱学与当下高等教育所设立的学科有着密不可分的关系。哲学、经济学、法学、教育学、文学、历史学、理学、工学、农学、医学、军事学、管理学、艺术学，等等，无不多多少少与监狱学有着这样或那样的关系。它是一门重要的社会科学，属社会科学范畴。

监狱学是具有人文属性的科学

人文科学准确地讲应该是社会科学的人文学科，侧重于从整体的、综合的角度研究人类本身以及社会，主要涉及历史学、社会学、人类学、心理学等学科。狭义的社会科学是将人类社会各种活动和关系等具体分为各个方面、条块进行相关研究，如政治、经济、法律、管理等学科。由此而言，人们无论如何解释人文科学，监狱学都是其中的一个内容。至少有两个方面最重要的含义：一个是改造矫正本身对于囚犯作为人的人文意义；另一个是改造矫正者的人文情怀的人文意义。以上任何一个方面，如果不是在人文意义上的构建，就会颠覆人的本质和价值。

监狱学是实用领域的科学

监狱的职责是什么？囚犯为什么会犯罪？如何改造矫正囚犯？谁有资格改造矫正囚犯？囚犯为什么可以改造矫正……这些看似常识性的问题，都应该在科学意义上得到比较正确合理的解释。在现有的认知判断里，监狱是社会的有机构成；监狱不仅仅是监狱，还关联犯罪、刑罚，关联国家治理、国家政权、国家架构甚至关联社会文化、民族精神。如当下的社会治理，人们很难设想，离开和没有监狱，这个社会该是什么样子。监狱其实是社会的一个有机构成。难怪李斯特曾言：最好的社会政策就是最好的刑事政策。以此而言，监狱学的研究，已经放大到了关于社会的运行规则、正义以及正义的实现上。

监狱学是一门独立学科的科学

监狱学当然要研究监狱，还要研究与监狱相勾连的大大小小、林林总总的问题。它是研究监狱存在的理由、建设的原理、管理的规则、运行的规律以及关于监狱体制、制度、理念与器物的问题,并要以人文科学的"人"字为出发点和归宿。可以说,监狱学有其特有的研究对象和价值,自然也就决定了其是一门独立且独特的学科。而我们遇到的更大的困惑——监狱是由劳改队转身的。也就是说,监狱在不久前还不是监狱;过去监狱的改造,更多地称作镇压、威慑,在未来还要转型为矫正。这就给我们的研究带来了很多有趣而无奈的话题:监狱学的概念、范畴、体系、要素等等都还是从劳改学转移过来的,用监狱学去替代劳改学,自然难以服众。因此,都需要在原理的基础上再研究。而这个再研究,无论是在理念上、价值判断上,还是体系、要素以及方法、路径上,都不再是传统的监狱学。

正是基于这样的理解和判断,上海政法学院和江苏省司法警官高等职业学校合作,试图以全新的视角建构新监狱学。我们期待这个研究项目获得学科上的新突破。当然,要突破一个学科的固有知识结构、固有传统理念和固有门类构架,是困难而有风险的。但是唯有突破,才具有生命力和影响力。

本系列教材聚焦于监狱关系、监狱文化、监狱生态、监狱暴力、监狱人权、监狱情报等前沿论域,力图揭示监狱制度变迁的深层机理,直面重刑主义倾向、高监禁率,以及安全导向行刑模式等问题带来的监狱治理困境与出路,并特意研究了出狱服务、监狱比较等问题,以拓展本课题的研究深度与广度。具体阐述如下:

《监狱学概论》。本书基于"简明教程"定位来谋篇布局,力图简洁扼要地回答清楚什么是监狱,其基本构成以及监狱发展简史等,用通俗易懂的语言在有限篇幅里描出监狱肖像。由画地为牢到实体监房,把"囚禁"不断具体化、显性化,既是人类文明的进步,也是刑罚施行的实际需要。在监狱类型分析中,我们不仅关注大陆法系、英美法系监狱的基本形态,更着力于监禁形态封闭与否的最显著的特征是什么?有限开放,开放的是什么?开放式监狱的价值何在?尤其关注法治的基本价值如何在监狱立法与制度运行中得到彰显。在此基础上我们聚焦于监狱关系、监狱文化、监狱生态、监狱暴力、监狱人权、监狱情报等前沿论域,力图揭示监狱制度变迁的深层机理,直面重刑主义倾向、高监禁率,以及安全导向行刑模式等问题带来的监狱治理困境与出路,并特意研究了出狱服务、监狱比较等问题,以拓展本课题的研究深度与广度。

《监狱法学》。监狱是刑罚走向文明过程中的产物,是现代国家刑事法律体系不可或缺的组成部分。监狱知识体系的庞杂性,催生着监狱学科研究的不断深化、细化。监狱法学就是以监狱法律制度和监狱行刑实践为专门研究对象的学科。无疑,在构建"法治国家"和实现国家治理能力与治理体系现代化的时代愿景下,监狱法学作为刑事法学、监狱学的分支学科,对于规范我国监狱刑罚执行、促进我国刑法目的实现具有重要的价值。

《监狱管理学》。作为监狱学学科的组成部分,监狱管理学立足于从原理和理论层面架构监狱管理的基本轮廓,并紧密结合当下我国监狱管理的现实问题,构建能够说明和解释当下中国监狱管理现状的理论体系。鉴于监狱管理的国家属性和法律特质，《监狱管理学》的构思和理论支撑主要来自于行政管理学和公共管理学，在描述监狱管理自身独特性的同时，也尝试用行政管理和公共管理的理论，重构监狱这一带有行政性质和刑事司法性质属性的"组织体"的管理问题。

监狱学研究再出发，我们相信并期待，我们的努力是有意义的！

是为序！

上海政法学院原副院长、终身教授　严　励
江苏省司法警官高等职业学校党委书记、校长、研究员　张　晶

2017 年 10 月 18 日

前言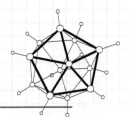

监狱是刑罚走向文明过程中的产物,是现代国家刑事法律体系不可或缺的组成部分。监狱知识体系的庞杂性,催生着监狱学科研究的不断深化、细化,监狱法学就是以监狱法律制度和监狱行刑实践为专门研究对象的学科。无疑,在构建法治国家和实现国家治理能力与治理体系现代化的时代愿景下,监狱法学作为刑事法学、监狱学的分支学科,对于规范我国监狱刑罚执行、促进刑法目的实现具有重要的价值。

本书分别论述了监狱法的基本原则、监狱法的渊源、监狱法律关系、监狱法律责任、监狱监督制度、特定类型罪犯刑罚执行保护制度、出狱人回归保护制度、国外监狱法律制度以及我国监狱法律制度的发展与展望。全书体系新颖,安排得当,基本涵盖了监狱法学的内容,反映了该学科的整体框架。在内容的编排上,本书既注重理论的支撑,详细论述了监狱法学中的经典理论,也结合监狱行刑实践进行了分析。书中所附的知识拓展材料,可以开拓读者的视野,增加对监狱法学理论与行刑实践的了解。

本书是由上海市高原学科(监狱学方向)和江苏省司法警官高等职业学校监狱发展研究院共同开发的学术文库之一。它可以作为院校刑事执行、监所管理等专业的基础教材和监狱人民警察培训教材,也可供司法部门、法律工作者等在实际工作中参考和学习。

本书由乔成杰、宋行主编,石慧芬、张伦副主编,具体分工为:乔成杰撰写第一章、第二章、第五章;吕珂撰写第三章;石慧芬、马艳、林芬杰撰写第四章;张伦撰写第六章、第九章;王伟撰写第七章、第八章;李婵娟、温子程撰写第十章。全书由乔成杰、宋行提出编写大纲和具体要求修改并定稿。张晨、于翔参与了资料搜集与书稿的校对工作。

本书编写过程中,参考和引用了国内外学者的大量研究成果,上海市高原学科(监狱学方向)、江苏省司法警官高等职业学校监狱发展研究院给予了充分的支持,并对本书提出了宝贵的修改意见,在此一并表示衷心感谢。

由于编者的水平有限,书中难免存在疏漏、不足之处,敬请广大读者批评指正。

编者

2018 年 1 月

目录

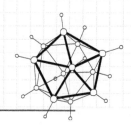

第一节　监狱法学的概念和研究意义　/ 001	
第二节　监狱法学的学科性质与学科地位　/ 004	**第一章**
第三节　监狱法学的研究对象和研究方法　/ 007	导论
第四节　监狱法学的历史与现状　/ 010	
拓展阅读　李步云的《论罪犯的法律地位》　/ 014	/ 001

第一节　保障罪犯权利原则　/ 015	
第二节　惩罚与改造相结合原则　/ 019	**第二章**
第三节　社会主义人道主义原则　/ 021	监狱法的
第四节　个别化原则　/ 023	基本原则
拓展阅读　限制减刑与终身监禁　/ 026	/ 015

第一节　监狱法的正式渊源　/ 027	**第三章**
第二节　监狱法的非正式渊源　/ 035	监狱法的
拓展阅读　监狱治本安全观　/ 039	渊源
	/ 027

第四章 监狱法律关系 / 041

第一节 监狱法律关系概述 / 041

第二节 监狱法律关系主体 / 044

第三节 监狱法律关系客体 / 049

第四节 监狱法律关系的内容 / 052

第五节 监狱法律事实 / 054

拓展阅读 高墙内的终生之盟：四川一监狱 11 对新人集体婚礼 / 057

华南虎事件主角出狱 两套西服丢失向狱方索赔 1 万 / 057

循证矫正 / 058

第五章 监狱法律责任 / 060

第一节 监狱行政责任 / 060

第二节 监狱刑事责任 / 061

第三节 监狱国家赔偿责任 / 065

拓展阅读 呼和浩特"10·17"暴动越狱案 / 070

第六章 监狱监督制度 / 071

第一节 监狱监督制度概述 / 071

第二节 监狱检察监督 / 073

第三节 监狱行政监督 / 080

第四节 社会监督 / 082

拓展阅读 "五毒书记"狱中著书立说获大幅度减刑提前出狱 / 084

最高人民法院审监庭庭长夏道虎介绍《最高人民法院关于办理减刑、假释案件具体应用法律的规定》主要内容 / 085

第一节　特定类型罪犯刑罚执行保护制度概述　/ 088

第二节　我国未成年犯刑罚执行保护制度　/ 092

第三节　我国女犯刑罚执行保护制度　/ 097

第四节　我国老年犯刑罚执行保护制度　/ 101

拓展阅读　曹建明：最大限度教育感化挽救涉罪未成年人　/ 106

第七章 特定类型罪犯刑罚执行保护制度
088

第一节　出狱人回归保护制度概述　/ 109

第二节　我国出狱人的法律地位　/ 112

第三节　我国出狱人的安置　/ 114

第四节　我国出狱人社会保护制度的发展与完善　/ 117

拓展阅读　上海创新安置帮教形式精准施策　/ 121

第八章 出狱人回归保护制度
108

第一节　国外近代监狱法律制度的产生和发展　/ 122

第二节　国外现代监狱法律制度简介　/ 125

第三节　国外监狱法律制度的启示与借鉴　/ 135

拓展阅读　监狱悖论　/ 142

第九章 国外监狱法律制度简介
122

第十章 我国监狱法律制度的发展与展望 / 143

第一节 我国监狱法律制度的演进 / 143

第二节 我国监狱法律制度的特质 / 155

第三节 我国监狱法律制度的省思 / 157

第四节 监狱法律制度的现代化 / 159

拓展阅读 清末监狱改良 / 168

附　录 / 170

一、中华人民共和国监狱法 / 170

二、联合国囚犯待遇最低限度标准规则 / 177

参考文献 / 197

第一章 导论

监狱法学是研究监狱法律制度的设立、运行以及依法进行惩罚与改造罪犯实践的刑事法学分支学科。它既是法学理论学科,也是法学应用学科,在法学领域具有其独立且独特的地位。

第一节 监狱法学的概念和研究意义

一、监狱法学的概念

按照学科特定的研究领域和研究对象定义该学科是通行的做法。据此,监狱法学可以被定义为"研究监狱法律制度的设立、运行以及依法进行惩罚与改造罪犯实践的科学"。显然,监狱法学是刑事法学的分支学科,既是法学理论学科,也是法学应用学科。

监狱法学,以刑事法学基本理论为基础,包括监狱立法、监狱法的渊源、监狱法律关系、监狱法律事实、监狱监督等内容。监狱法学研究中,对监狱行刑实践领域的关注,是以监狱法的价值实现为视角的,而不仅仅局限和拘泥于具体的刑务操作。

监狱法学,虽然是刑事法学的分支学科,但其研究领域和内容具有鲜明的个性,比较独特,尤其是改造罪犯的机理极为复杂,与犯罪心理学、医学、教育学、管理学、文化学、社会学等学科的关系非常密切,这使得监狱法学具有一定的技术法学特征。

监狱法学以监狱法律制度为重点研究对象。没有监狱法律制度,也就没有监狱法学。监狱法律制度是监狱法学研究的起点和最主要的对象。需要注意的是,监狱法学不是对《中华人民共和国监狱法》及相关法律的简单注释,而是运用法学基础理论对相关监狱法律现象、法律行为进行研究。

当然,任何一门学科都是一个开放的知识体系,具有丰富庞杂的内容,试图用一个标准来进行划分,往往会割裂该学科内在的、深层的有机联系。借用我国著名科学家钱学森对当代科学整合划分的原理和方式,监狱法学的研究内容应当包含从高到低四个层次:哲学层次、基础理论层次、应用理论层次和应用技术层次。因此,监狱法学既要坚持开放的视野,也要确立相对稳定的研究方向、领域、对象和内容。只有这样,监狱法学研究才能深入并凸显学科品质。

二、监狱法学的研究意义

1. 为建立健全我国特色社会主义监狱法律制度体系提供智力支持

法的最终决定因素是物质生活条件。监狱法律总是存在于一定的时代背景之下并受制于当时的政治环境、物质经济条件、社会文化、犯罪形势和刑事政策等因素。这就决定了监狱法律不是一成不变的，而是处于不断的进化之中。当前，构建法治国家、实现国家治理能力与治理体系的现代化、保障和尊重人权，以及公民社会生成、科学技术迅猛发展和重新犯罪率升高，刑事执行一体化趋势等时代背景，要求监狱法律体系更加健全。同时，在监狱工作中出现了一些难点、热点问题和新的情况，诸如进一步保障罪犯权利；如何化解监狱执法"三难"（罪犯刑满释放难、罪犯死亡处理难和严重疾病罪犯保外就医难）问题；如何规范监狱刑罚执行工作，提高执法公信力；如何应对罪犯构成、警察队伍结构的变化；如何与财产刑执行、社区矫正、释放安置等工作有机衔接；如何借鉴和吸收外国先进的罪犯矫正技术以及落实我国签署加入的国际公约等。这些问题的解决，在很大程度上依赖顶层制度设计，即监狱法律体系的进一步完善。

2. 不断完善和丰富监狱法学学科体系的内容

我国监狱法颁布实施以来，监狱法学研究虽然取得了一定的进展，但因为起步较晚，与刑法学、刑事诉讼法学等学科相比，还存在较大的差距。通过监狱法学的研究，可以就学科建设中若干重要的理论问题和实践问题统一思想，提高认识，如监狱法学在我国特色社会主义法学体系中的地位和作用；监狱法学学科的研究对象和范围；学科的框架结构和内容；学科的研究方向及其与其他学科的关系等，进而逐步完善监狱法学学科体系，丰富学科内容。

3. 指导监狱刑罚执行活动，充分发挥监狱惩罚与改造罪犯和刑法预防与减少犯罪的功能

监狱的刑罚执行，是国家在侦查、起诉、审判后对罪犯实施的惩罚与改造的工作，是一项挽救人、改造人、造就人的伟大系统工程。早在新中国成立初期，时任国务院副总理兼公安部部长罗瑞卿就曾深刻地指出："如果我们对反革命分子只会侦查、破案、审讯，而不懂得去改造他们，那么，我们的工作只是做了一半，也许还不是很重要的一半。"因此，通过研究监狱法学，正确处理公安机关、检察机关、人民法院、司法行政机关等在犯罪预防和治理工作中的分工负责、互相配合、互相制约的关系，依法协调各方面的资源和力量，积极融入社会综合治理体系，可以有效提高教育改造罪犯的质量，促进罪犯顺利回归社会，降低刑释人员的重新犯罪率，并切实发挥刑法预防和减少犯罪、监狱惩罚与改造罪犯的功能。

4. 可以提高依法治监的水平，切实保障罪犯的合法权益

行刑权与制刑权、求刑权、量刑权一起构成了国家的刑罚权。监狱的刑罚执行权力作为一种公权力，监狱作为一种特殊的公共营造物，其运行必须遵循公权力的运行规则和伦理，体现在依法管理监狱、依法管理罪犯和切实保障罪犯合法权益等方面。在现代社会，监狱的管理水平和罪犯权利保障水平，在一定意义上成为观察和衡量一个国家法治水平、文明程度的独特而有效的窗口。监狱也是国际人权斗争中被关注较多的领域。研究监狱法学，厘清罪犯的权利体系，构建中国特色的罪犯权利保障体系，有利于提高监狱行刑公信力，有力回应某些国家对我国监狱人权状况的无端攻击。

三、监狱法学的研究框架

在现有监狱法学研究成果的基础上,以监狱法律关系为研究主线,对于劳改法学、监狱学和刑事执行法学等领域研究较多的监狱史、刑务活动、警察管理、监狱企业管理等不再过多地述及。全书的研究框架如下。

1. 导论(第一章)

论述监狱法学的概念和研究意义;监狱法学的学科性质、学科地位及其与相关学科的关系;监狱法学的研究对象和研究方法;监狱法学的历史与现状。

2. 监狱法的基本原则(第二章)

论述了我国监狱法的基本原则,即保障罪犯权利原则、惩罚与改造相结合原则、社会主义人道主义原则和个别化原则。

3. 监狱法的渊源(第三章)

重点论述我国监狱法的正式渊源和非正式渊源。

4. 监狱法律关系(第四章)

法律关系是依据法律规范建立的一种特殊形式的社会关系,是法律在调整人们的行为中形成的权利义务关系。监狱所有惩罚与改造罪犯的法律、规则、器物和实践,都是围绕着监狱法律关系展开的。监狱法律关系是监狱法学的支柱,具有统摄性。忽视对监狱法律关系的研究,不以监狱法律关系为"红线",监狱法学的研究就极易"碎片化"和零散化,陷入"一叶障目,不见森林"的尴尬境地。该章重点研究监狱法律关系的概念、特征、分类;监狱法律关系主体;监狱法律关系客体;监狱法律关系的内容;监狱法律事实。

5. 监狱法律责任(第五章)

重点研究了监狱行政责任、刑事责任与国家赔偿责任。

6. 监狱监督制度(第六章)

主要论述监狱监督制度的概念、特征和功能;人民检察院的法律监督制度;监狱行政监督制度;社会监督。

7. 特定类型罪犯刑罚执行保护制度(第七章)

论述了特定类型罪犯刑罚执行保护制度的意义和国外的主要做法;我国未成年犯、女犯和老年犯的刑罚执行保护制度。

8. 出狱人回归保护制度(第八章)

论述了出狱人保护的性质、理论基础和国外的主要做法;我国出狱人的法律地位;我国出狱人的安置;我国出狱人社会保护的发展和完善。

9. 国外监狱法律制度简介(第九章)

以比较研究的方法,介绍国外近代监狱法律制度的产生和发展;现代国外主要的监狱法律制度;国外监狱制度的启示与借鉴。

10. 我国监狱法律制度的发展与展望（第十章）

论述我国监狱法律制度的演进；我国监狱法律制度的特质；我国监狱法律制度的省思；我国监狱法律制度的现代化。

第二节 监狱法学的学科性质与学科地位

一、监狱法学的学科性质

关于监狱法学的学科性质，争论较多，主要有四种不同的观点。

第一种观点是把监狱法学归入政治学科。其理由在于：监狱是国家的暴力机器和刑罚执行机关，监狱行刑实质是国家政治权力的运用，监狱法学应与研究国家及其活动的政治学高度一致，是政治学不可或缺的组成部分。

第二种观点是把监狱法学纳入管理科学。认为监狱行刑主要是依据相关法律将已经确定的刑罚付诸实施，即执行刑罚、管理罪犯和改造罪犯，以把罪犯改造成守法公民为目标，以监狱人民警察职权规范行使为要求，是一门以人的行为为管理对象的管理学科。

第三种观点认为监狱法学属于法律学科，是刑事法学的一个分支。1998年教育部《普通高等学校本科专业目录和专业介绍》，就曾经将原有的监狱学（劳动改造学）专业与法学、经济法、国际法、国际经济法、商法、刑事司法专业合并为法学专业。

第四种观点是将监狱法学视为一门综合性学科。其理由是：一方面监狱法学受到刑事法学如刑法、刑事诉讼法、犯罪学以及其他法学学科的影响；另一方面又受到哲学、政治学、史学、教育学、心理学、经济学、社会学、管理学等社会学科和医学、地理学等自然学科以及建筑学等工程学科的影响。

应该说，以上的四种观点都有一定的道理。本书主张监狱法学属于刑事法学学科，同时学科的综合性较强。监狱法学既具有刑事法学的政治性、社会性、实践性等一般特征，也具有综合性的特征。

二、监狱法学的学科地位

监狱法学是一门独立的法学学科。一方面，以现行监狱法为核心的监狱法律是一个独立的法律部门，这决定了监狱法学是一门独立的部门法学。另一方面，监狱法学具有较为独特而稳定的研究领域、研究对象、研究内容和研究方法，也形成了关于自身概念、原理、观念的基础知识体系。在统一的刑事执行法典尚未出台之前，监狱法应当是与刑法、刑事诉讼法并列的且处于同一层次的刑事基本法律，不能将监狱法视为刑法、刑事诉讼法或行政法的附属法。相应地，监狱法学也应当是与刑法学、刑事诉讼法学并列的三大刑事法学学科之一。

三、监狱法学与相关学科的关系

厘清监狱法学与相关学科间的关系，有助于我们进一步明确监狱法学的学科地位。

（一）监狱法学与监狱学

1. 监狱学的主要研究内容

18 世纪以来，随着刑罚方法的进步和自由刑理论的发展，西方国家兴起了监狱改良运动，推动了系统的、框架体系较完整的监狱学的形成。监狱学最早于 19 世纪在德国诞生。[1] 我国的监狱学发轫于清末的法律改良运动中。西方列强以"觇其监狱之实况，可测其国度之文野"的幌子，作为永不放弃领事裁判权的借口，加之近邻日本的成功，极大地激发了有识之士于万般端绪中关注狱制改良——改苛律、洁监狱、免酷刑。1902 年清朝政府命令沈家本、伍廷芳为修订法律大臣，制定监狱法规；1906 年京师大学堂首开监狱学课程，选拔高等政法学生专门研究监狱学理和管理技能，并聘请了日本监狱学家小河滋次郎主讲监狱学；1908 年小河滋次郎受聘为狱务顾问，起草监狱法规，创制了中国历史上第一部正规的监狱法典——《大清监狱律草案》。

监狱学发展至今，已经成为研究监狱及其运行规律的专门学科。作为一门相对独立的综合性社会科学，监狱学有着十分广泛的研究领域和丰富多采的内容。清末监狱改良时来华主讲监狱学并主持编订《大清监狱律草案》的日本监狱学家小河滋次郎认为："学者有谓监狱学为各种学问凑合而成，故德语 Collectivwissenschofs（凑合学）。此等解释，几经研究而来。凡于社会人事上有关系之事，皆备于监狱，故监狱为社会之小影，而世界社会之各种学问，监狱学中，皆包含一部分。"[2] 他认为监狱学至少与法律学、刑法学、医疗学、卫生学、行政学、社会学、经济学、心理学、教育学、形式学（建筑学）等有直接或间接的关系。监狱学在长期的研究和发展过程中，逐渐分化为基础理论和应用理论两个层面，目前，研究得较多的分支学科有以下六个。

（1）狱政管理学　这是研究监狱行政管理活动及其规律的学科，重点研究对罪犯的刑罚执行活动，包括监管、武装警戒、狱内侦查、生活卫生、考核奖惩等内容。

（2）教育改造学　它主要研究教育改造罪犯的内容、方法、技术、原则和规律以及如何运用教育这一基本手段去改造罪犯。

（3）劳动改造学　重点研究劳动改造罪犯的功能和监狱组织生产劳动的原则、组织和管理。

（4）罪犯改造心理学　罪犯改造心理学是指研究罪犯改造过程中的心理问题及其规律的学科，内容较广，甚至可以说是"监狱心理学"的另一个名称，而且内容的学术性也较强。

（5）比较监狱学或外国监狱学　这是指研究不同国家、地区的监狱学说、制度与实践的学科。

（6）监狱史学　以历史研究的方法，主要研究中外监狱的产生、发展的演变过程及其规律，以监狱的本质、特征、职权、狱政思想、监狱立法、管理制度和监狱及其制度的历史作用作为研究的主体。

---

[1] 王志亮. 刑法学专业监狱学方向硕士研究生培养模式创新——以上海政法学院为例. 河南司法警官职业学院学报. 2014, 12 (4).

[2] ［日］小河滋次郎口述. 熊元翰编. 监狱学. 上海：上海人民出版社，2013.

2. 监狱法学与监狱学的关系

从监狱学的发展和研究内容可以看出监狱法学与监狱学既有联系又有区别。

① 监狱学相对成熟且研究范围较为宽泛,而监狱法学研究内容主要集中在监狱法律规范上,包括监狱法律的制定、法律渊源、法律关系、刑罚执行及惩罚与改造罪犯的相关实践。

② 监狱法学与监狱学的研究内容有一定的交叉。在某种意义上,也可以将监狱法学视为监狱学的一个分支学科。同时,研究监狱法学需要借鉴和吸收监狱学的研究成果、研究方法,比如关于监狱产生、发展、狱政管理、劳动改造等方面的研究成果和比较研究、历史研究方法。

③ 监狱法学与监狱学研究互为促进。在制定监狱法律规范时,吸收了监狱学关于监狱本质、形态、职能、历史发展、运行规律等方面的研究成果,监狱学的学科知识在监狱法学中有较多的体现,而监狱法学对监狱法律规范以及据此的刑罚执行、惩罚与改造罪犯实践的研究,又丰富了监狱学的知识体系。

(二)监狱法学与其他相关学科的关系

1. 监狱法学与刑法学

这两个学科之间的密切联系表现为:首先,它们同属刑事法学的范畴,是刑事法学的不同分支学科;其次,它们的研究对象有密切联系,刑法学是研究犯罪、刑事责任与刑罚的学科,而监狱法学是研究监禁刑罚执行的理论、制度和实践的学科,都研究刑罚这个共同内容;再次,它们之间存在着依存关系,如果忽视监狱法学的研究,不通过监狱法学研究促进监狱刑罚执行活动的法治化、科学化,刑法学研究的刑罚就不能实现应有的预防与减少犯罪的目的。

这两个学科的区别也是比较明显的。首先,刑法学是先于监狱法学而存在的,如果不存在刑法学及其研究中的刑事责任、刑罚的情况,就不存在研究如何执行刑罚的问题。其次,研究重点不同。刑法学研究如何对犯罪行为和犯罪人规定、适用(判处)刑罚的问题,而监狱法学研究如何执行所规定和适用的监禁刑罚问题。

2. 监狱法学与刑事诉讼法学

它们之间的密切联系同样体现在同属于刑事法学、研究内容密切相关和相互依存关系上,区别则是研究重点的不同。刑事诉讼法学着重研究如何从程序上保证准确查明案件事实、确定刑事责任和刑罚的问题,而监狱法学重点研究如何准确有效执行刑罚的问题。罪犯的减刑和假释虽然也有程序问题,但属于刑罚执行的变更,是刑事执行程序,一般在监狱法学中加以研究。

3. 监狱法学与犯罪学

犯罪学是研究犯罪及其发生、防治的综合性学科。它研究犯罪人、犯罪及其发生、犯罪现象以及对犯罪的社会反应等问题。对罪犯适用刑罚、执行刑罚是国家对犯罪最为重要的正式反应。犯罪学的研究成果如犯罪原因、犯罪心理、犯罪应对和预防策略等,对深入认识罪犯、采取科学行刑方法有较大的帮助。监狱法学对监禁刑罚体验、狱内犯罪、刑满人员重新犯罪等问题的研究也极大地丰富犯罪学理论的内容,促进犯罪学理论的发展。

4. 监狱法学与社会学

社会学是研究社会行为、社会群体、社会结构和社会变迁的学科。监狱是一个特殊的社会，服刑罪犯最终也要走向社会。因此，监狱法学也不是一门纯粹的法律学科，它势必涉及对罪犯、罪犯群体及其行为等很多非法律内容的研究。因此，社会学的原理和研究成果，如人与社会之间、人与人之间相互作用，社会化和再社会化，群体与群体互动，社会心理等，对监狱法学研究有重要的帮助作用。监狱法学研究常用的调查研究法、个案研究法、观察法、统计分析法等，都是典型的社会学研究方法。

5. 监狱法学与建筑学

建筑学是研究建筑艺术的科学。建筑作为监狱所附属的物质形态，是监狱最基本、最重要的基础设施。监狱内的所有活动，包括狱政管理、罪犯教育改造和劳动生产等都离不开监狱建筑。行刑理念的变迁影响着监狱建筑风格。监狱建筑设计既要考虑安全、坚固，又要考虑与当地的社区环境相适应。监狱的建筑应该坚固、通风、透光、清洁、保暖，便于警戒和管理，应该有相应的浴室、厕所、运动场所等附属设施。监狱的选址应当考虑便于利用社会力量和资源、便于组织生产劳动。监狱建筑环境应当有助于促进罪犯接受教育矫正并适用于不同的矫正类型与目标。正如小河滋次郎所言："建筑如不得法，亦不能收监狱之效果。故研究监狱学者，不可不研究建筑学。"❶

6. 监狱法学与医学

医学是通过科学或技术的手段处理人体的各种疾病或病变的科学，是一个从预防到治疗疾病的系统学科，研究领域包括基础医学、临床医学、法医学、检验医学、预防医学、保健医学、康复医学等。监狱是人员高度密集的场所，长期的监禁生活必然影响罪犯的生理和心理。因此，积极开展卫生防疫、防范传染病的爆发和流行、保障罪犯有病得到及时治疗、促进罪犯的身心健康是监狱工作的重要内容。这些工作的开展离不开医学学科的支持。实践中，罪犯的健康权利，保外就医、劳动能力、工伤与死亡的医学鉴定，伪病鉴别，罪犯医疗标准，罪犯医疗知情权、罪犯医疗伦理等问题，需要监狱法学和医学去共同研究解决。

第三节　监狱法学的研究对象和研究方法

一、监狱法学的研究对象

所谓研究对象，是指该学科研究活动的范围和领域。任何一门学科都有其特定的研究对象，而研究对象是由该学科领域所具有的特殊矛盾决定的，这也是区别各学科的重要依据。监狱法学作为一门学科，与其他学科一样，也有其特定的研究对象。在刑罚执行过程中所产生的惩罚与被惩罚、改造与被改造这一特殊矛盾，决定了监狱法学的研究对象。监狱法学是以监狱法律规范和行刑实践及其发展规律为研究对象的。

---

❶ ［日］小河滋次郎口述．熊元翰编．监狱学．上海：上海人民出版社，2013：3.

一门学科确立的基本标志，就是它有一套自己的概念、观点和理论，而不能仅仅有某一方面的实际工作和对它们的简单描述，即不仅对该学科涉及的丰富社会实践"知其然"，而且要"知其所以然"，并且发展其一些基本概念、基本原理和多方面的理论观点。监狱法学不能成为注释法学，它不仅要对现行的监狱相关法律制度作出全面的、科学的解读，还要对健全和完善监狱法律体系提出科学的预想和系统论证。同时，作为一门应用型学科，监狱法学应重视行刑实践的研究，注意新情况、新问题、新经验的产生、变化和发展，及时总结经验，强化超前性理论研究，提出科学的预见和深入的探索，以充分发挥理论指导实践的作用。

监狱法学的研究对象主要有：监狱法律规范，既包括监狱法律规范的制定、渊源、历史沿革、比较研究等内容，也包括监狱法律关系的主体、客体、内容、法律事实等内容；监狱行刑实践，监狱的刑罚执行活动主要包括狱政管理、教育改造和劳动改造。这些行刑实践以法律规范为依据，要求行刑主体和受刑主体法定、行刑内容法定、程序法定并有相应的救济措施。监狱行刑实践是生动、丰富而具体的，涵盖了罪犯收押、生活安置、卫生医疗、劳动、教育、考核奖惩、刑罚执行变更、出狱衔接等诸多方面；监狱行刑权力运行，监狱法律规范通过调整和分配罪犯的权利义务来实现行刑目的，即在相应的监狱法律规范中设定罪犯的权利与义务。相应地，法律授予了监狱和监狱人民警察特定的行刑权力。在现代社会，公权力尤其是刑罚权力的运行必须遵循法治基本原则，如保障合法权益原则、权力法定原则、监督原则、合理原则、救济原则等。

二、监狱法学的研究方法

（一）监狱法学研究的方法论原则

监狱法学中的方法论原则，是指在利用具体方法从事监狱法学研究的过程中应当遵循的基本准则。监狱法学研究要以辩证唯物主义和历史唯物主义为基本指导思想，坚持以下方法论原则。

1. 系统论的原则

系统论是按照事物本身的系统性把研究对象作为具有一定组织、结构和功能的整体加以对待的理论。在监狱法学研究中要树立整体性、层次性、互动性和动态性的观点，认识到监狱行刑活动是整个刑事司法活动的一个子系统，而监狱行刑活动本身又由更小的子系统组成，它们之间相互联系、相互影响并且处于不断的变化之中。

2. 思辨与实证相结合的原则

思辨依靠直觉、洞察和逻辑推理来获取知识，是我国一种实用、传统和经典的研究方法。思辨方法的显著特点就是过分关注个人直观感觉和已经存在的学说观点，更多地利用逻辑推演来获得具体的认识，如运用不当会产生脱离实际情况、不重视调查研究的弊端。实证研究方法是西方思想启蒙运动以来社会科学的基本倾向之一，它重视经验资料的来源、获取和对经验资料进行调查、分析和归纳，进而从中获得结论。在监狱法学研究中，要将这两种方法有机结合起来加以使用。一方面，研究者整理自己的思路，分析已有的理论观点，提出自己的研究假设和研究方案；另一方面，通过实证方法获取可靠的事实材料，验证自己的研究假设，从而提出有事实根据的理论观点。

3. 定性与定量相结合的原则

典型的定性研究方法包括实地调查法、文献研究法、案例分析法、资料分析法、事实归纳法、不涉及数据资料的事实比较法等。典型的定量研究方法包括统计方法、实验方法、测量方法、问卷调查方法和数据比较方法等。定性研究方法是定量研究方法的基础，定量研究方法是定性研究方法的精确化，这两种方法各有优缺点，实践中也在不断地相互渗透和融合。在监狱法学研究中要恰当地将两类方法结合使用，在研究的设计与规划、研究方向的确立、研究对象的选择、解读研究资料、提出研究结论等方面，要更多地依靠定性研究方法；在对研究对象的精确认识、研究资料的收集、对不同事物或现象之间数量关系的认识方面，要更多地依靠定量研究方法。社会科学统计程序软件包（SPSS）等数据统计分析软件给复杂数据资料的处理提供了极大的便利。

4. 理论与实践相结合的原则

监狱法学不是考据法学，也不是注释法学，监狱法学研究者既要进行理论方面的探索和研究，建立监狱法学自己的一套理论学说和概念体系，也必须关注丰富、生动的监狱行刑实践，尊重基层的首创精神和智慧，将理论研究和理论成果的实际应用有机结合起来。如果远离实践、脱离实际，不认真关注刑罚执行中出现的现象，不努力解决监狱行刑中产生的问题，监狱法学的研究就难以做到真实、有效，也难以持久地存在和发展。

（二）常用的几种研究方法

监狱法学的具体研究方法很多，几乎所有在社会科学中使用的方法都可以运用到监狱法学的研究之中。监狱法学研究一般很少会只使用一种方法，往往要综合使用多种方法。常用的研究方法有以下几种。

1. 文献研究法

文献研究法是一种调查研究方法，对别人收集的资料或公开发表的成果进行新的分析和研究，从而发现新的研究信息或得出新的研究结论。监狱法学研究中的文献按持有主体分为：个人文献，如警察和罪犯的日记、自传、书信、回忆录等；官方文献，如法律法规与文件、罪犯档案、警察档案、监狱工作报告、监狱史志、公文函件、报表和统计资料等；大众传播媒介，如关于监狱的影视作品、报告文学、小说、史料，新闻采访、活动报道等。

2. 比较研究法

一种是纵向比较研究法，即对同一研究对象在不同时间阶段的具体特点进行比较。例如可以对比罪犯在入监初期、改造中期和临释前心理量表测试的结果，发现罪犯服刑心理变化的特征和规律；对我国监狱工作和法律制度的历史进行梳理，寻找发展规律。另一种是横向比较研究法，即对同一时期存在的不同现象进行比较研究，例如可以比较不同国家、不同地区的监狱制度、罪犯权利等，从而发现可以借鉴和吸收的成分。

3. 调查研究法

借助问卷等工具收集一定数量人的相关资料，包括问卷法、电话访谈法、面谈法、邮寄调查法、量表测试法、模拟实验法、田野调查法等。在监狱法学研究中，这种方法可以适用较大样本的研究，如监狱执法满意度调查、对监狱法修改意见的公开征集等。

4. 个案研究法

监狱法学中的个案研究是通过对特定的罪犯个体或某一刑罚执行具体问题进行的深入调查研究。一般要选择具有典型性的研究对象，即研究对象具有所属类别的基本特征而不是极端的、奇异的，这样，个案研究的结论才具有推广使用的价值。个案研究法强调研究的深度，以达到全方位、多角度、深层次地认识研究对象。顽危犯的个别攻坚教育、特定刑罚执行问题的专题调研、监管安全事故案例分析、罪犯的循证矫正等都属于个案研究法。

5. 观察法

观察法是研究人员通过自己的感官或者借助工具收集资料和查明事实的方法。科学的观察具有以下特点：有一定的研究目的或者研究方向；预先有一定的理论准备和较系统的观察计划；有较系统的观察或者测量记录；观察结果可以被重复验证；观察者受过一定的专业训练。❶ 监狱法学研究中的具体观察方法有参与式和非参与式两种。参与观察法指研究人员置身于研究对象的环境和活动之中进行观察，包括作为观察者的观察和作为完全参与者的观察。我国著名的犯罪学家严景耀就曾于 20 世纪 30 年代到北平第一监狱当志愿"犯人"，之后写下了《北京犯罪之社会分析》《中国监狱问题》等多篇极有价值的论文。美国犯罪学家罗伊·金论述了在监狱中进行现场研究的十条经验，第一条是"必须亲自到监狱中去"。❷ 非参与式观察法指观察者以局外人的身份和态度，利用自己的感官，对在自然状态下的罪犯、现场和事件进行观察，如通过音视频系统观察罪犯的言行举止，研究其行为特征。

第四节　监狱法学的历史与现状

一、新中国成立前的监狱法学

在新民主主义革命时期，各革命根据地、解放区就建立了监狱、看守所，颁布了一些具有法律属性的监所管理规范。1932 年 8 月 18 日颁布的《中华苏维埃共和国劳动感化院暂行章程》，被视为工农民主政权的第一部具有法律属性的监狱规范。各根据地、解放区的监狱工作，反对旧监狱的"惩办主义"和"报复主义"，实行"管理、教育、生产三结合"，坚持"改造第一、生产第二"的方针，"废除一切形式的肉刑""把罪犯当人看""给出路"，因时因地创造了回村执行、保外服役、战时假释等监外执行制度、罪犯自治制度，收到了较好的效果，积累了一定的经验。

新中国成立前夕的 1949 年 2 月，中共中央发布了《关于废除国民党的六法全书与确定解放区的司法原则的指示》。1949 年 9 月 29 日中国人民政治协商会议第一届全体

---

❶ 袁方. 社会研究方法教程. 北京：北京大学出版社，1997：334.
❷ 吴宗宪. 当代西方监狱学. 北京：法律出版社，2005：172.

会议通过的《中国人民政治协商会议共同纲领》第七条规定，"……仍须依法在必要时期内剥夺他们的政治权利，但同时给以生活出路，并强迫他们在劳动中改造自己，成为新人……"这是创建新中国监狱工作的宪法性依据。

马克思列宁主义的国家学说和无产阶级专政的理论、毛泽东思想理论体系中关于对罪犯改造的思想，是艰苦卓绝的新民主主义革命时期监狱工作的理论基础。1917年俄国十月革命成功后，以列宁为首领导的苏维埃政权把马克思主义改造罪犯的思想作为劳动改造罪犯工作的指导思想，建立了劳动改造制度并颁布了有关法律，如监狱制度的《暂行细则》《俄罗斯苏维埃社会主义共和国监狱条例》和两部《劳动改造法典》，逐步形成劳动改造法学这门学科。前苏联劳动改造罪犯的理论和实践深刻而持久地影响着我国新民主主义革命时期乃至新中国的监狱工作。

在新民主主义革命时期，工农民主政权的监狱处于雏形和初创阶段，有关监狱的法律性规范少之又少，监狱法学研究基本空白。但是，这个时期关于劳动改造罪犯，"用共产主义的精神与劳动纪律去教育犯人"❶，实行革命的人道主义，"对待任何犯人坚决废止肉刑"❷等观念和主张，为新中国监狱事业及监狱法的创建奠定了坚实的理论和实践基础。

二、《中华人民共和国监狱法》颁布实施前的监狱法学

按照时间维度，对新中国监狱法学影响较大的事件有以下几个。

1949年12月20日《中央人民政府司法部试行组织条例》规定，司法部"主持全国司法行政事宜"，全国司法行政事宜其中包括"关于犯人改造监管机关之设置、废止、合并、指导、监督事项"。

1950年11月3日中央人民政府政务院发布的《关于加强人民司法工作的指示》规定："关于监所管理，目前一般宜归公安部门负责，兼受司法部门指导，由省以上人民政府依各地具体情况适当决定。"

1951年5月第三次全国公安会议通过的《关于组织全国犯人劳动改造问题的决议》及中共中央的重要批示，要求大规模开展劳动改造罪犯工作。

1952年6月公安部召开的第一次全国劳改工作会议，重点解决了监狱工作中存在的一些突出问题，确定了监狱设置和监狱组织罪犯的生产劳动项目逐步走向集中的发展方向。在监狱组织罪犯生产劳动项目上决定今后主要从事兴修水利、筑路、开荒、开矿等国家基本建设。在罪犯的监管改造上提出"在强迫罪犯劳动生产中，必须同时进行严格的管制"。

1953年12月10日公安部召开的第二次全国劳改工作会议，讨论通过了《中华人民共和国劳动改造条例》草案。该条例于1954年9月7日由政务院公布实施。1994年12月29日《中华人民共和国监狱法》颁布实施前，该条例共施行40年时间，是我国建国之初颁布实施的法律法规中使用时间最长的法律之一。它的颁布实施，使我国劳动改造工作由主要依赖政策调整转变为主要依靠行政法规调整，我国监狱改造罪犯工作初

---

❶ 毛泽东. 中华苏维埃共和国中央执行委员会与人民委员会对第二次全国苏维埃代表大会上的报告. 1934.
❷ 毛泽东. 论政策. 江西社会科学, 1981 (51).

步实现了有法可依,对推动我国监狱改造工作的法制化进程起到了极为重要的作用,成为我国监狱工作法制化建设历史上的里程碑之一。

1979年10月31日,法学家李步云等在《人民日报》发表《论我国罪犯的法律地位》一文,在国内学界、政界和司法界引起强烈反响。

1981年8月18日公安部召开的第八次全国劳改工作会议,根据党的十一届三中全会和六中全会精神,回顾了新中国成立以来的劳动改造工作,肯定了成绩,初步总结了正反两个方面的经验,确定了新时期劳动改造工作的任务,提出了加强劳动改造工作的措施。

1982年1月,中共中央发布的《关于加强政法工作的指示》指出:"劳改、劳教场所是教育改造违法犯罪分子的学校。它不是单纯的惩罚机关,也不是专搞生产的一般企业、事业单位。"之后,创办"特殊学校"、提高教育改造罪犯工作水平的活动轰轰烈烈地展开。

1983年8月15日,根据中央决定,我国的劳动改造工作由公安部门移交司法行政部门领导和管理。

1994年1月召开的全国司法厅(局)长暨监狱、劳教局长会议上,司法部明确提出,要坚定不移、量力而行地逐步将全国监狱建设成为现代化文明监狱,把全国监狱建设成具有中国特色、拥有先进的监管设施设备和科学文明管理制度的社会主义刑罚执行机关。

新中国的监狱成功改造了日本战犯、国民党战犯、伪蒙伪满战犯和一大批其他刑事犯罪分子,创造了举世瞩目的奇迹。《中华人民共和国劳动改造条例》《劳动改造罪犯刑满释放及安置就业暂行处理办法》《劳动改造管教队工作细则》《监狱、劳改队管教工作细则》等法律法规,为我国改造罪犯工作的正确进行提供了法律依据,成为我国社会主义法律体系中最早建立的法律部门之一。

随之,劳改法学的教学和理论研究成果丰硕,研究机构和学术团体先后成立,科研队伍迅速成长,对外学术交流逐步展开。1957年中央公安学院西安分院劳改业务教研室编写的《劳动改造工作讲授提纲》,1959年北京政法学院刑法教研室编印的《中华人民共和国劳动改造讲义》,1963年中国人民大学法律系刑法教研室编印的《中华人民共和国劳动改造学讲义》,1983年力康泰和邵名正为辽宁广播电视大学编写的《〈劳动改造法学〉讲义》等,是我国最早使用的一批监狱法学教材。在原国家教育委员会1993年7月确定的《普通高等学校本科专业目录》中,劳动改造学作为法学学科门类五个专业名称之一,与法学、经济法、国际法、国际经济法并列。中国人民大学、北京大学、中国政法大学、西南政法大学、西北政法学院等高等院校先后开始招收刑事执行法学研究方向的硕士研究生、刑法学专业监狱学研究方向的博士研究生,设立刑事司法系,开设本科刑事执行法学课程。法学专业的电大、函大、夜大、高教自学考试都设有监狱学课程。以中央司法警官学院为中心,全国多数省、市成立了(监狱)警官学校,招收大专生和培训在职劳改干部。全国形成了从研究生、本科生、大专生到中专生的大规模、多层次的劳动改造法学教学体系。

进入80年代后,劳动改造法学很快形成了一个独立的学科,监狱学的论文、专著、教材、工具书、翻译作品、工作手册、文件汇编等如雨后春笋，数量可观。据中国监狱学会1993年不完全统计，仅1985年到1992年全国出版监狱、劳改学方面的专著、教材、工具书达186种之多。[1] 1985年中国法学会劳改法学研究会（曾称为中国劳改学会、中国监狱学会，现为中国监狱工作协会）成立，作为国家级学会与中国法学会平行，下设监狱法学、狱政管理学、教育改造学等十个专业委员会。司法部、中央司法警官学院、中国人民大学及绝大多数省份设有犯罪与改造研究所、犯罪与监狱学研究所或监狱学研究所，创办了《犯罪与改造研究》《中国监狱学刊》等国家级刊物和内部专业刊物。

三、监狱法学的现状

1994年12月29日，第八届全国人民代表大会常务委员会第十一次会议通过了《中华人民共和国监狱法》，这是新中国第一部监狱法典。为了保证与新修订的刑法、刑事诉讼法的衔接，2012年10月26日，第十一届全国人民代表大会常务委员会第二十九次会议对监狱法进行了7个条文的修改。司法部相继出台了《监狱服刑人员行为规范》《监狱教育改造工作规定》等部门规章。至此，我国特色的社会主义监狱法律体系基本建立。

监狱法颁布实施的20年，是我国向现代化国家持续迈进的20年，也是我国监狱工作快速发展的20年。历经监管改造工作改革、创建现代化文明监狱、监狱工作"三化"（法制化、科学化和社会化）建设、监狱体制改革、监狱布局调整、监狱信息化建设，我国监狱的整体面貌发生了巨大的变化。

这20年中，监狱学术研究和对外交流蓬勃发展。2016年6月，中国监狱学会更名为中国监狱工作协会，全国31个省、自治区、直辖市和新疆生产建设兵团均成立了监狱协（学）会。广大理论工作者和实际工作者对监狱立法和司法实践中的热点、难点问题开展了广泛而深入的研究，监狱学教学与科研活动日趋活跃。据相关数据显示，仅2013年，公开出版的监狱学著作就达43部。[2] 对外交流广泛开展，司法部、司法部监狱管理局积极参加联合国预防犯罪与罪犯待遇大会，广泛参加国际性、区域性、双边或多边学术交流活动，参与亚太地区矫正管理者会议。2000年，中国监狱学会正式加入国际矫正与监狱协会（ICPA）。

监狱法学研究也日趋被重视。监狱法学研究会是中国法学会下设的16个学科、专业和专门研究会之一，2001年中国监狱学会设立监狱法学专业委员会。直接以"劳改法学"或"监狱法学"命名的学术著作有：余叔通主编的《劳动改造法学》（法律出版社，1987年出版）；赵建学著的《中国劳改法学总论》（陕西人民出版社，1987年出版）；兰洁主编的《监狱法学》（中国政法大学出版社，1996年出版）；杨殿升主编的《监狱法学》（北京大学出版社，1997年出版）和王平的《监狱法学》（北京大学出版社，2000年出版）等。而以监狱法学中某一专门问题为研究内容的学术著作如关于罪犯权利、监狱执法、警察管理、清末狱制改良、国外监狱法律、罪犯待遇等国际公约、

---

[1] 夏宗素，朱济民．中外监狱制度比较研究文集．北京：法律出版社，2001：42．
[2] 闵征．2013年中国监狱学研究的回顾与评价．监狱工作研究．2014（1）．

监狱法律修改与完善的,更是不胜枚举。这些标志着监狱法学作为刑事法学的一门分支学科,其研究日趋成熟。

拓展阅读

李步云的《论罪犯的法律地位》

李步云,我国当代著名法学家。1979年10月31日,李步云、徐炳在《人民日报》发表《论我国罪犯的法律地位》,率先呼唤保障人权,在学界、政界和司法界引起强烈反响。《论我国罪犯的法律地位》一文指出:罪犯具有中华人民共和国国籍,是我国公民;罪犯依法享有未被法律剥夺的权利,包括未被剥夺的政治权利;凡是罪犯没有被剥夺的各种公民权利,应该得到和其他公民同样的保护。

此文发表后,在全国引起震动。当时的公安部劳改局、全国人大法制工作委员会、人民日报和作者本人,都收到大量来信,有支持者,有反对者。某司法机关的文件曾批评此文:只讲对罪犯的权利,不讲对他们进行斗争;有学者在报刊撰文,认为罪犯不是公民;一研究所曾以此文上报,认为有"自由化"的倾向。随后,李步云撰写《再论我国罪犯的法律地位》。

《论我国罪犯的法律地位》一文的观点后被1994年12月制定颁布的《中华人民共和国监狱法》所采纳。在监狱法的78个条文中,涉及保障罪犯权利的条文有20多个。

第二章　监狱法的基本原则

原则作为具有高度抽象性、概括性的理性归纳，包含了人类社会的价值或社会运行规律。它能够回归到社会实践中，对人们观察问题、处理问题、解决问题具有指导作用。法律作为社会规范体系的一种，其要素不仅包括具体的规则，还包括抽象的原则。在诸多原则之中，最为根本、涵盖范围最广、最能体现法的基本精神的原则即法的基本原则。法的基本原则是"法律在调整各种社会关系时所体现的最基本的精神价值，反映了它所涵盖的各部门法或子部门法的共同要求。"[1] 在特定的部门法中，基本原则连接了抽象的部门法的理念、目的和具体的部门法制度与规则。基本原则是某一部门法的理念和根本目的的体现，在实践层面上，基本原则贯穿于某一部门法的法律体系及法律运行的全部过程之中，是具体的法律制度与法律规则的基础，在具体的立法、执法以及司法实践中具有重要的作用。

监狱法的基本原则，是监狱法的目的、理念和价值追求的体现，体现了监狱法价值取向的独特性。它表现了监狱法自身法律价值的普遍性和整合性，是具有普遍指导意义的基本准则。监狱法基本原则体现了对具体监狱法律制度与规范的指导性，具有重要的法律解释、填补法律漏洞和平衡法律利益的功能。作为监狱法的基本原则，必须具备两个基本条件：第一，必须为监狱法所特有，如社会主义法治原则，则不是监狱法所特有，因此不是监狱法的基本原则；第二，必须贯穿监狱法的自始至终，如果仅是监狱法律某一部分的原则，也不能称之为监狱法的基本原则。我国监狱法的基本原则主要有：保障罪犯权利原则、惩罚与改造相结合原则、人道主义原则和个别化原则。

第一节　保障罪犯权利原则

人类社会提出罪犯权利并使之在法律上得到确认，经历了一个漫长的历史过程。这个过程是与人权思想的兴起以及人权最终在法律上得到确认的历史进程相一致的。随着20世纪50年代国际人权运动的广泛开展，保障囚犯权利问题日益引起国际社会的重视，先后形成了一系列有关囚犯权利的国际协定与公约。这些协定与公约确认囚犯权利主要包括物质生活待遇权、文化娱乐权、医疗权、人身不受到酷刑体罚、虐待侮辱权、宗教信仰权、私人合法财产不受侵犯权、提出请求与申诉权、与外界接触权、劳动权等，以及囚犯权利的一般准则。这些内容需要通过国内法的形式加以确认。

新中国监狱事业在开创初期，就非常重视罪犯的权利保障，有关的劳动改造的政

---

[1] 公丕祥. 法理学. 2版. 上海：复旦大学出版社，2008：249.

策、指示、决议和会议精神都体现了这一点。1954年的《中华人民共和国劳动改造条例》和1994年《中华人民共和国监狱法》，是新中国监狱发展历史上最为重要的法律，尤其是监狱法明确宣示了罪犯的权利，而且通过规范监狱管理者的执法活动来保障罪犯权利的实现。目前已经形成以宪法为基础、以监狱法等法律为主体、以部颁规章和规范性文件为补充的罪犯权利保障法律体系。

一、罪犯权利保障原则的含义

罪犯权利保障原则，是指在监狱法律的立法和执法活动中，必须承认和保障罪犯未被依法剥夺或者限制的权利不受侵犯，并为罪犯提供相应的法律救济权利。罪犯权利保障原则是监狱法的首要原则，既是宪法规定的公民权利原则在监狱这一特殊领域的自然延伸，也是我国刑事法律体系中权利保障原则的重要组成部分。

二、坚持罪犯权利保障原则的必要性

1. 保障罪犯权利是人权的普遍性要求

马克思主义认为，人权的产生是由人自身的本性或本质所决定的。人权就是人按其自然属性和社会本质所享有和应当享有的权利。人权的普遍性突出表现在：一切人，或者至少是一个国家的一切公民，或一个社会的一切成员，都毫无例外地应当享有生命权、人身安全权、人身自由权、思想自由权、人格尊严权等最基本的人权。罪犯与其他普通人共同作为人类大家庭的成员，根据人的属性，当然也有人的价值、尊严和理性，也有人的本能寻求与欲望，因而他应当拥有他被剥夺以外的其他权利。否则，"就等于在一个社会中存在没有人权的群体，于是这个社会就必然存在一种在人权基础和控制之外的特殊权力，这种失去控制的权力以侵蚀人权显示自己的存在，反受其害的倒是我们每个人。"❶ 尽管罪犯以"越轨者"的面目出现，法律给予其以否定性评价，但是，"面对人们的品行明显不同的时候，对人类的普遍尊重的终极态度要求我们一视同仁。"❷

2. 保障罪犯权利是保障宪法所规定的公民权利的要求

我国宪法规定，凡具有中华人民共和国国籍的人都是中华人民共和国公民。罪犯实施了国家法律所禁止的犯罪行为，国家对其发动了刑事惩罚权，使其公民权利受到一定的限制或剥夺，但他没有因此丧失国籍和公民资格，依然是我国公民。法律对罪犯的否定性评价，并不是否定其公民资格，只是改变了罪犯的公民权利状况。如果不承认罪犯是公民，则是刑事法律对宪法的破坏。

3. 保障罪犯权利是监狱教育改造罪犯的前提

把绝大多数罪犯改造为新人，一直是新中国监狱工作的指导思想，现行监狱法表述为"监狱对罪犯实行惩罚与改造相结合、教育与劳动相结合的原则，将罪犯改造为守法公民"。如果法外加重对罪犯的惩罚，漠视和践踏罪犯的权利，保障不了罪犯的人身安全、健康和基本生活条件，罪犯就不可能安心接受教育改造。因此，保障罪犯的人格不

---

❶ 王利荣. 行刑法律机能研究. 北京：法律出版社，2001：136.
❷ 李常青，冯小琴. 少数人权利及其保护的平等性. 现代法学，2001（5）：15.

受侮辱，人身安全、合法财产和辩护、申诉、控告、检举以及其他未被依法剥夺或限制的权利不受侵犯，是监狱对罪犯开展改造工作的前提条件。同时，监狱依法管理、公正文明执法、保障罪犯权利，也是一种正面的法治教育，对罪犯提高守法意识产生潜移默化的作用。

4. 保障罪犯权利有利于促进刑罚执行权力的规范行使

监狱既是我国的刑罚执行机关，也是一种封闭的公营造物。罪犯面对的是国家暴力机器和刑罚执行权力，加之监狱封闭性的特点，事实上处于一定的"弱者"地位，罪犯权利比普通公民更容易受到侵犯是一个不争的事实。罪犯权利与监狱刑罚执行权力相对应，两者呈现出对抗、制衡的紧张关系。因此，保障罪犯权利与规范行使刑罚执行权力之间，既有矛盾、对立的一面，也有统一、兼容的一面。之所以把保障罪犯权利作为监狱法的首要原则，一方面体现了对监狱罪犯这类权利比较容易受到侵犯的特殊人群的高度关注；另一方面也是为了促进监狱刑罚执行权力规范与谦抑行使。

三、保障罪犯权利原则的实施

（一）合理界定罪犯法定权利

"法定权利是通过实在法律明确规定或通过立法纲领、法律原则加以宣布的、以规范与观念形态存在的权利。……法定权利不限于明文规定的权利，也包括根据社会经济、政治和文化发展水平，依照法律的精神和逻辑推定出来的权利，即推定权利。"[1]我国罪犯在监狱服刑期间所享有的法定权利是比较广泛的，不仅限于宪法、监狱法、刑法、刑事诉讼法等明确宣告的以规范形态存在的权利，还包括依据宪法、法律精神和逻辑推定出来的以观念形态存在的权利。

我国在罪犯权利体系的构造方式上，一种是按照"法律未剥夺或限制的即权利的法律逻辑进行推演"；一种是以法律文本为依据寻找法律所明示和隐含的罪犯权利。我国法学理论通说认为，罪犯享有人格不受侮辱、人身安全与合法财产不受侵犯的权利；辩护、申诉、控告、检举的权利；未被剥夺政治权利罪犯的选举权；维护身体健康、有病得到诊治的权利；按照规定通信会见的权利；依法获得行政和刑事奖励的权利；刑满获得按期释放的权利；法律未被剥夺或限制的其他权利。

当然，人权的法律保障范围并非一成不变的，罪犯的法定权利也处于不断发展之中，有些原先未被法律确认的权利，随着我国经济结构和社会结构的变化，在充分考虑世界人权趋势的情况下，可转化为罪犯的法定权利。不少学者主张应当将罪犯的劳动报酬权、工伤赔偿权、结婚权、隐私权等纳入罪犯的法定权利范围。

罪犯所享有的权利是不完整的。根据罪犯权利的内容，可以将其分为以下几种。

1. 完全被剥夺的权利

包括人身自由权和被附加剥夺政治权利罪犯的政治权利。

2. 限制行使的权利

主要包括那些罪犯虽然享有但在实践中由于受到法律法规及所处监禁状态的限制而

---

[1] 邵名正．罪犯论．北京：中国政法大学出版社，1989：202-206．

在行使过程中存在一定障碍的权利,如通信会见权、婚姻家庭方面的权利等。

3. 停止行使的权利

主要指未被附加剥夺政治权利罪犯的政治权利。根据我国相关的法律规定,未被附加剥夺政治权利的罪犯,在服刑期间可以行使选举权,可以参加县级以下人民代表大会代表的选举,但其他政治权利则由于被监禁的实际情况而应停止行使。

4. 完全不受限制的权利

主要指既没有被剥夺或受到限制,罪犯自身又可以实现的权利,如人格权,健康权,申诉、控告、检举权,辩护权等。❶

在这几种权利中,可以限制和剥夺的主要是第一类和第二类权利,对于第三类权利则要辩证地予以分析,而对于第四类权利则完全不能予以限制和剥夺。在完全被予以剥夺的第一类罪犯权利中,剥夺罪犯权利的依据只能是国家法律(狭义上的法律)的明文规定,而不能是其他的法律位阶以下的法规规章。在限制行使的第二类权利中,对罪犯权利的限制行使必须要有法律上(广义上的法律)的依据,如果有关的国家法律法规对罪犯权利的行使没有加以限制,那么,监狱管理机关就不能在没有法律依据的情况下限制罪犯权利的行使。对于第三类停止行使的权利,则监狱管理机关不能予以限制和剥夺,因为停止行使只是罪犯权利能力的一种限定,对于罪犯权利资格则没有予以限制,因而,罪犯享有这一类权利的资格。对于第四类完全不受限制的权利,则监狱管理机关在任何情况下都不能限制和剥夺罪犯的这些权利,否则就是对罪犯权利的严重侵犯。对罪犯权利的限制和剥夺,即是对罪犯权利的克减。监狱管理机关不能任意和随便为之,必须具有正当理由和法律依据。即使是在监管实践中,出于正当目的的考虑来剥夺或限制罪犯的权利,也要符合法律的规定,并且对法律明确规定罪犯享有的权利不能任意剥夺或限制。比如,对未被剥夺政治权利的罪犯所享有的选举权,就必须允许其行使而不能以种种理由加以限制。对于罪犯权利的限制和剥夺必须遵循克减明示原则,以法律明确规定的形式作出,而不能由监管人员任意决定。❷

(二)建立罪犯权利救济制度

"无救济则无权利"这句古老的法谚告诉我们,法律对于公民的权利、自由规定得再完备、列举得再全面,如果这些权利、自由被侵犯后公民无法获得有效的法律救济,那么这些权利、自由都将成为一纸空文。救济权是基于原权利派生出来的权利,其目的是保护原权利免受侵犯。救济途径包括私(自)力救济和公力救济两种。在现代社会,权利救济主要采用法律救济方式,即依据法律方式或类法律方式对当事者受到损害的权利进行救济,主要方法包括司法救济、仲裁救济和司法行政救济等。

要使罪犯的合法权利切实得到保护,必须建立相应的权利救济制度。基于罪犯与监狱之间的关系是刑事法律关系,通常的诉讼、仲裁、行政复议等方式在适用上存在障碍。我国的罪犯权利救济制度内容比较广泛,形式也比较丰富,主要有:保障罪犯的申诉、控告、检举的权利,如罪犯写给监狱的上级机关和司法机关的信件不受检查;罪犯

---

❶ 柳忠卫. 试论罪犯的人权保障. 人民大学学报,2002(5):78.
❷ 秦强. 人权视野中的罪犯权利保护. 中国石油大学学报,2007(2):53.

对监狱和监狱人民警察有提出批评和建议的权利；国家刑事赔偿制度；人民检察院对监狱执行刑罚的活动是否合法依法进行法律监督；监狱及上级机关的行政监督；行政监察、审计监督；社会监督；巡视制度；涉及罪犯重大权益事项的公开和异议制度等。

（三）规范刑罚执行权力运行

刑罚执行权与制刑权、求刑权和量刑权一起，构成了完整的刑罚权。刑罚执行权处于刑罚权体系的末端，关系到刑罚一般预防和特殊预防职能的实现。监狱依照刑法和刑事诉讼法的规定，对被判处有期徒刑、无期徒刑和死刑缓期两年执行的罪犯执行刑罚。狭义上的刑罚执行内容主要包括：依法将符合收押条件的罪犯收监；对罪犯申诉、控告、检举的处理；决定罪犯的监外执行；提请罪犯的减刑、假释；罪犯的释放与安置。监狱的管理者是监狱人民警察，监狱人民警察除了行使刑罚执行权外，还承担狱政管理和对罪犯教育改造的职责。广义上的刑罚执行，将所有以罪犯为相对人的监狱相关活动均纳入其中，涵盖了狱政管理和教育改造罪犯工作。坚持罪犯权利保障原则，必须要对刑罚执行权进行有效规制，唯如此，才能平衡罪犯权利与刑罚执行权利，使两者既对立、冲突、紧张又各守边界不相互逾越。监狱法第十四条所规定的监狱人民警察的九种禁止行为以及人民警察法、公务员法、刑法关于职权、法律责任的规定，是对监狱刑罚执行权利规制的主要方法。

（四）正确处理罪犯权利与义务的辩证关系

法律上的义务与权利具有不可分割的联系，是相互的对称，没有权利就无所谓义务，没有义务也就没有权利，行使权利必须以履行义务为对价。我国宪法第三十三条第四款规定，任何公民享有宪法和法律规定的权利，同时必须履行宪法与法律规定的义务。我国监狱法律在明示了罪犯法定权利的同时，也明确了罪犯的义务，包括：遵守国家法律法规；遵守监规纪律；服从监狱人民警察依法管理；有劳动能力的罪犯必须参加劳动；接受思想、文化和技术教育；爱护国家财产，保护公共设施；维护正常改造秩序，自觉接受改造；检举违法犯罪活动等。在监狱工作中，既要重视对罪犯权利的保护，保障其合法权利的充分、有效行使，也要促进罪犯认真履行法定义务。

第二节 惩罚与改造相结合原则

惩罚与改造相结合，以改造人为宗旨，是我国长期坚持的监狱工作方针。我国监狱法第三条规定：监狱对罪犯实行惩罚与改造相结合、教育与劳动相结合的原则，将罪犯改造为守法公民。惩罚体现了对犯罪行为的报应和刑罚的暴力本质，改造则体现了刑罚的预防犯罪功能。

一、惩罚与改造相结合原则的含义

惩罚与改造相结合原则，是指在监狱工作中，既要体现刑罚的惩罚、强制属性，也要教育、改造和转化罪犯，使之成为守法公民。刑罚，是犯罪行为的一种对价，监狱的刑罚执行如果缺少惩罚、痛苦、强制等属性与内涵，就很难使罪犯认罪悔罪、改恶从善。惩罚的目的是为了把罪犯改造成为守法公民，而不是为了惩罚而惩罚。从某种意上讲，惩罚是手段，改造是目的。

二、坚持惩罚与改造相结合原则的必要性

1. 惩罚与改造相结合是监禁刑罚的必然要求

较之杀戮、残害肢体的生命刑和肉刑，以监狱为载体和表征的自由刑罚制度，无疑是人类文明进程中一朵"灿烂的花朵"，[1] 是人类自身理性的一种胜利。当下，监禁刑罚方式占据了刑罚的主流地位。刑罚的惩罚、报复、报应、社会防卫等诸多目的，都可以在监禁刑罚方式中得到体现和落实。基于人身自由被剥夺的法律事实，罪犯会产生活动范围受限、权利行使限制（或剥夺）、物理强制、心理强制、信息流通阻滞、与家庭和社会隔绝等诸多痛苦。然而，监禁刑罚并不是单纯地制造痛苦，而是着眼于罪犯重新回归社会，因此，降低罪犯的人身危险性和再犯罪危险，增强罪犯的社会认知水平、生存与发展技能，促进罪犯顺利回归社会、融入社会，是监禁刑罚的重要组成部分和必然之义。正如福柯所言："它（监狱）从一开始就是一种负有附加的教养任务的合法拘留形式，或者说是一种在法律体系中剥夺自由以改造人的机构。总之，刑事监禁从19世纪起就包括剥夺自由和对人的改造。"[2] 虽然由于制度、文化、地域的不同各个国家在监禁刑罚具体制度设计上有所差异，但都共同把促进罪犯重新回归社会视为监禁刑罚的必然内容。

2. 惩罚与改造相结合是我国刑罚功能得以实现的必然要求

我国刑法预设功能是一般预防和特殊预防。就一般预防而言，通过对罪犯进行法律否定性评价、实施刑事制裁，发挥刑法的评价、指引和预测作用，预防一般社会公众的犯罪；就特殊预防而言，通过监禁、管理、教育改造有效防止罪犯在监狱内的重新犯罪和出狱后的重新犯罪。这就要求，监狱工作必须协调惩罚与改造两者之间的关系，实现惩罚与改造的有机结合，不可偏废或顾此失彼。

三、惩罚与改造相结合原则的实施

1. 要依法严格管理罪犯，促进罪犯形成正确的刑罚体验

福柯在剖析刚诞生的监狱的特征时说："这里有一种深思熟虑的对犯人肉体和时间的责任观念，有一种借助权威和知识系统对犯人活动和行为的管理，有一种齐心协力逐个改造犯人的矫正学，有一种脱离社会共同体，也脱离严格意义上的司法权力的独立行使的惩罚权力。监狱的出现标志着惩罚权力的制度化。"[3] 按照社会学的观点，监禁刑罚是一种特殊的强制再社会化模式。功利主义学者、英国哲学家边沁将惩罚的痛苦归纳为四类：强制或束缚之痛苦；害怕之痛苦；忍受之痛苦；同情之痛苦以及派生的苦痛。[4] 这些痛苦成为了罪犯刑罚体验的一部分。显然，如果监狱失去了惩罚性，罪犯没

---

[1] 钟安惠. 西方刑罚功能论. 北京：中国方正出版社，2001：93.
[2] [法] 米歇尔·福柯. 规训与惩罚. 刘北成，杨远婴，译. 北京：三联书店，1999：261.
[3] [法] 米歇尔·福柯. 规训与惩罚. 刘北成，杨远婴，译. 北京：三联书店，2003：146.
[4] [英] 边沁. 道德与立法原理导论. 时殷弘，译. 北京：商务印书馆，2000：222.

有获得正确、深刻的刑罚体验，刑罚就是失败的。因此，监狱要依法履行法定职责，对罪犯实施严格管理，督促罪犯认真履行法定义务，彰显刑事制裁的严厉性。

2. 要切实发挥教育改造职能，促进罪犯转化

如前所述，改造人是我国监狱的宗旨，把罪犯改造成守法公民是我国监狱工作的终极目标。因此，要严格落实监狱法律中关于罪犯教育改造的有关规定，实行因人施教、分类教育、以理服人的原则，采取集体教育与个别教育相结合、狱内教育与社会教育相结合的方法，对罪犯开展政治、文化、道德、法律、劳动技能、形势、政策、前途等教育。多学科的丰富成果和迅猛发展科学技术，如心理学、医学、社会学、信息技术等给我国的教育改造罪犯提供了强有力的支撑，心理辅导、心理治疗、循证矫正、人格量表、社会帮教等手段、方式获得了较为广泛的运用，有力地促进了教育改造质量的提高。2017年4月，司法部提出要实现从底线安全观向治本安全观转变，切实提高教育改造质量，要在改造罪犯成为守法公民、向社会输送"合格产品"加大监管机制改革的工作力度。

第三节　社会主义人道主义原则

人道是关爱人的生命、关怀人的幸福、尊重人的人格和权利的美好道德。人道主义最初是起源于欧洲文艺复兴时期的一种思想，提倡关怀人、尊重人，以人为中心的世界观，认为"人是万物之尺度"，主张人格平等，互相尊重。在法国大革命时期，它的内涵被具体化为自由、平等和博爱。人道主义在革命时期起着反对不平等制度的积极作用。社会主义人道主义是对资产阶级人道主义的继承和发展，它吸纳了资产阶级人道主义的合理内核，又体现了社会主义的基本要求。社会主义人道主义（也称革命的无产阶级人道主义）是社会主义社会中处理人和人之间关系的一个重要的伦理原则和道德规范，作为一种道德要求和价值标准，主要包括四个方面的内容：重视人的权利和自由；尊重人的价值和尊严；关心人的物质福利和文化的满足；重视对社会弱势群体的关怀。[1]

一、社会主义人道主义原则的含义

监狱法的社会主义人道主义原则，是指在我国社会主义监狱法律体系中，要坚持将罪犯当人看，关注罪犯的个性、尊严、权利和发展，既要满足其作为人的人格尊严、健康安全、物质生活的需要，也要关注罪犯的未来发展。对罪犯实行革命的人道主义是我国监狱工作长期坚持的原则，在新民主主义革命时期的《中华苏维埃共和国劳动感化院暂行章程》和根据地、解放区的监狱（看守所）工作中就有所体现，如反对旧监狱的"惩办主义"和"报复主义"，"废除一切形式的肉刑""把罪犯当人看""给出路"等。[2]

---

[1] 罗国杰. 关于社会主义人道主义原则的几个问题. 思想理论教育导刊，2012（10）：34-35.
[2] 范方平. 监狱文化解读. 北京：中国长安出版社，2016：131.

二、坚持社会主义人道主义原则的必要性

1. 社会主义人道主义原则是由我国社会主义制度的本质特性所决定的

社会主义人道主义的出发点是"以人为本",是"最广大人民群众的最大利益",也是社会主义人道主义的根本目的。社会主义人道主义是在社会主义以公有制为主体的经济基础上形成的,是为建设社会主义和共产主义的伟大目标服务的。它是在无产阶级革命的过程中形成和发展起来的,是在经济、政治、社会的社会主义改造和社会主义建设的过程中逐步完善的。以公有制经济为主体的经济制度和人与人之间的同志式的互助合作关系,为实现一种真正的人道主义——社会主义人道主义创造了客观前提。社会主义生产的根本目的,就是要最大限度地发展生产力,尽可能地满足广大人民群众的物质文化生活需要。这一根本目的保证社会主义人道主义这种新的、更高水平的人道主义价值观念和伦理原则有充分的可能逐步并且完满地得到实现,保证社会、集体对每一个人的关心和爱护,促使人和人之间形成彼此同情、相互关心、友爱互助的新关系。因此,社会主义制度的本质特征决定了在监狱工作中要坚持社会主义人道主义的原则和要求。

2. 社会主义人道主义原则是社会主义刑事政策和制度的内在要求

我国社会主义刑事政策和制度,承担着预防、惩治犯罪与保障人权的双重机能,既是"善良人的大宪章",也是"犯罪人的大宪章"。在刑事立法、侦查、诉讼和执行过程中保护犯罪嫌疑人、被告人、罪犯的合法权利,是贯穿我国刑事政策、法律的红线。因此,保护罪犯的合法权利、给予罪犯社会主义人道主义待遇是一个问题的两个侧面,反映在监狱工作中就是切实维护罪犯作为自然人、社会人和刑事法律关系主体的相关权利。

3. 社会主义人道主义原则是对少数人和弱势群体的特殊保护

社会主义人道主义,在关心每个人的同时,尤其要关心社会上的弱势群体,使他们在生活、工作、学习、就业等各个方面,更多地得到社会的同情、关心、爱护和帮助。社会上弱势群体是指那些经济来源较少、劳动条件和劳动报酬都较低的贫困户和鳏、寡、孤、独、颠连困苦而生活无助的人。救助弱势群体,是中华民族一贯的传统美德,也是社会主义人道主义的一个重要内容。现代的犯罪理论和刑法理论否定了"犯罪意志绝对自由"的观点,承认犯罪原因的多元化以及经济贫困、文化贫困、不良个性特质对犯罪的诱因作用。同时,面对强大的国家暴力机器,罪犯呈现相应的弱者地位,因此现代社会管理也把监禁罪犯、刑释人员纳入了特殊人群的范畴予以特别保护。因此,在监狱工作中坚持社会主义人道主义,也是对罪犯这一特殊群体给予的国家法律层面的救助。

三、社会主义人道主义原则的实施

1. 将罪犯当人看

把罪犯当人看就是要为其提供能够满足其作为自然人的安全、健康需求和基本生活的物质条件,满足罪犯有关情感维系以及对其人格尊严的尊重等最低限度的精神方面的

需求

要妥善安置罪犯的生活起居，落实罪犯被服、伙食实物量标准，保障罪犯被服、生活用品的供应，提供安全的劳动、学习和居住场所，合理安排罪犯劳动，落实安全防护措施，保证罪犯有病及时得到诊治。要开展相应的文化娱乐活动，促进罪犯身心健康和积极改造。保障罪犯的通信、会见权利，维系罪犯与家庭的联系。

2. 严禁酷刑和法外之刑

监狱在行刑过程中，不能对罪犯采用野蛮、残酷、不人道的方式，不应增加罪犯因为刑罚执行本身所固有的痛苦，要禁止酷刑、折磨、侮辱、打骂、变相体罚虐待等一切不文明行为。严禁法外施刑，即使是法律所明确规定的惩戒措施，如禁闭、依法使用警械、武器等，也必须本着最小伤害的原则，谦抑使用、适度使用、合法使用。

3. 不放弃对罪犯的挽救、教育和感化，关注罪犯的未来发展

监狱的刑罚执行绝对不是单纯对罪犯的人身进行保管，而是要促进其顺利回归并融入社会，要帮助其进行相应的心理、生理、技能的准备和社会知识的储备。要抛弃以纯粹监禁为手段和目的的"纯化行刑"观点，不放弃对罪犯的教育、感化与挽救。在社会发展日新月异的当下，要在监狱行刑封闭与开放之间找寻适当的平衡点，在监狱法律允许的范围内，减少罪犯与社会的隔阂，缓解监禁刑罚内在的"社会化悖论"。同时，监狱要落实相关法律、政策要求，参与刑释人员的安置帮教工作。

4. 保持罪犯处遇水平与我国的社会经济发展进程相协调

罪犯的物质文化生活水平和权利保障水平，是观察一个国家法治状况独特而有效的窗口。罪犯的处遇水平要与当地的经济文化发展水平相适应，既不能通过恶劣的生活卫生条件、贫瘠的文化生活来体现监狱的惩罚性，也不能罔顾我国长期处于社会主义初级阶段的客观事实，突破社会民众心理承受能力而营造所谓的"豪华监狱"，或者实施过度处遇。

第四节 个别化原则

刑罚个别化是相对于刑罚一般化而言，它是指以刑罚一般化为前提，在适用刑罚的时候，应当根据行为人的具体情况进行判断。刑罚个别化的理论基础是：刑罚适用的目的在于特别预防；刑罚惩罚的不是行为而是行为人。它是基于纠正严格规则主义指导下的罪刑法定原则的需要而产生的，其价值在于在保证刑法一般正义前提下，促进刑法个别正义的实现，对罪刑法定原则具有补充功能。

在刑事实证学派产生之前，刑罚个别化主要是指行刑个别化，即通过对犯罪人进行分离监禁，以便对不同道德条件的人给予不同处理，从而达到改善犯罪人的性格和习惯的目的。刑事实证学派丰富和发展了刑罚个别化的内涵，将其拓展为刑罚立法的个别化、刑罚裁量的个别化和刑罚执行的个别化。

一、个别化原则的含义

个别化原则，是指监狱在对罪犯依法进行的刑罚执行、狱政管理和教育改造活动

中，要综合考虑罪犯的个体情况如人身危险性、改造表现、身心状况和发展需求等，实施有区别的处理和对待。其中，人身危险性情况是实施个别化的主要依据，罪犯分类处遇是个别化的主要内容。

二、坚持个别化原则的必要性

区别对待，是我国监狱工作一直所坚持的政策。我国监狱法中关于罪犯分押分管、个别教育的规定均体现了行刑个别化的原则。

1. 个别化能促进罪犯的矫正

矫正必须建立在罪犯个体之上，这是由罪犯的个体差异性和复杂性所决定的。罪犯个体的家庭、成长、经历、文化背景以及其生理、心理、行为特征的不同，造成了个体明显的差异。"同样的矫正方案，犯罪人特征不同，矫正效果不同。"❶ 只有对每一名罪犯作具体的分析和判断，根据影响其再社会化的因素及其他特征，对每一名罪犯使用不同的矫正方法和矫正措施，才能取得期望的矫正效果。采用个别化措施对罪犯进行矫正已经成为国际社会的共识。《联合国囚犯待遇最低限度标准规则》规定："对被判处监禁或者类似措施的人所施的待遇应在刑期许可的范围内，培养他们出狱后守法自立的意志，并使他们又做到这个境地的能力为目的。这种待遇应当足以鼓励罪犯自尊、培养他们的责任感。""为此目的，应当照顾到犯人的社会背景和犯罪经过、身心能力和习性、个人脾气、刑期长短及出狱后展望，而按每一位囚犯的个人需要，使用一切恰当方法，其中包括教育、职业指导和训练、社会个案调查、就业辅导、体能训练和道德性格的加强。""在囚犯入狱并对刑期相对长的每一囚犯的人格作出研究后，应该尽快参照有关他个人需求、能力倾向的资料，为他拟定一项待遇方案。"罪犯矫正思想从理论走向实践，从不成熟走向成熟的历程也是行刑个别化的历程。"行刑个别化在一定程度上支撑着罪犯矫正思想的发展，并因而成为使刑罚执行个别化具有可行性的重要基础，成为罪犯矫正思想的重要推动力。"❶在行刑确定了矫正罪犯的目的后，行刑个别化就成为促进矫正罪犯目的的实现的重要手段。

2. 个别化可以实现刑罚的惩戒正义

由于罪犯的犯罪性质、犯罪危害、认罪悔罪态度、人身危险性程度、矫正可能性、再犯罪可能性等不同，如果施以同样的行刑对待、措施和处遇，则会产生一种不公平——刑罚的惩戒仅仅对应于罪犯的刑期。对于重罪犯、故意犯、暴力犯、累犯、认罪悔罪态度差的罪犯等实施较为严格的管理，体现了刑罚惩戒强度与人身危险性的匹配。而对于未成年犯、女犯、老病残犯等特定群体予以刑罚执行保护，也符合人类朴素的正义观念。

3. 个别化可以节约行刑成本

按照个别化行刑的原则，罪犯主要依据其人身危险性分类，被关押在不同警戒等级的监狱（监区），实施不同强度的管理和处遇，并相应的配置财政、警力和教育改造等

---

❶ 翟中东. 行刑个别化研究. 北京：中国人民公安大学出版社，2001：170.

资源，有利于降低行刑成本。

三、个别化原则的实施

罪犯的个别调查和分类制度是行刑个别化的开始。基于罪犯个别调查基础上的分类制度，是"类群性的、批量性的、集约型的行刑个别化"，主要包括分类关押、分类教育和分级处遇等方面。

1. 分类关押

我国目前的分类关押主要依据罪犯的刑期、性别、年龄、身心健康状况，将罪犯分别收押到长刑犯监狱、短刑犯监狱、男犯监狱、女犯监狱、成年犯监狱、未成年犯监狱、老病残犯监狱或者监狱内部不同的区域（监区）。同时根据罪犯刑期、年龄、身心健康、人身危险性的变化情况，进行动态的分类关押调整。我国现行监狱法的分管分押存在标准不一的情况。按罪犯的人身危险性程度的高低为标准，将罪犯分别关押在不同警戒等级的监狱，并按监狱的警戒等级，配置不同的监管和矫正资源，是一种较为科学的分管分押制度。这也是目前发达国家通行的做法。将监狱按照警戒等级分为高度、中度和低度戒备等级监狱，是我国监狱改革和发展的方向。

2. 分类教育和分级处遇

处遇是指监狱在分类关押的基础上，根据罪犯的性别、年龄、身心健康状况，综合罪犯的犯罪类别、刑罚种类、刑期执行、改造表现以及人身危险性评估结果等情况，对罪犯采取的各种管理、对待措施的总和。罪犯处遇主要包括分类处遇和分级处遇以及处遇的确定、变更。

广义上的分类处遇既包括分类关押，还包括监狱根据管理需要，结合监区、罪犯小组、生产线等罪犯集体的改造秩序，经过综合评定给予罪犯相应的集体处遇：相对宽松的居住环境、增加文体娱乐活动次数、报纸杂志种类、文化设施适用次数、物质奖励等。

分级处遇是指依据司法部《关于计分考核罪犯的规定》，以计分考核为基础，综合罪犯的刑期执行、奖惩等改造表现情况，将罪犯分成不同的管理级别，并在活动范围、会见通信、狱内消费、文体娱乐活动、居住条件等方面给予不同处遇。分级处遇划分为四个级别：严管级、考察级、普管级、宽管级，处遇内容逐级放宽。

3. 分类教育和个别矫正

行刑个别化的最终目的是促进个体罪犯的社会回归，罪犯的分类关押、分类分级处遇侧重在警戒等级、管理强度、狱内生活条件等方面等体现对罪犯个体情况的关注，而分类教育和个别矫正，则是在改造罪犯的工作中采取因人施教、个案教育的方法，对罪犯开展有针对性的教育改造。分类教育和个别矫正是行刑个别化最核心的内容。

分类教育包括将罪犯群体按照相应的标准细分为不同的类别，实施差别化的教育方法和内容。比如我国监狱法第六十三条规定的监狱根据不同情况对罪犯进行扫盲教育、初等教育和初级中等教育；第六十二条规定的法制、道德、形势、政策、前途等内容的思想教育；针对毒品和药物滥用罪犯的专门教育；根据罪犯入监时的人身危险性评估，服刑期间人身危险性改善、出狱再犯罪倾向预测等情况，所制定的一系列矫正方案。现代心理学、社会学、医学、教育学、信息技术等学科的蓬勃发展以及可利用社会专业资源的增加，为监狱有效实施个别矫正、个性矫正、个案矫正提供了良好的支持。

拓展阅读

限制减刑与终身监禁

《中华人民共和国刑法修正案（八）》和最高人民法院《关于死刑缓期执行限制减刑案件审理程序若干问题的规定》规定：对被判处死刑缓期执行的累犯以及因故意杀人、强奸、抢劫、绑架、放火、爆炸、投放危险物质或者有组织的暴力性犯罪被判处死刑缓期执行的犯罪分子，人民法院根据犯罪情节、人身危险性等情况，可以在作出裁判的同时决定对其限制减刑。限制减刑的死刑缓期执行的犯罪分子，缓期执行期满后依法减为无期徒刑的，实际执行期限不能少于二十五年；缓期执行期满后依法减为二十五年有期徒刑的，实际执行期限不能少于二十年。

限制减刑的罪犯仍可减刑，但要保证最低的服刑期限。限制减刑的罪犯不得适用假释。新司法解释明确规定，对累犯以及因故意杀人、强奸、抢劫、绑架、放火、爆炸、投放危险物质或者有组织的暴力性犯罪被判处死刑缓期执行的罪犯，被减为无期徒刑、有期徒刑后，也不得假释。基于限制减刑罪犯的罪行与人身危险性，按照暂予监外执行的法律规定，也不得保外就医。

终身监禁，是指对贪污、受贿行为，罪行极其严重，判处死缓二年期满，依法减为无期徒刑后，不得减刑、假释的刑罚执行措施。2015年8月29日，第十二届全国人民代表大会常务委员会第十六次会议通过刑法修正案（九），新设了终身监禁制度，刑法修正案（九）自2015年11月1日起施行。终身监禁是一种刑罚执行措施，不是新设立的刑种。刑法修正案（九）实施后，白恩培是中国终身监禁第一人，第一个被判处终身监禁的官员。

被判处终身监禁的罪犯，终身不得保外就医。对于被判终身监禁的罪犯在死缓减为无期徒刑后，不得减刑、假释，所以终身不能减刑为有期徒刑，即便具有严重疾病或者生活不能自理这两种情形，因为无法减为有期徒刑，不符合暂予监外执行的法定条件，而终身不得暂予监外执行。

第三章　监狱法的渊源

　　法律渊源，是指那些由不同国家机关制定、认可和变动的，具有法的不同效力意义和作用的法的外在表现形式。监狱法的渊源，则是指监狱法律规范赖以表现的有效法律形式。监狱法的渊源明确了监狱法律规范的效力来源，为监狱工作提供了明晰的行为指导模式，不同渊源所构成的规范体系在效力和逻辑上构成了有机的、系统的监狱制度运行框架。

　　不同历史类型的监狱法，其历史表现形式是不同的。在奴隶社会，监狱法的主要表现形式最初为习惯法，随着社会的进步，部分习惯法逐步被制定为成文法并保留下来。到了夏、商、周三代，国王的命令和国家认可的某些社会习惯成为监狱法律规范的主要表现形式。国王的命令具有最高的法律效力。周朝初年由周公旦主持编订的《周礼》中就包含有许多监狱法律规范，是西周监狱法的重要渊源。到了春秋战国时期，郑国的《刑书》《竹刑》、晋国的《刑鼎》魏国的《法经》等成文法相继出现，成文法成为监狱法的主要表现形式。到了封建社会，颁行的法典基本上都是刑法典，虽然其中也包含民法、诉讼法和行政法等内容，但始终以刑法为主，并以统一的刑法手段调整各种法律关系，而监狱法律规范就散见于各朝大法之中。

　　根据是否以国家机关制定的规范性文件中的明确条文形式表现出来为标准，可以将监狱法的渊源分为监狱法的正式渊源和监狱法非正式渊源。监狱法的正式渊源是指以规范性法律文件形式表现出来的成文监狱法律制度，如国家立法机关或者其他立法主体制定或认可的宪法、法律、法规、规章、解释和条约等。非正式渊源是指那些虽具有法律意义但尚未在正式监狱法律中得到权威性明文体现的准则和理念，如观念、政策和习惯等。

第一节　监狱法的正式渊源

　　在我国，监狱法的正式渊源主要包括宪法、法律、法规、规章和法律解释等各种规范性法律文件。另外，在联合国的倡导下，世界各国就监狱法律的相关问题达成了很多共识，形成了相应的国际公约、条约和协定。这些公约、条约一旦被我国签署加入并被转化为国内法，就成为监狱法的正式渊源之一。

一、宪法

　　《中华人民共和国宪法》第五条规定，"一切法律、行政法规和地方性法规都不得同宪法相抵触。一切国家机关和武装力量、各政党和各社会团体、各企业事业组织都必须遵守宪法和法律。一切违反宪法和法律的行为，必须予以追究。任何组织或个人都不得有超越宪法和法律的特权。"第六十四条规定，"宪法的修改，由全国人民代表大会常务委员会或者五分之一以上的全国人民代表大会代表提议，并由全国人民代表大会以全体代表的三分之二以上的多数通过。法律和其他议案由全国人民代表大会以全体代表的过半数通过。"由此可见，宪法是国家的根本大法，具有最高的法律效力，是其他法律的立法依据和基础。监狱法虽然从表面上看与宪法无关，但监狱法作为我国部门法的一个组成部分，无论是从形式上还是从内容上讲，宪法都是监狱法的首要法源。我国宪法第二十八条规定："国家维护社会秩序，镇压叛国和其他危害国家安全的犯罪活动，制裁危害社会治安、破坏社会主义经济和其他犯罪的活动，惩办和改造犯罪分子。"此项规定既是我国监狱法的立法依据，也是制定监狱法的基本原则。

从形式上讲，监狱法同样是在以宪法为根本法的全国法律体系中，所以监狱法律规范在理念形成和制度创设方面都必须依据宪法进行。宪法直接决定和约束着监狱法律规范的适用条件、范围、原则和底线。监狱法律制度必须完全符合宪法规定和宪法精神，且严格遵循宪法所体现出的国家意志，这样才能保证其所调控的监狱法律关系的合宪性。

从内容上讲，宪法与监狱法律规范密切相关，宪法规定是监狱法律规范制定的前提和基础，监狱法律规范的每一项内容必须在宪法精神的覆盖下设定，否则构成违宪，产生违宪责任。例如，宪法中有关于公民的基本权利、义务和我国的司法制度等内容的规定，均属于我国监狱法律的一部分。我国宪法明确规定：国家尊重和保障人权；任何公民享有宪法和法律规定的权利；中华人民共和国公民的人格尊严不受侵犯；中华人民共和国公民享有劳动的权利和义务；中华人民共和国劳动者享有休息的权利。除被依法剥夺或限制的部分权利的外，罪犯仍然享有宪法赋予的权利。可以说，我国宪法为罪犯权利保障提供了最高的效力依据。

二、法律

法律有广义和狭义之分，广义的法律通常是指包括法律、有法律效力的解释及行政机关为执行法律而制定的一切规范性法律文件等。狭义的法律是指由享有立法权的立法机关即全国人民代表大会和全国人民代表大会常务委员会，依照法定程序制定、修改、颁布由国家强制力保证实施的规范性法律文件的总称。此处的法律是狭义上的法律，它是我国监狱法的主要渊源。

在全国人民代表大会及其常务委员会制定的法律中，有多部含有监狱法律规范，例如监狱法、刑法、刑事诉讼法、人民警察法、国家赔偿法、枪支管理法等。1994年12月29日第八届全国人大常委会第十一次会议通过的《中华人民共和国监狱法》作为一部专门、系统规范监狱工作的法律，具有独立的法律地位。

1. 监狱法

1986年3月，全国人大常委会授权司法部成立监狱立法起草工作小组。经过长期的研究、讨论和修改，最终于1994年12月29日第八届全国人民代表大会上正式通过施行《中华人民共和国监狱法》。至此，在历经8年的监狱立法活动以后，我国第一部监狱法典成功问世。监狱法的出台并非是监狱立法的结束，相反的，它代表着我国系统化监狱立法的开端。1995年2月4日召开的全国监狱工作会议在报告中指出："《中华人民共和国监狱法》的颁布实施，是我国社会主义法制建设史上的一件大事，是监狱发展史上的里程碑，是一件值得庆贺的盛举。"它解决了监狱工作过程中一直存在的难题，作出了重大制度创新，如将监管、劳动和教育正式确定为罪犯改造工作的三个手段，从而使三者有机地统一在一起；明确了监狱人民警察享有的权力等。表明我国监狱立法理念和技术正逐渐走向成熟，监狱工作已真正进入法制化的轨道。2012年，为了与新修正的刑事诉讼法相衔接，我国对监狱法进行了七处修改，主要有：将第十五条"罪犯在被交付执行刑罚前，剩余刑期一年以下的，交由看守所代为执行"，修改为"剩余刑期在三个月以下的"；将第二十七、二十八条和第三十三条第2款的内容与社区矫正衔接。

作为实质意义上的刑事执行法，监狱法在我国监狱法律规范领域具有绝对的主体地位，同时，监狱法更是与刑法、刑事诉讼法共同构成了我国完整的刑事法律体系，使我国刑事法治结构更加完整化、合理化。《中华人民共和国监狱法》共七章七十八条，其中总则一章，分则六章。

总则主要对我国监狱法的立法目的、立法依据、指导思想、监狱的性质、监狱关押的对象、改造罪犯的手段、监狱人民警察的权力、罪犯的权利和义务以及监狱的经费等问题作了介绍。其中有两个亮点：一是将监狱明确为国家刑罚执行机关，这是对监狱根本属性的重新确定，从而与公安机关、检察机关和人民法院等完全区分开来；二是对监狱经费来源和使用提供了法律保障，使监狱工作能够稳定的开展。[1]

分则的第二章"监狱"部分，规定了我国监狱基本架构，规定了监狱需要配备的监狱管理人员即监狱人民警察。总的来说，监狱法对于监狱人民警察的规定是比较宏观、概括的，但是明确规定了监狱人民警察的行为规范和处分方式。

第三章刑罚执行部分，规定了收监、申诉、检举、控告、减刑、假释、释放、监外执行以及安置帮教等与刑罚执行、罪犯切身权益密切相关的大部分事项。

第四章狱政管理部分，共分为七节，分别规定了分押分管、警戒、戒具和武器的使用、通信会见、生活卫生、奖惩和对罪犯服刑期间犯罪的处理等内容。该章对狱政管理工作规定得十分全面，涵盖了罪犯服刑过程中所涉及的所有狱政管理的内容，为监狱执法工作的具体操作打下了坚实的法律基础。

第五章对罪犯的教育改造部分，规定了对罪犯的思想政治教育、文化教育、职业技术教育、法制、道德、形势、政策、前途等具体的教育改造规则，明确了教育改造的方法、内容和考核等，充分体现了教育改造的重要性，为转变以往重惩罚轻教育的传统理念、提高教育改造的成效提供了强有力的法律保障。

第六章对未成年犯的教育改造部分，专章规定了未成年犯的管理。未成年犯是罪犯中一个比较特殊的群体，其犯罪原因、犯罪方式、犯罪动机等均有着特殊性，所以对其教育改造不能完全等同于其他罪犯，该章明确规定了未成年犯在未成年犯管教所中服刑，与其他成年犯分开关押，一方面因为未成年犯正处在身心发育的阶段，教育方式应

---

[1] 范方平．监狱二十年回顾与展望．北京：中国长安出版社，2014：49．

区别于成年罪犯；另一方面防止成年罪犯对其造成负面的影响。该章还规定："对未成年犯执行刑罚应当以教育改造为主。未成年犯的劳动，应当符合未成年人的特点，以学习文化和生产技能为主。监狱应当配合国家、社会、学校等教育机构，为未成年犯接受义务教育提供必要的条件。"这充分体现了对未成年犯区别对待和保护未成年人的法律思想。

第七章为附则，规定了监狱法的生效时间。

2. 刑法和刑事诉讼法

刑法、刑事诉讼法和监狱法同属刑事法律范畴，三者在内容上既具有先后顺序性，又具有交叉性，在刑法和刑事诉讼法中有许多与监狱有关的规定。

我国刑法第七十八条规定，"被判处管制、拘役、有期徒刑、无期徒刑的犯罪分子，在执行期间，如果认真遵守监规，接受教育改造，确有悔改表现的，或者有立功表现的，可以减刑；有下列重大立功表现之一的，应当减刑……减刑以后实际执行的刑期，判处管制、拘役、有期徒刑的，不能少于原判刑期的二分之一；判处无期徒刑的，不能少于十年。"第七十九条规定，"对于犯罪分子的减刑，由执行机关向中级以上人民法院提出减刑建议书。人民法院应当组成合议庭进行审理，对确有悔改或者立功事实的，裁定予以减刑。非经法定程序不得减刑。"第八十一条规定，"被判处有期徒刑的犯罪分子，执行原判刑期二分之一以上，被判处无期徒刑的犯罪分子，实际执行十年以上，如果认真遵守监规，接受教育改造，确有悔改表现，假释后不致再危害社会的，可以假释。如果有特殊情况，经最高人民法院核准，可以不受上述执行刑期的限制。对累犯以及因杀人、爆炸、抢劫、强奸、绑架等暴力性犯罪被判处十年以上有期徒刑、无期徒刑的犯罪分子，不得假释。"这一系列的规定为在监狱服刑的罪犯减刑和假释的适用条件、适用方式和具体幅度等做了严格的限定。2011年2月25日，第十一届全国人民代表大会常务委员会第十九次会议通过的《中华人民共和国刑法修正案（八）》对刑法第五十条、六十九条、七十八条、八十一条、八十五条等与监狱工作有直接关系的条款进行了修改，刑法修正案与现行刑法具有同等法律效力，也是监狱法的正式渊源。

刑事诉讼法中在监狱的侦查权、减刑、假释以及监外执行方面的规定，是指导监狱刑罚执行工作的法律参照。我国刑事诉讼法第五章对审判监督程序作了专章规定，而在押犯人提起申诉正是启动审判监督程序的重要原因之一。第二百四十一条规定，"当事人及其法定代理人、近亲属，对已经发生法律效力的判决、裁定，可以向人民法院或者人民检察院提出申诉，但是不能停止判决、裁定的执行。"第二百四十二条规定，"当事人及其法定代理人、近亲属的申诉符合下列情形之一的，人民法院应当重新审判……"第二百四十六条规定，"人民法院按照审判监督程序审判的案件，可以决定中止原判决、裁定的执行。"这些规定直接影响到监狱服刑人员的相关权益，属于监狱法的正式渊源的一部分。

3. 国家赔偿法、警察法、枪支管理法

监狱是我国的司法行政部门，当监狱作为执法主体在执法过程中侵害到罪犯合法权益时，就可能要承担国家赔偿责任，赔偿的条件、方式、数额等问题需要依据国家赔偿法，所以国家赔偿法是监狱法的渊源之一。监狱人民警察的职权、行为规范、福利待遇

等在我国的警察法中有明确规定。监狱人民警察在执法过程中配备、使用枪支的，还要受到我国枪支管理法的约束。

4. 其他与监狱密切相关的法律

如行政监察法、突发事件应对法、安全生产法、精神卫生法、未成年人保护法、预防未成年人犯罪法等。作为司法行政机关和刑罚执行机关，我国很多调整和规范国家机关权利义务的法律规范对监狱同样具有约束力，如预算法、行政监察法、突发事件应对法等。我国安全生产法中关于安全生产责任、安全生产设施、健康体检、安全教育等方面的规定，监狱在组织罪犯进行生产劳动时必须遵守执行。我国未成年人保护法中的有关条款，适用于监狱对未成年人的刑罚执行、狱政管理和教育改造，如第五十条规定：公安机关、人民检察院、人民法院以及司法行政部门，应当依法履行职责，在司法活动中保护未成年人的合法权益；第五十四条第一款规定：对违法犯罪的未成年人实行教育、感化、挽救的方针，坚持教育为主、惩罚为辅的原则；第五十七条第一、二款规定：对羁押、服刑的未成年人应当与成年人分别关押；羁押、服刑的未成年人没有完成义务教育的，应当对其进行义务教育；第五十九条规定：对未成年人严重不良行为的矫治与犯罪行为的预防，依照预防未成年人犯罪法的规定执行。我国精神卫生法第十八条规定：监狱、看守所、拘留所、强制隔离戒毒所等场所，应当对服刑人员，被依法拘留、逮捕、强制隔离戒毒的人员等，开展精神卫生知识宣传，关注其心理健康状况，必要时提供心理咨询和心理辅导。第五十二条规定：监狱、强制隔离戒毒所等场所应当采取措施，保证患有精神障碍的服刑人员、强制隔离戒毒人员等获得治疗。

三、法规

法规是指由行使行政立法权的国务院和有地方立法权的地方权力机关制定的规范性文件。国务院是我国最高国家行政机关，根据全国人民代表大会或全国人大常务委员会所制定的宪法和法律，或根据全国人大常委会的授权所制定的规范性文件称为行政法规；县级以上地方各级权力机关，在本行政区域内，依据宪法和法律规定的权限，可以制定地方性法规。监狱是司法行政机关，自然应当遵循行政法规的相关规定。行政法规和地方性法规中有关监狱法律方面的规范，也是我国监狱法的重要表现形式，但地方性法规只在各自的行政区域内有效，不能施行于全国。

四、规章

规章是国务院各部（委）和省、自治区、直辖市人民政府及较大的市的人民政府为贯彻法律、法规在其权限范围内制定的规范性文件。规章内容限于执行法律、行政法规和地方法规的规定，以及相关的具体行政管理事项。司法部隶属于国务院，是我国的司法行政机关，监督和指导全国的监狱执法工作。为了贯彻执行监狱法律法规，具体指导监狱工作，司法部发布的一系列部门规章中有相当一部分涉及监狱工作。这些部门规章全面规定了监狱工作中的各项活动，对于规范监狱执法、提高罪犯改造水平、降低再犯罪率发挥着积极的作用。比较重要的规章包括《关于加强监管改造工作的若干规定》《监狱教育改造工作规定》《罪犯保外就医执行办法》《监管改造环境规范》《罪犯服刑人员行为规范》《关于加强监狱生活管理工作的若干规定》《未成年犯管教所管理规定》《强制隔离戒毒人员教育矫治纲要》《关于创建现代化文明监狱的标准和实施意见》等。

五、自治条例、单行条例

根据我国宪法和民族区域自治法的有关规定，民族自治地方的人民代表大会有权依照当地民族的政治、经济和文化的特点，制定自治条例和单行条例，但仅在本民族自治地方适用。其中有关监狱法律的内容是监狱法的渊源之一。

六、法律解释

广义上的法律解释，是指由一定的国家机关、组织或个人，为适用和遵守法律，根据有关法律规定、政策、公平正义观念、法学理论和惯例对现行的法律规范、法律条文的含义、内容、概念、术语以及适用的条件等所做的说明。法律解释将抽象的法律规范适用于具体的案件，为法律条文中有歧义或者矛盾的内容寻求统一、准确和权威的理解和说明，在社会出现新的法律问题时弥补法律上的漏洞，维护社会发展的稳定性。狭义上的法律解释，根据解释权限、解释机关的不同，分为立法解释、司法解释和行政解释。立法解释权属于全国人大常委会，其作出的法律解释同法律具有同等效力；行政解释权属于国家行政机关，其主要对不属于审判和检察工作中的其他法律如何应用以及自己依法制定的法规进行解释；司法解释权属于国家最高司法机关，即最高人民法院的审判解释、最高人民检察院的检察解释和这两个机关联合作出的解释。如《最高人民检察院关于执行监狱法有关问题的通知》《最高人民法院关于办理减刑、假释案件具体应用法律若干问题的规定》《最高人民法院关于办理未成年人刑事案件适用法律的若干问题的解释》等。

七、联合国关于监狱的国家公约、条约

我国政府签署并经人大批准的国际公约或双边协定，具有与国内法等同的法律效力，是我国法律重要的渊源之一。签署批准的涉及监狱、罪犯、刑罚执行等内容的国际公约、条约或协定，除我国声明保留的条款除外，我国有履行的义务。国际人权公约是联合国有关国际人权保护的三个公约的总称，这三个公约是《经济、社会及文化权利国际公约》（A公约）、《公民权利和政治权利国际公约》（B公约）和《公民权利和政治权利国际公约任择议定书》（B公约议定书）。我国于1979年开始派观察员出席联合国人权委员会，1982年成为该委员会正式成员国。1998年10月5日我国签署了《公民权利和政治权利国际公约》，目前待全国人大批准；1986年12月12日我国加入《禁止酷刑和其他残忍、不人道或有辱人格的待遇或处罚公约》，1988年11月3日对我国生效（对第二十条和第三十一条第一款作了保留）；2001年3月27日，我国加入《经济、社会及文化权利国际公约》，同年6月27日对我国生效［对第八条第一款（甲）项等提出了三项声明］。

1.《世界人权宣言》

《世界人权宣言》于 1948 年 12 月 10 日的联合国大会上正式通过，是人类历史上第一个关于人权保护问题的专门性国际文献，其对全世界的人权保护问题有着重要的意义，被各个国家作为衡量人权保护的国际标准，逐渐演变成为国际习惯法的一部分。《世界人权宣言》包括了序言和 30 条正文，序言部分对该宣言颁布的原因、目的和意义做了详细的阐述，《世界人权宣言》的出台是为了使"人类家庭所有成员的固有尊严及其平等的和不移的权利得到承认"，使"一个人人享有言论和信仰自由并免于恐惧和匮乏的世界来临"，使"人权受到法治的保护"，"促进各国友好关系的发展"等❶。该宣言主张人性而平等、生而自由，全面宣布和肯定了人类所享有的政治、经济、社会、文化等基本人权，并倡议世界各国共同维护人类的基本权利，这些人权是人类生存、国家发展和社会进步所必须考虑的基本权利。虽然《世界人权宣言》不具有强制力，但是其是构成所有人类制度的基石，受到各个国家的普遍遵守。其中，第一条"人人生而自由，在尊严和权利上一律平等。他们赋有理性和良心，并应以兄弟关系的精神相对待"；第二条"人人有资格享受本宣言所载的一切权利和自由，不分种族、肤色、性别、语言、宗教、政治或其他见解、国籍或社会出身、财产、出生或其他身份等任何区别"；第三条"人人有权享有生命、自由和人身安全"；第五条"任何人不得加以酷刑，或施以残忍的、不人道的或侮辱性的待遇或刑罚"❶等内容同样适用于正在服刑的罪犯，所以可以作为监狱法的渊源。

2.《公民权利和政治权利国际公约》、《经济、社会和文化权利国际公约》

《公民权利和政治权利国际公约》和《经济、社会和文化权利国际公约》是最基本的两个国际人权公约。迄今为止，世界上已逾 140 个国家加入了《公民权利和政治权利国际公约》和《经济、社会和文化权利国际公约》❷。这两项公约对签署国具有法律强制力（声明保留条款除外），一旦签署，就必须按照公约中规定的人权保护原则、标准来实施，否则将承担相应的责任。罪犯虽然是一个特殊的群体，但是排除其被依法剥夺的权利以外，其仍然是国际人权公约保护的对象，以上所讲的两个公约对其可以适用。《公民权利和政治权利国际公约》共包括七个部分，除序言外，正文共有六个部分 53 条，第一部分规定了人类的自决权；第二部分规定了人权保护的平等性和缔约国的克减制度；第三部分具体规定了人类享有的公民权利和政治权利；第四部分规定了人权事务委员会的产生、组成、任期和职权范围；第五部分规定了对公约解释的限制；第六部分主要规定了缔约国加入公约的方式以及公约的相关程序要求。《经济、社会和文化权利国际公约》包括序言在内一共包括六个部分共 31 条，第一部分同样规定的人类的自决权；第二部分规定了缔约国的义务和责任；第三部分具体规定了人类应享有的工作权、受教育权、受社会保障、免于饥饿等作为人的基本权利；第四部分规定了各缔约国如何实施公约、经济及社会理事会的相关工作；最后一部分也同样是规定了缔约国加入公约的方式以及公约的相关程序要求。

---

❶《世界人权宣言》序言，1948 年 12 月 10 日联合国大会通过第 217A（11）号决议．
❷ 葛明珍．"经济、社会和文化权利国际公约"及其实施．北京：中国社会科学出版社，2003：6．

3.《禁止酷刑和其他残忍、不人道或有辱人格的待遇或处罚公约》

酷刑或残忍、不人道或有辱人格的待遇,是联合国自创立以来一直关注并且严格审查的事项,为充分保证包括罪犯在内的一切人都不受酷刑,联合国制定了一系列行为规则和标准,前述的《世界人权宣言》和《公民权利和政治权利国际公约》都规定,对任何人不得"施以酷刑,或施以残忍的、不人道或侮辱性的待遇或刑罚";1955年通过的《囚犯待遇最低限度标准规则》、1979年的《执法人员行为守则》以及1975年联合国大会通过的《保护人人不受酷刑和其他残忍、不人道或有辱人格待遇或处罚宣言》都对酷刑或施以残忍的、不人道的或侮辱性的待遇或刑罚加以严格禁止。在以上公约和规则的基础之上,联合国人权委员会设立的工作组着手起草了《禁止酷刑和其他残忍、不人道或有辱人格的待遇或处罚公约》。公约共33条,专门规定了关于酷刑的诸多原则内容,其中有多项涉及监狱执法过程,禁止对罪犯施以酷刑或者有其他不人道、残忍的待遇,为监狱人道和人类文明进程作出了重大贡献。它一方面肯定了罪犯享有人权,另一方面为全世界的罪犯权益保护、依法行刑提供了标准。

4.《囚犯待遇最低限度标准规则》

《囚犯待遇最低限度标准规则》是联合国制定的在司法领域内保护囚犯基本权利的重要法律文件之一,是人权事务委员会在各成员国提供对联合国罪犯待遇标准执行报告的基础上制定的一系列关于监狱行刑和罪犯待遇方面的准则。相较于其他国际人权公约在罪犯权利保护方面只进行了一般性的规定,《囚犯待遇最低限度标准规则》是一部专门针对罪犯的法律文件,所以其规定更具有可操作性。该规则于1955年在第一届联合国防止犯罪和罪犯待遇大会通过,共三个部分,95条内容。除序言外,第一部分规定的是囚犯待遇的一般适用规则,适用于各类囚犯;第二部分规定的是对五类特种囚犯的规则,这五种特种囚犯包括服刑中的囚犯、精神错乱和精神失常的囚犯、在押或等候审讯的囚犯、民事囚犯、未经指控而被逮捕或拘留的人等。具体内容包括入监、隔离、住宿、个人卫生、医疗、纪律和惩处、宗教、财产的保管、迁移等方面的规则。总的指导思想是:监狱应具有良好秩序,不存在对生命、健康和身体完整的危险的地方;监狱是对任何囚犯都不存在歧视的地方;被法庭判处监禁本身就属于一种折磨人的惩罚,监狱的条件不应加重这种固有的折磨;监狱活动要尽可能围绕囚犯重返社会这一中心目标进行,监狱的规章制度应有助于囚犯适应和重返正常的社会生活。[1]

《囚犯待遇最低限度标准规则》序言中称:"订立下列规则并非在于详细阐明一套监所的典型制度,它的目的仅在于以当代思潮的一般公意和今天各种最恰当制度的基本构成部分为基础,说明什么是人们普遍同意的囚犯待遇和监狱管理的优良原则和惯例;鉴于世界各国的法律、社会、经济和地理情况差异极大,并非全部规则都能够到处适用,也不是什么时候都适用,这是显而易见的。但是,这些规则应足以激发不断努力,以克服执行过程中产生的实际困难,理解到全部规则是联合国认为适当的最低条件;另一方面,各规则包含一个领域,这个领域的思想正在不断发展之中。因此,各规则的目的并不在于排除试验和实践,只要这些实验和实践与各项原则相符,并能对从全部规则原文

---

[1]《囚犯待遇最低限度标准规则》.

而得的目标有所促进。中央监狱管理处若依照这种精神而授权变通各项规则，总是合理的。"❶ 以此可以看出该规则是对于世界各国的监狱工作都有着借鉴意义，但是这并不意味着参照这一规则就能建成一个完美的监狱，因为该规则只是规定了罪犯待遇的最基本、最低的要求，正如序言中第一条中称，该规则以"基本构成部分为基础，说明什么是人们普遍同意的囚犯待遇和监狱管理的优良原则和惯例。"❶ 所以各个国家需要在这一基本构成的基础上根据本国具体情况采取监管措施，确保监狱中的良好秩序。

第二节　监狱法的非正式渊源

美国法理学家埃德加·博登海默认为，法律是指运用于法律过程中的法律渊源的集合体和整体，其中包括这些渊源间的相互联系和关系。在此基础上，他将法律渊源划分为正式渊源和非正式渊源两大类别。其中，正式渊源是指那些可以从体现为权威性法律文件的明确文本形式中得到的渊源；非正式渊源是指那些具有法律意义的资料和值得考虑的材料，而这些资料和值得考虑的材料尚未在正式法律文本中得到权威性的或至少是明文的阐述与体现。❷ 与法的正式渊源得到国家的认可并由国家强制力保障实施不同，法的非正式渊源没有直接上升为国家意志，无法取得与法的正式渊源相同的效力，但是当法的正式渊源出现漏洞、矛盾、空白等问题时，法的非正式渊源可以为其提供帮助，作为补充性的规则来使用。随着社会的发展，某些非正式渊源在取得国家的认可后可成为国家正式的法律渊源。

在我国，监狱法的非正式渊源主要包括国家政策、党的政策、最高人民法院公布的典型案例、其他规范性文件、理论学说、风俗习惯❸等。

一、理论学说

理论学说一直具有较高的地位，虽然大部分的理论学说尚未取得法律效力，但是权威性的理论学说在法的领域中扮演着重要的角色。在古罗马时期，许多法学家的理论被当做罗马法的一部分。在我国封建社会时期，儒家学说也一度成为我国的法律渊源。但是随着法律制度的发展，理论学说越来越纷繁复杂，对于同一个法律问题会出现多种理论解释，这与法律的确定性和稳定性特征是不相符的，所以，理论学说只能被作为非正式法律渊源。尽管如此，理论学说的优点却是不容忽视的。例如，理论学说往往走在时代的前沿，具有前瞻性，当法律的发展无法追上社会变迁的脚步时，先进的理论学说可以提出相应的解决方案，弥补法律的不足。放眼古今中外，有许多法学、社会学、监狱学等领域专家的理论不断推动着监狱法律制度向前发展。比如，在霍华德等人推动的监狱改革运动中有人提出"犯人入狱不是为了惩罚，刑罚不是为了报仇，而是为了减少犯

---

❶《囚犯待遇最低限度标准规则》.
❷［美］博登海默. 法理学——法哲学与法律方法. 邓正来译. 北京：中国政法大学出版社，1999：413-414.
❸ 原《民法通则》第六条规定：民事活动必须遵守法律，法律没有规定的. 应当遵守国家政策. 2017年施行的《中华人民共和国民法总则》第十条规定：处理民事纠纷，应当依照法律；法律没有规定的，可以适用习惯，但是不得违背公序良俗.

罪和改善犯罪人，监禁只是意味着剥夺自由，而不是进行肉体折磨，不包括任何苦役的成分。"这个观念一改以往同态复仇、以恶制恶的刑罚理念，重新定位了监狱的管理方向和监管目的，为罪犯人权保障提供了理论基础。又如，柳忠卫教授认为罪犯在被假释前应当接受以下几个方面的评估：罪犯的个人情况、罪犯的犯罪情况、罪犯犯罪后的态度、罪犯在监狱中的表现、罪犯释放后的工作计划、罪犯与家庭成员的关系状况、罪犯拟生活工作的环境状况、罪犯的交友状况、罪犯拟回社区的公民和公安派出所意见以及被害人的意见❶，此研究成果完善了罪犯假释前人身危险性的评估体系，有助于罪犯假释前考核条件的设定和细化。

二、其他规范性文件

（一）其他规范性文件的概念

其他规范性文件，就是行政法领域俗称的"红头文件"，是指行政机关及被授权的组织为实施法律、法规和规章的规定，在法定权限内制定的除行政法规或规章以外的决定、命令等具有普遍性行为规则的总称。根据我国宪法和法律规定，各级行政机关都可以根据现实执法过程中的需要制定其他规范性文件。虽然其他规范性文件不属于真正的立法文件，但是在我国却有着重要的地位，尤其在行政管理领域得到广泛的适用。究其原因，一方面现有法律资源是有限的，同时现有法律规定在某些法律问题上存在空白，或者规定得过于原则，从而导致这些规定得不到有效的贯彻和执行；另一方面，行政管理领域涉及社会生活的方方面面，管理的事务日益复杂化、专业化，这就要求执法规则更加具体化、可操作性更强。

（二）其他规范性文件的特点

相较于宪法、法律、法规和规章等正式法律渊源来说，其他规范性文件主要具有以下特点：

① 有权制定其他规范性文件的主体，是国家行政机关或者法律法规授权的组织，而不是法定的立法机关。其他规范性文件数量众多，其各自的效力与制定主体相对应，从上到下呈现多层级特点，下级规范性文件不能同上级规范性文件内容相抵触，并且分别从属相应行政机关制定的行政法规和行政规章；❷

② 其他规范性文件的调整对象是不特定的主体，而不是针对某个特定的人或者特定的群体，具有普遍约束力；

③ 其他规范性文件并非只具有一次性效力，能够反复适用；

④ 认为行政部门制定的其他规范性文件存在错误或不服的，可以通过行政复议的方式进行申诉，但是行政复议只审查部分其他规范性文件。

其他规范性文件在发挥巨大作用的同时，在制定程序、自身性质、适用方式和监督体制等方面都存在诸多问题。首先，违法性问题。尽管其他规范性文件是为了更好地执行法律、法规、规章等法律文件而被制定出来的，但是有些规范性文件的制定主

---

❶ 柳忠卫. 假释制度比较研究. 济南：山东大学出版社，2005：213-214.
❷ 张永华. 行政法学. 广州：广东高等教育出版社，2008：

体会为了工作上的便利而制定出违背法律规定或者背离法的目的和精神的文件,有时会出现横向越权即干涉了本应该由其他部门管理的事项,有时会纵向越权即制定了应该由上级单位制定的文件。其次,文件之间的冲突较多。不同的省市之间、不同的部门之间针对同一事项制定出的规范性文件常常会出现矛盾或者冲突的情况,这样的冲突可能发生在同级机关之间,也可能发生在不同级别的机关之间,导致规范性文件缺乏体系性和兼容性。第三,文件质量普遍不高。与国家立法机关完成立法行为需要经历完整、严格的程序不同,其他规范性文件的出台对连贯性、程序性和技术性的要求没有那么高,导致规范性文件可能存在内容粗制滥造、名称五花八门、缺乏可操作性等缺陷。

(三)相关监狱规范性文件举例

这里主要介绍江苏省监狱管理局制定的《江苏省监狱狱务公开实施办法》《江苏省监狱系统罪犯改造计分考核及奖罚规定》和贵州省监狱管理局制定的《贵州省监狱服刑人员通讯会见管理暂行规定》。

1.《江苏省监狱狱务公开实施办法》

该规范性文件是为了贯彻落实司法部《关于进一步深化狱务公开的意见》而制定的,目的是为了"贯彻落实中央关于深化司法体制改革的部署,进一步提高监狱执法透明度,促进执法公平公正,提升执法公信力"。该办法规定了深化狱务公开应当遵循的原则,包括依法公开原则、及时准确原则和强化监督原则,要求向社会公众公布二十三个方面的内容:"(1)监狱的性质、任务和职责权限;(2)监狱人民警察的权利、义务和纪律要求;(3)对监狱机关和人民警察执法、管理工作进行举报投诉的方式和途径;(4)罪犯收监、释放的法定条件和程序;(5)罪犯的基本权利和义务;(6)申诉、控告、检举的方式和途径;(7)罪犯减刑、假释的法定条件、程序和结果,监狱向人民法院提请罪犯减刑、假释的建议书;(8)罪犯暂予监外执行的法定条件、程序和结果,罪犯暂予监外执行决定书;(9)罪犯狱内又犯罪的处理程序和结果;(10)罪犯服刑期间应当遵守的行为规范;(11)对罪犯服刑期间改造表现进行考评的条件和程序;(12)罪犯分级处遇的条件和程序;(13)罪犯获得表扬、改造积极分子、记奖、记功或物质奖励等奖励的条件和程序;(14)罪犯受到警告、记过或者禁闭等处罚的条件和程序;(15)罪犯立功和重大立功的条件和程序;(16)罪犯通讯、会见的条件和程序;(17)罪犯离监探亲、特许离监的条件和程序;(18)罪犯思想、文化、职业技术教育有关情况;(19)罪犯劳动项目、岗位技能培训、劳动时间、劳动保护和劳动报酬有关情况;(20)罪犯伙食、被服实物量标准,食品安全、疾病预防控制有关情况;(21)监狱执法管理重大事件的处置及调查情况;(22)监狱工作相关法律法规和规章;(23)法律、法规、规章和其他规范性文件规定的应当向社会公开的内容。"同时,该规定还对公布的方式、对象、期限等问题作了详细的规定,为江苏省各监狱单位的狱务公开工作提供了一个具体的操作标准。

2.《江苏省监狱系统罪犯改造计分考核及奖罚规定》

罪犯改造的计分直接影响到其处遇和是否符合减刑、假释的要求,关系到罪犯的切身利益。该规定的制定主要是为了贯彻执行《中华人民共和国刑法》《中华人民共和国刑事诉讼法》中有关监狱执法的相关内容以及《中华人民共和国监狱法》《监狱服刑人员行为规范》(司法部第88号令)、司法部关于计分考核奖罚罪犯的有关规定等文件的精神。该规定对计分考核的组织、内容、方法、对罪犯的奖罚和提请减刑、假释以及考核的监督进行了具体规定,是罪犯实施分级管理,行政奖罚、物质奖励,提请减刑、假释的重要依据。

3. 贵州省监狱管理局制定的《贵州省监狱服刑人员通讯会见管理暂行规定》

该规定是在《中华人民共和国监狱法》的基础上制定出来专门规范罪犯通讯和会见两项活动的文件。文件的总则部分对文件的适用范围作了规定,分则部分分别就普通会见、亲情共餐、特优会见、亲情电话和通信等通讯和会见的条件、方式、程序、限制作了要求。其中,对不得会见和中止会见的情形进行了详细的列举,"前来会见的人员有下列情形之一的,不得安排会见:(一)无会见证或会见证与本人身份不符的;(二)无有效身份证件证明其与服刑人员有亲属关系的;(三)未按本规定第六条第三、四款的规定经审批;(四)擅自将通讯工具带入会见场所的;(五)有明显精神异常的;(六)会见前饮酒的;(七)与服刑人员案情有关的;(八)有其他影响监管安全和不利于服刑人员改造情形的。""服刑人员会见时,有下列情形之一的,中止会见,记录在案,视情节暂停1~6个月内的会见,并在计分考核中予以处罚:(一)使用隐语、暗语或外语(外国籍、无国籍服刑人员除外)交谈的;(二)谈论内容有碍监管安全或有碍服刑人员改造的;(三)私自传递手机、毒品、现金、信件等违禁物品的;(四)其亲属有摄影、摄像、录音行为的;(五)有其他违反会见管理规定情形的。"

三、刑事政策

广义的政策,是指国家政权机关、政党组织和其他社会政治集团,为了实现自己所代表的阶级、阶层的利益与意志,以权威形式标准化地规定在一定的历史时期内应该达到的奋斗目标、遵循的行动原则、完成的明确任务、实行的工作方式、采取的一般步骤和具体措施。在我国,政策主要是指国家政策和党的政策。中国共产党是我国的执政党,其出台的相关政策对于国家机关处理日常事务以及司法机关审判案件具有重要的指导意义。虽然政策在我国属于非正式渊源,不具备正式的法律地位,但是其与法律相辅相成,个别政策在具备法律的构成要件时,经国家认可,可转化成为法律规范。目前,对我国监狱工作影响较大的是宽严相济的刑事政策。

刑事政策的提法最早出现在18世纪末19世纪初德国法学教授克兰斯洛德与费尔巴哈的著作中。克兰斯洛德认为,刑事政策是立法者根据各个国家的具体情而采取的预防犯罪、保护公民自然权利的措施;费尔巴哈则认为,刑事政策是国家据以与犯罪作斗争的惩罚措施的总和,是"立法国家的智慧"。❶ 但一直以来,学者们对刑事政策的定义可谓是五花八门,"可以这样认为,至今几乎所有关于刑事政策的著述找不到两个完全

---

❶ [法]米海依尔·戴尔玛斯—马蒂.刑事政策的主要体系.卢建平译.北京:法律出版社,2000.

相同的刑事政策定义。"❶ 比较常见的定义有，形势政策是"国家和社会据以组织反犯罪斗争的原则的总和，即不限于直接的以预防犯罪为目的之刑罚诸制度，而间接地与防止犯罪有关的各社会政策，例如居住政策、教育政策、劳动政策（失业政策）及其他的公共保护政策等亦均包括在内"❷；"刑事政策系国家以刑罚及类似刑罚之各种制度（教育设备、感化制度、劳役场所等）为手段，而与犯罪展开斗争之各种原则之整体也。"❸ 尽管学者们对刑事政策的界定各不相同，但是可以总结出的是，刑事政策是国家以及法律规定的国家机关，在预防和控制犯罪的过程中，出台相关的处理方法，运用刑罚和非刑罚手段，以促进社会稳定有序的发展。

在我国20世纪80年代后的一段时间里，犯罪案件激增，严重扰乱了社会秩序。从1983年开始的近20年时间里，我国先后掀起三次"严打"犯罪的浪潮，但犯罪案件的数量并没有因为"严打"而减少。2004年12月，中共中央政治局常委、中央政法委书记罗干在全国政法工作会议上首次明确提出了"宽严相济"的刑事政策，次年的全国政法工作会议明确了"宽严相济"的刑事政策的定义，即"指对刑事犯罪区别对待，做到既要有打击和震慑犯罪，维护法制的严肃性，又要尽可能减少社会对抗，化消极因素为积极因素，实现法律效果与社会效果的统一。"❹

"宽严相济"的刑事政策是我国内部自发形成的，与国外的"轻轻重重"刑事政策有异曲同工之处。长期以来，我国监狱工作根据罪犯的犯罪性质、刑期、人身危险性和改造表现等情况，采取了区别对待的政策。例如，监狱的监区划分为严管监区、普管监区和宽管监区；采用五级处遇模式，即宽管、从宽、普管、从严、严管；在罪犯的减刑、假释和暂予监外执行等刑罚变更措施的适用上，综合考虑罪犯的犯罪类型、人身危险性、改造表现等情况，实行区别对待，当宽则宽、当严则严。

拓展阅读

监狱治本安全观

2017年5月，司法部召开党组会议决定将监狱体制改革纳入司法行政改革任务，要求"从底线安全观向治本安全观转变，切实提高教育改造质量，要在改造罪犯成为守法公民上加大监管机制改革的工作力度。"这是司法部首次提出"治本安全观"的概念。

较之于"底线安全观"将监狱工作重心放在"四无"（无罪犯脱逃、无重大狱内案件、无重大疫情、无重大安全生产事故）目标上，"治本安全观"要求把监狱安全工作放在国家整体安全的视野中予以考虑，发挥教育改造的攻心治本作用，切实将罪犯改造为守法公

---

❶ 储槐植. 刑事政策——犯罪学的重点研究对象和司法实践的基本指导思想. 福建公安高等专科学校学报. 1999, 13 (5): 4.
❷ 杨春洗. 刑事政策论. 北京：北京大学出版社, 1994.
❸ 刘仁文. 略论刑事政策的概念和范围. 法学评论, 2004 (6): 83.
❹ 刘仁文. 宽严相济的刑事政策研究. 当代法学, 2008 (1): 24.

> 民，向社会输送"合格产品"，使走出监狱大门的罪犯不致再犯，确保社会安全。
>
> 　　如同新中国监狱发展历史上的"生产第一"与"改造第一"的争论一样，"底线安全观"也是特定历史时期特别是"稳定压倒一切"思维的产物，加之安全指标较之教育效果比较显性，符合管理者偏好。"治本安全观"强调监狱切实发挥教育改造职能，将监狱工作重心放在罪犯的教育改造上，将监狱工作积极主动融入到国家治理与社会管理体系、刑事司法改革中。

第四章　监狱法律关系

法律关系通常被定义为，由法律规范所确认的当事人之间的具有权利义务内容的社会关系。法律关系是通过法律形成和建立的各种关系，一般把法律关系主体、法律关系内容（权利义务关系）和法律关系客体，视为法律关系的三个要素。法律关系处在不断的生成、变更和消灭的运动过程中，它的形成、变更和消灭，需要具备一定的条件，其中最主要的条件有两个：一是法律规范；二是法律事实。法律规范是法律关系形成、变更和消灭的法律依据，没有一定的法律规范就不会有相应的法律关系。但是，法律规范的规定只是主体权利和义务关系的一般模式，还不是现实的法律关系本身。法律关系的形成、变更和消灭还必须具备直接的前提条件，这就是法律事实。法律事实是法律规范与法律关系联系的中介。而所谓的法律事实，就是法律规范所规定的、能够引起法律关系产生、变更和消灭的客观情况。

第一节　监狱法律关系概述

监狱法律关系，是指法律规范调控的监狱因行刑活动而与罪犯以及其他机关、组织或公民之间形成或产生的权利义务关系。监狱法律关系发生在执行刑罚与改造罪犯的活动中，始于罪犯被收监，终于罪犯的刑罚被执行完毕。监狱与罪犯之间的关系不能都成为监狱法律关系，只有经监狱法律规范所确认或调整的那部分权利义务关系才是监狱法律关系。没有纳入监狱法律规范的其他内容和范围的社会关系，自然不能成为监狱法律关系。

一、监狱法律关系的特点

1. 监狱法律关系是多重法律关系构成的统一体

监狱法律关系具有复合性，包含多重法律关系。监狱法律规范所调整的法律关系参与者是相当广泛的，包括监狱、武警部队、公安机关、人民法院、检察机关、罪犯和政府财政、教育、卫生、计划等部门，还包括罪犯亲属、基层组织、社会团体、企事业单位等。在这些众多的主体之间，存在着多种多样的关系，包括监狱与罪犯之间的关系、监狱与公检法的关系、监狱与武警部队的关系、监狱与行政机关的关系等。监狱法律关系实质上就是由这些不同的法律关系组成的统一体。

2. 监狱法律关系兼具刑事诉讼法律关系和行政法律关系，但又不是纯粹的刑事诉讼法律关系或行政法律关系

从刑事诉讼的角度看，监狱法律关系中的公安机关、检察机关、人民法院、监狱以及罪犯等，其在刑罚执行过程中的活动本质上仍然是刑事诉讼活动，其关系自然也是刑事诉讼法律关系。所不同的是，在刑罚执行阶段的刑事诉讼活动中，代表国家刑事诉讼的主体机关除了通常的公检法以外，还增加了监狱这一主体，行使部分诉讼职能。此外，在刑罚执行阶段，先前的刑事被告人已经成为罪犯，而不是未决犯。从行政活动的角度看，在整个刑罚执行过程中，监狱所从事的活动绝大部分属于行政管理性质的活动，监狱主要充当了行政机关的角色。而且，监狱对罪犯的管理具有单方性、强制性和权利义务的统一性等特点，这就使得监狱在围绕惩罚与改造罪犯所进行的一系列管理活动中与罪犯之间的关系具有行政法律关系的性质。当然，监狱法律关系是因为人民法院的生效判决所产生的，并在特定的场所内实现的，作为行政管理相对人的罪犯人身自由被剥夺，其他一些权利也被剥夺和限制，所以，监狱法律关系又不是纯正的行政法律关系。

3. 监狱与罪犯之间的法律关系是第一性的监狱法律关系

监狱、罪犯是监狱法律关系的当然主体，而且监狱与罪犯之间的法律关系是监狱法律关系最主要的内容。监狱与罪犯之间的法律关系，产生于监狱依照监狱法律规范对罪犯执行刑罚、实施惩罚与改造，包括执行刑罚、狱政管理和对罪犯的教育与改造等。其他的法律关系，如监狱与公安机关、人民法院、检察机关、武警部队、其他行政机关、罪犯亲属、基层组织、社会团体、企事业单位之间的法律关系，均是基于保障顺利实现监狱惩罚与改造罪犯职能而产生的。因此，监狱与罪犯之间基于刑罚执行的权利义务关系，是监狱法律关系中最基础的、最主要的，也是第一性法律关系和主法律关系。它不依赖其他法律关系而独立存在，且在多向法律关系中居于支配地位。

4. 监狱法律关系的产生、变更与消灭缘于特定的监狱法律事实

所谓法律事实，是指能够直接引起法律关系产生、变更、消灭以及因此而导致一定的法律后果的现象和情况。法律规范本身不能直接导致某一法律关系的产生、变更和消灭，而是为具体的法律关系的产生、变更和消灭提供了前提或模式，只有当法律规范所规定的情况出现时，才能引起法律关系的产生、变更和消灭。具体到监狱法律关系，同样包括法律行为和法律事件两种情况。法律行为是法律规范所规定的，基于行为人的意志并能够引起法律后果的行为。这是实践中最为普遍的一种法律事实。监狱依据人民法院的生效判决收押罪犯，引起监狱法律关系的产生；罪犯获得减刑、假释、特赦，或者被警告、记过、禁闭甚至因狱内犯罪被加刑，都会导致罪犯在监狱法律关系中权利义务的变化；刑满释放或因为狱内犯罪被判处死刑，会导致监狱法律关系的消灭。不合法的法律事实如罪犯抗拒改造或人民警察违法行使职权，也会引起新的监狱法律关系的产生。法律事件是法律所规定的，不以人的意志为转移的能够引起法律后果的现象。法律事件也会引起监狱法律关系的产生、变更和消灭。在监狱中，罪犯因病死亡的法律事实，引起刑事责任主体的消灭，会导致监狱法律关系的消灭；罪犯在劳动中致伤致残丧

失劳动能力的有可能被保外就医，从而引起监狱法律关系的变更。

二、监狱法律关系的要素

1. 监狱法律关系的主体

法律关系主体，是法律关系的参加者，是依法享有权利和承担义务的当事人，即在法律关系中，一定权利的享有者和一定义务的承担者。在每一具体的法律关系中，主体的多少各不相同，在大体上都属于相对应的双方，一方是权利的享有者，成为权利人；另一方是义务的承担者，成为义务人。最重要的监狱法律关系的主体，是监狱和罪犯。其他监狱法律关系参与者，如公检法、武警部队、行政机关、罪犯亲属、基层组织、社会团体、企事业单位等，也是监狱法律关系的主体。有人把监狱人民警察当成监狱法律关系的主体，这种观点是错误的。因为监狱法律规范所赋予的执法者的权力、义务的对象是监狱而非监狱人民警察个人，监狱人民警察并不能以个人的名义作出任何监狱权利行为和义务行为，同时，任何个体的人民警察也不可能拥有监狱所具有的一切权利和义务。从法理上讲，法律主体一般包括公民、国家机关、企事业单位与社会组织、国家四类。监狱人民警察在执行职务时，既不能以公民的身份出现，又不属于国家机关、企事业单位与社会组织，更不能等同于国家，因此其自然不能成为监狱法律关系的主体。

2. 监狱法律关系的内容

法律关系的内容就是权利义务体系。监狱法律关系的内容，是由监狱法律规范所规定的监狱法律关系主体所享有的权利和必须承担的义务的总和。这种权利和义务是密切联系的、统一不可分割的，对于监狱法律关系参与者来说，没有无义务的权利，也没有无权利的义务。当然，在监狱法律关系中，由于主体不同，其权利义务的范围不同。与监狱、罪犯是监狱法律关系最主要的主体一样，监狱、罪犯的权利义务体系，也是监狱法律关系最主要的内容。就监狱而言，其职权与义务、职权与职责实际上是一致的。对于罪犯而言，其既要履行一般的公民义务如遵守国家法律、保守国家秘密、遵守社会公德、爱护公共财产等，还必须履行接受刑罚制裁、遵守监规纪律、接受教育改造、参加劳动等不同于一般公民的特定义务。罪犯权利有其不完整性和特定性，一方面他被剥夺和限制了部分权利，另一方面基于监狱的刑罚执行而被监狱法律规范赋予了某些特定的权利，如会见亲属权。

3. 监狱法律关系的客体

法律关系中的客体，一般指法律关系主体的权利义务所指向的对象，包括行为、物、精神财富。监狱法律关系客体中的行为，包括作为与不作为。主体间的权利义务主要围绕着监狱实施惩罚与改造活动、罪犯接受惩罚与改造活动而展开的，因此监狱法律关系的客体，主要是行为，而且是监狱和罪犯的行为。例如罪犯参加劳动的行为，就是监狱强制罪犯劳动的权利和有劳动能力的罪犯必须参加劳动的义务所指向的客体；监狱对罪犯申诉材料的及时转交行为，就是罪犯申诉权利和监狱不得扣押罪犯申诉材料义务所指向的客体。监狱法律关系客体中的物，是可以作为财产权利义务关系对象的物品，包括监狱的各种生产、生活、监管设施，罪犯合法持有的钱款、物品，监狱配发的生活学习用品，劳动报酬等。监狱法律关系客体中的精神财富，是与人身相联系的非物质财富，如罪犯的著作、发明创造等。需要特别注意的是，不得将罪犯本身视为监狱法律关系的客体。从哲学意义上讲，客体是可以被主体认识、研究和实践的对象，可以是任何一个具体的人，罪犯作为被刑事制裁、惩罚、改造、管理和教育的对象，被视为客体有一定的合理性。但从法律关系讲，凡是享有法律所规定的权利和承担法律所规定的义务的法律关系的参加者，即为法律关系的主体。监狱法律规范规定了罪犯的权利义务，所以他是监狱法律关系的主体。将罪犯本身视为法律关系的客体，实际上是混淆了法律关系客体与哲学意义上客体的界限。明确这一点，有利于保障罪犯的合法权益，给予罪犯应有的人道主义待遇。

三、研究监狱法律关系的意义

1. 促进监狱法学的学科建设

监狱法律关系理论是监狱法学体系建立的基础，监狱法学就是研究监狱法律关系及其产生、变更、消灭的科学。监狱工作的全过程，就是监狱法律关系主体行使权利履行义务的过程，也是监狱法律关系付诸实现的过程。目前，我国关于监狱法律关系的研究比较少，在一定程度上影响和制约了监狱法学的学科建设。因此，深入研究监狱法律关系，系统构建监狱法律关系理论，是监狱法学学科建设的当务之急。

2. 提高监狱行刑水平

监狱与罪犯之间的法律关系，是第一性的监狱法律关系，在整个监狱法律关系中处于独立和支配地位。监狱与罪犯之间主要是行刑与被行刑的关系，包括刑罚执行关系、狱政管理关系和教育改造关系。在刑罚执行、狱政管理和教育改造关系中，监狱、罪犯的权利义务体系、客体是有所区别的，不能混淆。因此，研究监狱法律关系，可以促进监狱行刑工作的正确、精准，提高监狱工作的法制化和科学化水平。

3. 规范监狱刑罚执行权力的行使，保障罪犯权利

刑罚执行权力作为一种公权力，需要得到有效的规制防止其恣意、滥用和扩张。研究监狱法律关系，明确监狱法律关系的主体和客体，澄清一些错误的观点，准确界定监狱、罪犯及其他监狱法律关系参与者的权利义务，有利于刑罚执行权力的规范行使，保障罪犯的合法权益。刑罚执行权力具有不可放弃性，即必须履行否则就是失职乃至违法；刑罚执行权力具有不可让渡性，即必须由法律授权的主体即监狱人民警察行使，不得转让给无相应执法资格的人如监狱工人或其他人员，更不得由罪犯来行使；刑罚执行权力具有国家意志唯一性，不得掺杂监狱人民警察的个人意志或情感。因此，在监狱工作实践中，将监狱人民警察视为监狱法律关系主体的观点是不符合法理的，是错误的。

第二节　监狱法律关系主体

法律关系主体是法律关系的参加者，即在法律关系中一定权利的享有者和一定义务的承担者。监狱法律关系主体则是指监狱法律关系的参加者，也就是在监狱法律关系中

享有一定权利和承担一定义务的当事人，包括监狱、罪犯以及其他监狱法律关系的参加者。

一、监狱

（一）监狱的性质

刑罚是国家对犯罪分子实行惩罚的一种最严厉的强制方法。其制定、实施与操作，必须由享有刑罚权的国家机关来执掌。刑罚权具有四项子权力，即制刑权、求刑权、量刑权与行刑权。制刑权由国家立法机关享有；求刑权由国家公安机关和检察机关分担；量刑权由国家审判机关拥有；行刑权由国家刑罚执行机关行使。我国监狱法第2条明确规定："监狱是国家的刑罚执行机关。依照刑法和刑事诉讼法的规定，被判处死刑缓期二年执行、无期徒刑、有期徒刑的罪犯，在监狱内执行刑罚。"该法条明确指出了监狱的性质是国家的刑罚执行机关，是依法对被判处死刑缓期二年执行、无期徒刑、有期徒刑的罪犯执行刑罚的机关。

（二）监狱的宗旨与主要任务

我国监狱是新型的社会主义监狱，与剥削阶级国家监狱有着本质区别。监狱法第一条开宗明义地指出制定本法的目的，是"为了正确执行刑罚，惩罚和改造罪犯，预防和减少犯罪"，确立了我国监狱"改造人"的宗旨。我国的监狱主要有以下任务。

1. 对罪犯实施惩罚

惩罚性是刑罚固有的属性，古今中外任何国家的刑罚都是对犯罪者实施的一种惩罚。我国监狱作为国家刑罚执行机关，当然具有惩罚罪犯的任务。即通过严格的监管、警戒等法律措施，剥夺罪犯的人身自由，剥夺或限制他们行使某些权利，强迫他们遵守法律法规和监规纪律，强制他们从事劳动和接受教育改造。这种惩罚，对于维护国家法律的威严，保障广大公众的权益是完全应该的，也是完全必要的。只要这样，才能剥夺罪犯重新危害社会的条件，将他们改造成为守法公民，并且警戒社会上的不稳定分子，以预防和减少犯罪。

2. 对罪犯实施改造

我国监狱对罪犯执行刑罚不是单纯地为了惩罚，更不是为了报复，而是为了将罪犯改造成新人。具体说，就是在惩罚管制的条件下，采取各种切实有效的措施，转化罪犯的思想，矫治罪犯的恶习，使他们养成劳动习惯，学会劳动技能，成为自食其力的守法公民。因此，对罪犯实施改造是监狱的一项基本任务，是监狱一切工作的出发点。

3. 组织监狱生产

我国监狱对罪犯执行刑罚历来实行惩罚和改造相结合、教育和劳动相结合的原则。因此，监狱除了担负惩罚和改造罪犯两项政治任务以外，还承担一定的经济任务，即组织监狱生产，管理监狱经济。罪犯是社会的消极因素、破坏因素，同时又是一大批劳动力。如果单纯关押，让他们坐吃闲饭，这是对劳动力的极大浪费，也不利于罪犯的悔过自新。所以，监狱在对罪犯实施惩罚和改造的同时，还要积极组织罪犯从事有益社会的生产劳动，努力提高监狱生产的经济效益。这是惩罚和改造、教育和劳动相结合原则的必然结果，是由改造罪犯的政治任务所派生出来的一项重要的经济任务。

上述三个方面任务相辅相成、缺一不可。其中，惩罚和改造是我国刑罚的两项基本任务，组织监狱生产，管理监狱经济，既是改造罪犯的一种基本手段，又是监狱承担的一项重要的经济任务。但是，监狱生产必须服从、服务于对罪犯的改造，在任何情况下都不允许将生产置于监狱工作的首位。尤其在监狱财政保障体制已经建立和我国社会主义市场经济条件下，如何合理定位监狱的劳动生产和管理监狱企业，是司法理论界和实务界所共同面临的重大课题。

（三）监狱的设置

监狱法第十一条规定，监狱的设置、撤销、迁移，由国务院司法行政部门批准。各地区监狱的数量、类型、选址、收押容量、内部设置、警戒等级等应该结合国家与地区社会经济发展水平、犯罪形势、刑事政策、押犯构成等情况，按照有利于发挥监狱职能的原则确定。

（四）监狱的分类

监狱可以按不同的标准进行分类。如按照收押罪犯的性别、年龄可以分为男犯监狱与女犯监狱、未成年犯管教所；按照关押罪犯刑期的长短可以分为重刑犯监狱与轻刑犯监狱；按照监狱警戒等级可以分为高度、中度和低度警戒等级监狱。实践中，还会按照监狱位置、劳动产业、押犯规模的不同，将监狱分为农村监狱与城市监狱、农业监狱与工业监狱、大型监狱、中型监狱与小型监狱。部分省份还设立了功能性监狱如入监监狱、出监监狱、老病残犯监狱、中心医院监狱等。部分监狱在内部设置分监狱或监区对罪犯实行进一步的分类关押。

监狱分类是落实监狱法规定的分押分管分教即"三分"制度的物质基础，也是行刑个别化、提高教育改造质量和节约行刑成本的客观需要。较之于发达国家的监狱分类制度与实践，目前我国监狱分类建设还相对粗放和薄弱。

（五）监狱的管理体制

我国监狱法第十条规定，国务院司法行政部门主管全国的监狱工作。国务院司法行政部门即中华人民共和国司法部，它是国务院组成部门。

根据《国务院办公厅关于印发〈司法部主要职责内设机构和人员编制规定〉的通知》（国办发〔2008〕64号），司法部承担的与监狱有关的主要职能是：拟订司法行政工作方针、政策，起草有关法律法规草案，制定部门规章，制定司法行政工作的发展规划并组织实施；负责全国监狱管理工作并承担相应责任，监督管理刑罚执行、改造罪犯的工作。

司法部内设监狱管理局，行使负责监督检查监狱法律法规和政策的执行工作；负责全国监狱的设置、布局和规划工作；监督管理全国监狱刑罚执行、狱政管理、生活卫生管理、教育改造、劳动改造和信息化建设工作；组织实施重要罪犯的关押改造和省际的调犯工作；指导全国监狱的财务、装备和资产管理等工作；管理燕城监狱等职能。

我国监狱主要实行省以下的垂直管理，即监狱隶属省司法厅或监狱管理局，形成了司法部——司法厅（省级监狱管理局）——监狱——分监狱或监区的四级管理模式。部分省份还在省级监狱管理局之下设置了监狱管理分局。也存在市属监狱、司法部直属监狱和公安部直属监狱等特殊形态。

我国监狱法第十二条规定："监狱设监狱长一名，副监狱长若干人，并根据实际需要设置必要的工作机构和配备其他监狱管理人员。监狱的管理人员是人民警察。"由于我国坚持"党管监狱"的原则，在设置监狱的领导和内设机构时，还应考虑党组织的设置。监狱内设机构的名称、职能、领导职数、工作人员数量等应当遵守行政编制的有关规定。

监狱法明确规定，监狱的管理人员是人民警察，这意味着监狱必须由监狱人民警察进行管理，不得将监狱交于其他人或组织进行管理。监狱工人不得从事对罪犯的管理和执法工作。

二、罪犯

在监狱中服刑的罪犯，是监狱法律关系的主要参加者，与监狱一起构成了监狱法律关系最重要的主体。罪犯虽然是惩罚和改造的对象，但是从法律地位上来讲，与监狱是完全平等的，只不过是权利义务上的不对等而已。

1. 罪犯的概念

罪犯是一个专门的法律用语，有广义和狭义两种理解。广义的罪犯是指被法院依法确定犯罪并判处刑罚的自然人。狭义的罪犯是特指法院判处自由刑，正在监狱或矫正机构中执行刑罚的已决犯，又称在监人、受刑人、在押犯。在我国，狭义的罪犯主要指在监狱中服刑的死缓犯、无期徒刑犯、有期徒刑犯。

2. 罪犯的特征

一般认为，罪犯具有以下四个基本特征。

① 罪犯是犯罪行为的实施者，具有较为明显的反社会性。这一特征将其与非犯罪人即守法公民及一般违法者区别开来。

② 罪犯是经人民法院生效刑事判决判处监禁刑罚，并被监狱机关依法剥夺自由的犯罪人。这一特征，将其与被判处死刑立即执行、管制、拘役或单处附加刑的罪犯以及羁押候审的未决犯区别开来。

③ 罪犯是监狱实施惩罚和改造的指向对象和承受者。

④ 罪犯是监狱行刑法律关系中具有一定权利和义务的主体。

3. 罪犯的分类

在我国立法和司法实践中，按照不同的标准对犯罪进行分类，如按照判处的刑种不同，分为死刑犯（含死缓犯）、无期徒刑犯、有期徒刑犯、拘役犯、管制犯等；按照犯罪的性质不同，分为杀人犯、放火犯、强奸犯、抢劫犯、盗窃犯、诈骗犯、贪污犯等；按照性别、年龄的不同，分为男犯、女犯及未成年犯、青年犯、中年犯、老年犯等。我国监狱法规定："监狱根据犯罪的犯罪类型、刑罚种类、刑期、改造表现等情况，对罪犯实行分别关押，采取不同方法管理。"

在实践中，各地监狱大多按照罪犯实施犯罪的动机、目的和手段等对犯罪进行分类，一般分为财产型犯罪（分盗窃罪和其他财产犯罪）；性犯罪，又称淫乱型犯罪；暴力型犯罪；过失犯罪和渎职罪；其他犯罪，即上述四种类型犯罪以外的各种犯罪。针对各类罪犯的不同情况，实行"三分"即分押、分管、分教。许多国家的监狱法律规范都对罪犯分类问题作了具体规定，其内容大致包括犯罪人分类程序、分类机构、分类标准和不同类型犯罪人的个别处遇等。目前我国的罪犯分类总体上还比较粗放。

三、其他监狱法律关系主体

其他监狱法律关系主体，是除监狱、罪犯两个最重要的主体之外，被监狱法律规范赋予相应权利义务的主体。其他监狱法律关系主体比较广泛，主要分为以下三类。

1. 公安机关、检察机关、人民法院、司法行政机关和武警部队

监狱法律规范中关于公安机关权利义务的规定，主要体现在将罪犯交付执行、罪犯脱逃追捕、释放与安置衔接、暂予监外执行和假释罪犯的接续与管理等方面。如监狱法第四十二条规定，监狱发现罪犯脱逃的，应即时将其抓获，不能即时抓获的，应当立即通知公安机关，由公安机关负责追捕，监狱密切配合。检察机关在监狱法律关系中，一方面行使法律监督职权，对监狱刑罚执行的活动是否合法，依法实行监督，另一方面，参与罪犯申诉、控告、检举、罪犯死亡处理和罪犯又犯罪起诉、侦办人民警察职务犯罪案件等。人民法院参与监狱刑罚执行工作，主要有罪犯交付执行衔接、裁定罪犯减刑假释、处理罪犯申诉、参与罪犯死亡处理等。依据我国刑法和《社区矫正实施办法》的规定，实行社区矫正制度后，假释罪犯、保外就医罪犯的监督、执行，由罪犯户籍所在地的县级司法行政机关社区矫正机构负责。县级司法行政机关社区矫正机构与监狱之间，就罪犯的交接、罪犯的收监、社区矫正期间刑满等事项，依据相关法律规定办理。监狱的武装警戒由人民武装警察部队负责，具体办法由国务院、中央军事委员会制定。实践中，武警部队承担围墙的外围警戒、监墙哨与监门哨执勤、群体罪犯或重要罪犯押解警戒、协助监狱处置突发事件等任务。

2. 行政机关

监狱法律规范所涉及的行政机关包括：财政预算部门，主要落实监狱法第八条的规定，即"国家保障监狱改造罪犯所需经费。监狱人民警察经费、罪犯改造经费、罪犯生活费、狱政设施经费及其他专项经费，列入国家预算"；罪犯户籍所在地人民政府，对刑满释放的罪犯，当地人民政府要帮助其安置生活，救济丧失劳动能力又无法定赡养人、抚养人和基本生活来源的刑满释放人员；监狱属地政府，主要是协助监狱做好安全警戒工作，落实规划、基础设施建设、安全生产、卫生防疫、应急、义务教育、职业技术教育等属地管理规定，协助监狱做好对罪犯的教育改造工作。

3. 社会主体

这主要包括罪犯亲属、其他公民、基层组织、企事业单位、社会团体。我国监狱法中有多条涉及公民、基层组织、企事业单位和社会团体的条款，如第九条、第四十三条、第四十四条、第六十八条，分别就不得侵占、破坏监狱资源、财产，未经准许不得进入监狱周围警戒隔离带，协助监狱做好安全警戒工作，协助监狱做好对罪犯的教育改造工作等做出了规定。

罪犯家属或近亲属,是比较特殊的监狱法律关系的其他主体。罪犯家属或近亲属是普通公民而不是罪犯,监狱不得限制或剥夺罪犯家属或近亲属的合法权利,也不得加重其义务。监狱要为罪犯近亲属依法会见罪犯提供便利,主动接受他们对监狱工作的监督,及时公开狱务政务,充分利用家庭亲情对罪犯进行感化、改造和挽救。

随着我国改革开放的深入和经济社会的快速发展,社会力量迅速成长,积极主动融入社会治理大局的诉求不断增强,监狱教育改造罪犯工作的专业性、开放性要求也越来越高,社会志愿者、公益组织、专业机构等在监狱法律关系中的主体地位有所显现。但是,这些主体的范围、职能、作用还有较大的拓展空间。如:刑事受害人,我国目前仅在刑事和解制度中规定了受害人谅解在定罪量刑中的作用,未规定刑事受害人意见对罪犯获得减刑假释的影响;社区,我国刑法第八十一条规定,"……对犯罪分子决定假释时,应当考虑其假释后对所居住社区的影响。"但社区影响评估的方法和效度,还有待进一步研究。

第三节 监狱法律关系客体

法律关系客体是指法律关系主体之间的权利和义务所指向的对象。它是独立于人的意识之外并能为人的意识所感知和人的行为所支配的客观世界中的各种各样的现象。它能够满足主体的物质利益和精神需要,是满足权利人的各种物质的和非物质的财富,并且得到法律规范的确认和保护。法律关系客体是构成法律关系的要素之一,是法律关系发生和存在的前提。

一、法律关系客体的概念

法律关系客体是一个历史的概念,随着社会历史的不断发展,其范围、形式和类型也在不断地变化着。总体看来,由于权利和义务类型的不断丰富,法律关系客体的范围和种类也在不断丰富扩大。归纳起来,主要有以下三类。

① 物。法律意义上的物,是指法律关系主体支配的、在生产和生活上所需要的,由法律规定的被人类认识和控制的、有用的财富。它可以是天然物,也可以是生产物;可以是活动物,也可以是不活动物。

② 行为。在很多法律关系中,其主体的权利和义务所指向的对象是行为。作为法律关系客体的行为结果是特定的,即义务人完成其行为所产生的能够满足权利人利益要求的结果。

③ 精神产品。我国法学界通常称之为"智力成果",包括国家、社会和个人的经济政治精神文化财富。

二、监狱法律关系客体

监狱法律关系客体,是指监狱法律关系主体的权利义务所指的对象,即监狱的职权与权利或职责与义务所指向的对象、罪犯的权利义务所指向的对象。监狱法律关系客体主要包括行为、物、精神财富三种。

（一）行为

1. 行为的分类

在监狱法律关系中，由于主体的法定性和特定性以及主体关系的不对等性等特点，导致行为也具有特定性和特殊性，即互为义务人的监狱和罪犯完成其行为所产生的能够满足互为权利人利益要求的结果。这个过程带有法定性和强制性的色彩。同时，行为一般产生的结果多为非物化结果。

行为，按样态可分为作为和不作为。作为，又称积极的行为，是指相关监狱法律规范要求主体必须从事的行为，例如监狱对罪犯的教育改造，有劳动能力的罪犯参加劳动等。不作为，又称消极的行为，是指相关监狱法律规范要求主体不得实施的行为。例如监狱人民警察不得有体罚、虐待罪犯的行为，罪犯不得有扰乱监狱正常秩序的行为等。

根据监狱法律关系的主体，行为可以分为监狱行为和罪犯行为两大类。行为可以是合法行为，也可能是违法行为；可以是刑事法律行为，也可以是行政法律行为；可以表现为作为，也可以表现为不作为。

2. 监狱的主要行为

监狱的主要行为即刑罚执行、狱政管理和教育改造行为。

刑罚执行行为。现行监狱法将"刑罚的执行"单独列为第三章，主要包括收监，对罪犯提出申诉、控告、检举的处理，监外执行，减刑、假释，释放和安置等方面，涵盖了罪犯从入监与监狱形成法律关系到出监导致法律关系消灭的全过程。在此过程中，监狱法具体的法律条文规定了监狱作为刑罚执行主体的责任与义务，也对罪犯在服刑期间权利义务作出了具体规定。

狱政管理行为。狱政管理带有一定的行政管理色彩，是对罪犯执行刑罚过程中所实施的各项具体的行政管理活动。我国监狱法将狱政管理细分为分类关押、警戒、戒具和武器的使用、通信会见、生活卫生以及奖惩六个方面。

教育改造行为。对罪犯进行教育改造是监狱必须履行的义务，也是践行监狱工作宗旨最重要的手段。教育改造工作是我国监狱工作的成功经验和特色做法。作为教育改造义务人的监狱必须严格依法开展教育改造活动，罪犯必须接受监狱为其安排的思想道德、法律、文化技术、前途形势、劳动技能、心理健康等教育。劳动改造是教育改造的重要手段，监狱法明确规定：有劳动能力的罪犯，必须参加劳动。因此，监狱有义务组织有劳动能力的罪犯进行合理的劳动，并通过劳动有效改造罪犯，使其矫正恶习，养成劳动习惯，学会生产技能，为刑满释放后就业创造条件。

3. 罪犯的主要行为

监狱的主要行为与罪犯的主要行为相对称，此处不再赘述。

在罪犯层面，虽然也存在积极的行为，但由于法律关系的不对等性和部分权利的被剥夺、限制的客观状况，罪犯行为更多体现为一种消极的行为。罪犯很多行为具有被强制性，比如作息时间、劳动岗位、生活卫生标准、处遇确定等。这种强制性对于矫正恶习、养成良好的生活习惯和行为方式具有相应的积极意义。在监狱中，出于获得"表现良好"认定的动机，部分罪犯的行为具有夸张性、表演性、隐蔽性和功利性。

（二）物

物，作为监狱法律关系客体中的一种，是指监狱工作所涉及的、可以作为财产权利对象的、能为人们所控制并具有一定经济价值的物品或者其他财富。

1. 物的分类

监狱法律关系客体中的物，按主体可分为两种：一种是监狱财产，包括监狱经费、资产以及监狱企业创造的价值；另一种是罪犯的合法财产，包括罪犯入狱时携带的款物、在服刑期间经监狱批准接受的款物、劳动报酬、购买的个人生活学习用品、物质奖励等。监狱的财产，属于国有资产，监狱按照相关规定享有占有、使用、受益、处分的权利。监狱合理支配、使用其财产充分发挥效用，促进国有资产保值增值，既是权利，也是义务。罪犯不得侵占、破坏监狱财产。罪犯的合法财产，占有、使用、收益、处分权可能有所受限，但所有权是不容侵犯的，监狱也有保护其不受侵犯的义务。

2. 监狱经费和资产

自2003年启动监狱体制改革以来，围绕"全额保障、监企分开、收支分开、规范运行"的改革目标和思路，我国已基本建成监狱经费全额保障制度。监狱经费主要涵盖了监狱人民警察经费、执法开支、罪犯改造经费、罪犯生活费、狱政设施经费以及专项经费等。

监狱资产是监狱所占用、使用的能以货币计量的经济资源。主要包括监狱的建筑、设施、装备以及其他资产，如监狱土地、建筑物及附属物；办公设备、通信设备、交通工具；狱政设施、器材、装备；罪犯生产、生活、劳动、学习、卫生设施；监狱企业资产等。

3. 罪犯的合法财产

此处的罪犯财产是狭义的，专指罪犯在服刑期间个人所有的合法财产，包括入狱时携带的钱物、经批准接受的钱物、劳动报酬、物质奖励、购买的学习生活用品等合法财产。目前，罪犯财产按获得渠道可分为入监带入、会见带入、邮包邮汇、奖励获得、劳动报酬和其他渠道获得。一般来说，财产权有保护占有、使用、处分和收益四项权益，但在监狱中，这四项权益是不完整的。比如在监狱中，现金被视为违禁品，罪犯是不得持有现金的，即使现金的来源是合法的，或由监狱代管，或让罪犯家属带回。罪犯一旦持有现金，现金将被没收。

在实践中，出于安全的考虑，存在对危险品、违禁品、违规品的认定标准偏宽、处理程序不规范的问题。罪犯物品"零带入"制度即不允许通过邮包、会见带入任何物品，缺少相应的法律依据。罪犯可否将财产捐赠或转赠给其他罪犯，能否出售自己的狱内物品，罪犯账户存款是否应当有孳息，狱内消费额度多少比较合适，对这些问题的争论较多。

（三）精神财富

精神财富，又称智力成果，是指人们从事智力活动所取得的成就，如著作、发明创造、商标等。精神财富具有创造性、公开性、非物质性和财产性。

监狱法律关系客体中的智力成果，是指罪犯在监狱服刑期间从事智力活动和发明创造所获得的成果，如发明创造、著作等。这些智力成果主要由民法、专利法、著作权法、商标法等保护，监狱应当保护罪犯的智力成果以及相应的合法财产利益。

我国监狱法第二十九条规定，罪犯有发明创造或者重大技术革新的属于重大立功表现，应当减刑。针对实践中因对发明创造或重大技术革新的认定标准、程序方面不完善所暴露出来通过虚假发明获得立功谋取减刑假释的腐败问题，2014年中央政法委发布《关于严格规范减刑、假释、暂予监外执行切实防止司法腐败的意见》，明确规定对职务犯罪、破坏金融管理秩序和金融诈骗犯罪、组织（领导、参加、包庇、纵容）黑社会性质组织犯罪等罪犯，在生产、科研中进行技术革新，成绩突出认定为立功表现的，该技术革新或者其他贡献必须是该罪犯在服刑期间独立完成，并经省级主管部门确认。有发明创造或者重大技术革新认定为重大立功表现的，该发明创造或者重大技术革新必须是该罪犯在服刑期间独立完成并经国家主管部门确认的发明专利，且不包括实用新型专利和外观设计专利。该规定有效消除了罪犯智力成果的功利性和虚假度，提升了罪犯智力成果的纯粹性，使得罪犯智力成果真正回到法律原先为之设置的原点和预期。

我国法律规定，剥夺政治权利的罪犯，剥夺行使言论、出版、集会、结社、游行、示威自由的权利。出版自由，是指以文字、音响、绘画等形式出版作品，向社会表达思想的自由。未被剥夺政治权利的罪犯，可以在服刑期间出版著作、发表作品，但在我国监狱工作实践中，对罪犯出版著作、发表作品有一定的限制。如1982年公安部的《监狱劳改队管教工作细则（试行）》第八十六条规定："犯人在劳改期间所写的稿件和著作，原则上不得公开发表、出版。对于确有出版价值的科学技术和医疗卫生等方面的著作，经省、市、自治区或中央有关部门审查批准后，可以出版。出版时须用笔名或化名，出版后的稿费，一半发给本人，一半作为劳改机关教育经费的收入。同时，劳改单位还可以根据该犯的贡献大小，酌情予以奖励。"

第四节　监狱法律关系的内容

监狱法律关系是依据监狱法律规范而形成的主体之间特定的权利义务关系，而监狱法律关系的内容，就是监狱法律关系中权利义务的总和。监狱法律关系的内容主要包括两个方面：一是监狱的权利与义务，二是罪犯的权利与义务。

监狱法律关系中的权利义务具有交互性。权利的实现往往是与义务的履行同时进行的，我国监狱法的许多规定对监狱而言，既是权利又是义务，权利的实现过程往往也是监狱履行义务的过程，而监狱的一部分权利与罪犯的义务相对应，一部分义务与罪犯的权利相对应。同时，监狱法律关系的权利义务，有的是实体方面的，有的则是程序方面的。因此监狱法律关系中的权利义务，兼具实体性与程序性。

一、监狱的权利与义务

监狱作为行使国家刑罚执行权的主体，它的权利义务一般表述为职权职责。监狱的权利是一种基于职务、职位而产生的职权，它的存在与实现与国家利益相关联，因为监狱的权利则可表达为权力，并且这种特定的权力既不可以转让，也不可以放弃。如果监狱放弃或转让法律规定的权力，则可能导致失职渎职甚至违法犯罪。根据我国监狱法的规定，监狱的主要职权有以下几种。

1. 刑罚执行权

这主要包括收监时对有关法律文书的核查权；罪犯减刑、假释的建议权；罪犯暂予监外执行的决定权；对于可能有错误的判决和裁定提请处理权；刑期届满罪犯的释放权等。

2. 狱政管理权

这主要包括对罪犯的监管权；罪犯来往信件的检查权；对罪犯的考核、奖惩权；戒具、武器的使用权；对脱逃罪犯的抓捕权；狱内侦查权；罪犯生活、卫生的管理权等。

3. 教育改造和劳动改造权

这主要包括对罪犯进行思想、文化、技术教育权和组织罪犯从事劳动权等。

在行使职权的同时，监狱负有相应的义务，即职责。这主要有正确执行人民法院判决或裁定；在依法惩罚和改造罪犯的同时，有保证监狱秩序稳定、防止罪犯脱逃、严格依法行刑、维护罪犯合法权益、提高监狱生产经营管理水平等职责；服从上级机关的领导，接受人民检察院的法律监督，接受社会监督等职责。

需要注意的是，监狱的职权本身就是其职责，权利义务具有一致性。从法理上来讲，监狱的权利作为一种公权力，应遵循"职权法定"的原则，即法律明确授予的职权才可以行使，"法无授权即禁止"。近年来，监狱的职权逐渐规范化，各地纷纷制定监狱的权力清单和罪犯的权利清单。

二、罪犯的权利与义务

这里所讲的罪犯的权利与义务，不是泛指而是专门指罪犯在监狱法律关系中的权利义务。罪犯的权利具有有限性和不完整性的特点。罪犯在监狱法律关系中的主要权利有：人格不受侮辱权；人身安全不受侵犯权；合法财产不受侵犯权；辩护权；申诉权；控告、检举权；必要的物质生活待遇权；通信、会见权；受教育权；劳动权；休息权；依法获得减刑、假释及其他奖励权等，以及未被依法剥夺或限制的权利，如宗教信仰自由权、婚姻家庭权利不受侵犯权，未被剥夺政治权利的罪犯依法享有选举权等。

罪犯在服刑期间除履行一般公民的法定义务外，还要履行监狱法规定的其特定义务，如遵守监狱法律、严格遵守监规纪律，服从管理、接受教育、参加生产劳动的义务。这些义务具有刑事强制性的特点，罪犯必须履行，否则要受到法律的惩罚。

近年来，罪犯权利越来越受到重视，罪犯权利呈现扩充趋势。而从法理上来讲，罪犯作为私权利主体，遵循的是"法不禁止皆自由"的原则，未被法律剥夺或限制的的权利，罪犯都有权行使。当然，从目前的实践来看，诸如罪犯的结婚权、罪犯捐献器官等权利，虽然并未受到法律的剥夺和限制，但是各地的处理未尽一致，实践中操作仍有一定的困难。

三、监狱法律关系中权利与义务的发展

随着我国依法治国基本方略的确立和法治中国建设的推进,监狱法律关系的内容在不断地丰富、发展。这主要表现在以下三个方面。

1. 依法治监要求监狱审慎行使权力

现代法治的本质要求是控权,法治首先意味着对国家权力的规制、对官员权力的制约。刑罚执行权运行的边界就是罪犯的权利,一旦越过了这个边界就是侵犯了罪犯的合法权利,权力行使就演变为违法行为。这就要求监狱审慎使用权力。当然,控制权力是手段而不是目的,是为了监狱依照法律赋予权力的预期目的正确行使权力,实现监狱执法管理的公正文明。

2. 程序公正与狱务公开越来越受到重视

现代法治以程序化的权力运作为其表征,程序化是法治的基本原则之一。程序的目的,是通过权力行为的非人情化,以限制随意、任性和专断,进而限制自由裁量权,遏制侵权和腐败。权力行使者若能徇私舞弊,则表明监狱权力运行程序存有不足。假如罪犯的立功奖励在申报过程中能严格执行相关公示程序,就可能会因罪犯、警察的监督而难以达到以虚假材料骗取立功、减刑和假释的目的。因此,严格执法程序、推进狱务公开,能有效防止执法中的权钱交易和"暗箱操作"。

3. 尊重罪犯权利,坚持罪犯人性化管理

人性化已经成为一种普遍的社会潮流,人的权利的确立与保障成为现代文明秩序的重要标志,对罪犯权利的保护也已经为国际社会所公认,联合国《囚犯待遇最低限度标准规则》第57条规定:"监禁和使犯人同外界隔离的其他措施因剥夺囚犯的自由而导致囚犯不能享有自决权利,所以使囚犯感受折磨。因此,除非为合理隔离和维持纪律等缘故,不应加重此项事实本身所固有的痛苦。"给予罪犯人性启迪和人文关怀,可以激励罪犯产生积极改造的主观愿望和动力,发挥自身的主观能动性积极参与改造。树立人性化教育改造理念和模式,尊重罪犯的人格与尊严,施以人道主义待遇和人性关怀,为保障罪犯的各项权利提供了制度性的保护,是提高教育改造效率的必然选择。

第五节 监狱法律事实

所谓法律事实,是指法律规范所规定的,能够引起法律关系产生、变更和消灭的客观情况或现象。法律事实首先是一种客观存在的外在现象,是存在于人的意识之外的可以为人所认识的客观存在。不是所有的客观现象都是法律事实,客观现象能否成为法律事实取决于法律的规定,只有合乎法律规范具有法律意义的事实,才能够引起法律关系的产生、变更和消灭。法律事实是联系法律规范与法律关系的中介。

一、监狱法律事实的概念

监狱法律事实,是指由监狱法律规范所规定的,能够引起监狱法律关系发生、变更

或者消灭的客观情况或现象。监狱法律事实受监狱法律规范确认和调整。一旦监狱法律规范作用于某一种法律事实时，就形成了监狱法律事实。监狱法律事实的作用就是产生、变更和消灭监狱法律关系。监狱法律事实作为法律事实的一种，具备一般法律事实的共同属性，又因其行为主体的特定性，有着与一般法律事实不同的特点。

二、监狱法律事实的分类

监狱法律事实的分类标准较多，通常按以下标准对其进行分类。

依照是否以当事人的意志转移为标准，可以将监狱法律事实大体上分为两类：监狱法律行为，如收监、行政奖惩、减刑、假释、保外就医、释放等；监狱法律事件，如罪犯死亡、在劳动中致伤致残、赦免等。

依照法律关系主体、客体或内容的不同，可以将监狱法律事实分为刑罚执行法律关系事实、狱政管理法律关系事实、教育改造法律关系事实、监督法律关系事实和其他法律关系事实等。

按照事实的存在方式，可以将监狱法律事实分为肯定性法律事实和否定性法律事实。肯定式法律事实是法律事实的正态存在形式，如罪犯的悔改表现和立功表现，即是引起减刑、假释的肯定性事实；否定性事实是某一监狱法律关系若要产生就必须排除的事实，如在假释考验期内罪犯重新犯罪、被发现漏罪或违反假释监督管理规定等事实，就属于否定性法律事实。

三、主要的监狱法律事实

监狱法律规范内容比较丰富，监狱法律关系的复合型强，对应的，监狱法律事实也比较多。综观监狱法律关系的产生、变更、消灭的整个过程就会发现，一些主要的监狱法律事实在发挥作用。如监狱法律关系产生于监狱依据生效刑事裁判按法定程序收押罪犯之时；在监狱的刑罚执行过程中，基于法定事由，监狱法律关系中的内容即权利和义务，是可以变更的，主要通过减刑、假释或暂予监外执行等刑罚执行变更方式和狱内犯罪处理来实现；监狱法律关系也会因犯罪人承受的刑罚执行完毕、死亡、赦免等原因而消灭。当然，除了上述主要的监狱法律事实外，还存在着大量的导致具体监狱法律关系产生、变更、消灭的次要事实，这些次要事实大量存在于刑罚执行、狱政管理、教育改造等活动中，诸如一旦出现使用戒具与武器的情形，则在监狱、武警部队与罪犯之间产生特定的权利义务关系，包括依照法定程序使用戒具与武器、最小伤害义务与罪犯的容忍义务；监狱组织有劳动能力的罪犯劳动，则在监狱与罪犯之间形成了强制劳动、安全生产等方面的权利义务；罪犯在劳动中致伤致残的，则引起了监狱参照国家劳动保险有关规定处理的义务。以下简述主要的监狱法律事实。

1. 收监

收监，指监狱依照法定条件和程序，将被判处死刑缓期两年执行、无期徒刑、有期徒刑监禁刑罚罪犯，予以收入监狱内关押的刑事执行活动。收监意味着刑罚执行的开始，是引起监狱法律关系发生、变更或消灭的首要环节。收监的主体是我国的刑罚执行机关，其他任何国家机关、团体、企事业单位以及公民个人均无权行使收监权。监狱是我国的刑罚执行机关，收监的对象是被判处死刑缓期两年执行、无期徒刑、有期徒刑的监禁刑罚罪犯。收监必须严格按照法定程序进行，依法审查相关法律文书，对罪犯进行健康、人身和物品检查，填写《罪犯入监登记表》并及时通知罪犯亲属。

2. 减刑

减刑是指对于被判处有期徒刑、无期徒刑的罪犯，在刑罚执行期间，确有悔改或者立功表现，根据监狱考核结果，由监狱提请人民法院依法减轻罪犯原判刑罚的制度。减刑分为两种情况，一是刑种的变更，即将无期徒刑减为有期徒刑；二是刑期的缩短，即由原判较长刑期减为较短刑期。无论是刑期的变更还是刑种的变更，都直接导致原判刑罚的变更执行。我国刑法、刑事诉讼法、监狱法以及最高人民法院的司法解释等对减刑的条件和程序做出了相应规定。

3. 假释

假释是对正在执行监禁刑罚的被判处有期徒刑、无期徒刑的罪犯附条件提前释放的一种刑罚执行变更制度。一经适用，罪犯的人身状态和相应的权利状态就发生了重大的改变，由监禁刑变成了非监禁刑。假释是附条件地提前释放和附条件地在监外执行原判刑罚的剩余刑期，罪犯仍有被收监执行余刑的可能。

4. 暂予监外执行

在司法实践中，暂予监外执行有两种情况：一是罪犯交付执行前的暂予监外执行，由人民法院决定；二是在监狱内服刑的罪犯符合法定条件，经监狱审查提请省级以上监狱管理机关批准，由省级监狱管理机关决定暂予监外执行。暂予监外执行的对象为被判处有期徒刑、无期徒刑的罪犯；患有属于《保外就医严重疾病范围》的严重疾病，需要保外就医的；怀孕或者正在哺乳自己婴儿的妇女；生活不能自理的。暂予监外执行情形消失后，监狱应当及时将其收监。

5. 释放

释放，是指罪犯刑期届满，解除其被监禁状态恢复人身自由的一项制度。释放是监狱法律关系终止的法律事实。罪犯一旦期满获释，就成为普通公民，依法享有与其他公民平等的权利，不再与监狱产生法律关系。任何罪犯在刑期届满之日，监狱必须按期释放。释放罪犯应当严格按照法律规定的程序进行，包括制作刑满释放人员通知书、签发释放证明书、退还罪犯个人财物，并协助地方政府做好安置工作。

6. 死亡

监狱法律关系因罪犯的自然死亡造成主体缺位而当然终止。罪犯死亡分为正常死亡和非正常死亡。正常死亡是指因人体衰老或者疾病等原因导致的自然死亡；非正常死亡是指自杀死亡或者由于自然灾害、意外事故、他杀、体罚虐待、击毙以及其他外部原因作用于人体造成的死亡。罪犯死亡后，监狱应当立即通知罪犯家属、实施法律监督的人民检察院和原审人民法院。罪犯死亡的处理，监狱、人民检察院、民政部门等应当分工负责，加强协作，坚持依法、公正、及时、人道的原则。

7. 赦免

赦免是指国家宣告免除或者减轻犯罪人的罪责或者刑罚的一种制度，包括大赦和特赦。大赦一般是对某一时期内犯有一定罪行的不特定犯罪人一概予以赦免的制度；特赦是指对特定犯罪人免除其全部或者部分刑罚的制度。赦免制度通常由宪法加以规定，赦免的具体时间和对象由国家元首或最高国家权力机关以政令的形式颁布。我国宪法第六十七条第十七款规定，全国人大常委会有权决定特赦的职权；第八十条规定，国家主席有根据全国人大和全国人大常委会的决定发布特赦令的职权。我国现行宪法只规定了特赦。特赦既可以是既赦免罪又赦免刑，也可以是仅赦免刑而不赦免罪。新中国成立以来，我国共实行了8次特赦。2015年，为纪念中国人民抗日战争暨世界反法西斯战争胜利70周年，我国对2015年1月1日前正在服刑、释放后不具有现实社会危险性的四类罪犯实行特赦。

8. 狱内犯罪

罪犯在服刑期间犯罪的案件，由监狱行使刑事侦查权进行案件侦查，监狱应当按照刑事诉讼法的相关规定依法开展案件侦查工作并提出起诉意见书，连同案卷材料、证据一并移交人民检察院。

拓展阅读

高墙内的终生之盟：四川一监狱11对新人集体婚礼

《四川新闻网》2013年9月15日报道："穿上洁白的婚纱，戴上红艳的胸花……2013年9月13日，一场简朴又特别的集体婚礼在四川雷马屏监狱举行。在监狱民警、服刑人员及亲属的见证下，11名服刑人员与新婚妻子一起许下相伴一生的承诺……" "为了解决服刑人员中未婚生育子女入户、入学等实际困难，并促使服刑人员在狱中积极改造，雷马屏监狱帮助包括小王在内的11个服刑人员和他们的未婚妻办理了婚姻登记……"

在监狱服刑的罪犯能否结婚，一直是社会公众比较关注的话题。2004年民政部的《关于婚姻登记管理条例实施办法的意见》，对服刑人员结婚登记突破了1982年公安部《监狱劳改队管教工作细则》"犯人在关押或保外就医、监外执行期间，不准结婚"条款对该问题的尘封，明确规定服刑人员结婚登记的实施办法，使服刑人员的结婚问题得到了法律明示许可。该意见第十条规定：服刑人员申请办理婚姻登记，应当亲自到婚姻登记机关提出申请并出具有效的身份证件；服刑人员无法出具身份证件的，可由监狱管理部门出具有关证明材料。办理服刑人员婚姻登记的机关可以是一方当事人常住户口所在地或服刑监狱所在地的婚姻登记机关。

在实践中，是否允许罪犯结婚，往往与罪犯的改造表现联系起来，且需要获得监狱批准同意。法学界普遍认为，允许罪犯登记结婚并不意味着罪犯享有由此派生的同居权、生育权，也不宜以此对抗监狱刑罚执行权。至于监狱耗费公共财力为罪犯举办婚礼，社会公众褒贬不一。

华南虎事件主角出狱　两套西服丢失向狱方索赔1万

周××，"华南虎照"造假者，因诈骗罪和非法持有弹药罪于2008年11月17日被判处有期徒刑2年6个月，宣告缓刑三年。2010年5月初，周××被法院裁定取消缓刑、收监服刑,于 2012 年 4 月 27 日刑满出狱。以下是《华西都市报》2012 年 4 月 27 日的报道。

富平监狱的管理人员告诉《华西都市报》记者,周××刑期将满,将在 27 日出狱。26 日下午,记者来访时,监狱已经在做周××出狱前的准备工作了,"周××存放在这里的物品,例如衣服等也要归还给他。"

在监狱的教育改造科,工作人员正在为周××做出狱前的准备。周××监狱里的通话卡,还剩下 27.37 元没有用完,工作人员拿到各个部门签字后,他的通话卡将依照程序注销,卡里剩下的钱将直接退还给周××本人。

出乎意料的是,周××随身物品中,两套西服怎么也找不到了。

富平监狱管理人员说,周××是从安康监狱转过来的,随身物品转移和交接经过好几个流程,不知道怎么的,这两套西服找不到了。

监狱方面在做周××出狱前的准备时发现这一问题,正在与周××沟通,以期顺利解决此事。

监狱管理人员说,周××得知西服弄丢了,开口要价一万元,要监狱赔偿。

监狱方面觉得,这一要价太高了,"两套西服哪里值 1 万元?"、周××则认为,西服是他"之前参加活动时对方送的,是好衣服,值这么多钱。"

富平监狱 4 月 27 日一直找周××协商,希望"能以两三千块钱"赔偿他。4 月 27 日下午,监狱还专门派了好几拨人和周××协商,到昨天下午《华西都市报》记者离开富平监狱时,周××还没松口。

4 月 27 日,周××就要离开监狱了,赔西服这件事,肯定要在离开之前解决,这事富平监狱知道,周××也知道。

循 证 矫 正

循证矫正,本意是"基于证据的矫正",其核心是遵循研究证据进行矫正实践,强调罪犯改造的科学性和有效性,从而把研究者的科研成果与矫正工作者的矫正实践结合起来,实现矫正实践的效益最大化。循证矫正是现代科学精神尤其是循证医学理论对矫正实践领域的渗透,为罪犯改造工作带来了一场方法论革命。目前,循证矫正已经成为西方发达国家普遍认可的罪犯改造新趋向。

循证矫正指矫正工作者在矫正罪犯时,针对罪犯的具体问题,寻找并按照现有的最佳证据(方法、措施等),结合罪犯的特点和意愿来实施矫正活动。开展循证矫正首先要了解罪犯的个性特征,监狱人民警察对其成长经历、生活环境、重大负性事件、社会支持系统等进行全面掌握。

然后是量化分析,明确矫正需求。通过评估表格进行科学的量化分析,并结合结构性面谈结果进行甄别,确定实验对象的犯因性需求;最后由心理咨询专家对其犯因性需求作进一步的了解,并鼓励罪犯参与分析和判断,确定其矫正需求。

最后则是综合评估,确立矫正项目。根据需矫正服刑成员存在共性问题的多少、亟待解决的紧要程度,依次确立戒毒类、情绪控制类等矫正项目,采取认知行为疗法和团体咨询相结合,对矫正对象开展全方位的矫正工作。

我国在罪犯教育改造领域引进循证矫正技术,关键是要解决好"证"和"循"两大问题。解决"证"的问题,要大力开展高质量的矫正研究,为循证矫正提供可供遵循的高级别证据;要研究制定良好的实践指南、原则、标准或手册,为循证矫正提供可供遵循的最佳证据;要根据已有的矫正研究成果,利用计算机、网络等技术手段建立功能完善的证据数据库,为开展循证矫正提供方便高效的证据检索和查询服务。要将"循"贯穿于循证矫正实践的全过程,包括从发现和明确矫正问题,到检索收集解决矫正问题的证据,对证据进行评鉴从中找出最佳证据,将最佳证据应用于实践,评估应用结果等环节。

第五章　监狱法律责任

监狱法律责任，是指相关违反监狱法律规范的单位或个人应当承担的责任。监狱法律责任有其特殊性。监狱法律责任必须是监狱作为国家刑罚执行机关、罪犯作为刑罚执行对象以及其他监狱法律关系主体，违反专门的监狱法律规范所应该承担的法律责任。罪犯作为普通民事主体、监狱作为特殊的民事主体违反民事法律或者由于民法上规定所应当承担的法律责任，不属于监狱法律责任的范畴。比如，罪犯基于与其他罪犯、社会公民或组织之间的关系而产生的法律责任；监狱因采购、环境污染、企业用工等所产生的法律责任。我国现行的刑法学理论，将监狱与罪犯之间的关系限定为刑罚执行法律关系，排除了两者之间的民事法律关系与行政法律关系的适用，罪犯不能对监狱提起行政复议和诉讼。罪犯与监狱之间也不产生劳动法律关系。

监狱法律责任主要包括违宪责任、行政责任、刑事责任和国家赔偿责任。违宪责任是国家行政机关、司法机关和立法机关违反宪法义务而承担司法制裁的不利后果。监狱违宪责任，主要是指监狱机关制定的规章制度违反宪法规范、宪法精神或者从事了与宪法规范、精神相抵触的活动而产生的法律责任。监狱违宪责任这种责任形态在实践中比较少见，本章重点论述监狱的行政责任、刑事责任和国家赔偿责任。

第一节　监狱行政责任

监狱行政责任主要分为对监狱人民警察的行政处分和对罪犯的惩处两类。

一、对监狱人民警察的行政处分

监狱的管理者是监狱人民警察。监狱人民警察依法管理监狱、执行刑罚、对罪犯进行教育改造等活动，受法律保护。我国监狱法第14条规定了监狱人民警察的九种禁止性行为。《监狱和劳动教养机关人民警察违法违纪行为处分规定》依据从严治警的要求，按照从重到轻的顺序，对监狱人民警察的违法违纪行为进行了梳理和分类，规定了各种违法违纪行为适用的处分种类和幅度，突出了监狱重要执法环境及重大案件中违法违纪行为责任人的处罚，对情节特别严重、危害特别重大的三类违法违纪行为直接规定了开除处分。

监狱人民警察是我国人民警察和公务员，适用《中华人民共和国警察法》《中华人民共和国公务员法》《行政机关公务员处分条例》《中华人民共和国行政监察法》等。

我国公务员法规定的处分有警告、记过、记大过、降级、撤职和开除六种。对公务员的处分，应当事实清楚、证据确凿、定性准确、处理恰当、程序合法、手续完备。公务员违纪的，应当由处分决定机关决定对公务员违纪的情况进行调查，并将调查认定的事实及拟给予处分的依据告知公务员本人。公务员有权进行陈述和申辩。处分决定机关认为对公务员应当给予处分的，应当在规定的期限内，按照管理权限和规定的程序做出处分决定。处分决定应当以书面形式通知公务员本人。公务员在受处分期间不得晋升职务和级别，其中受记过、记大过、降级、撤职处分的，不得晋升工资档次。受处分的期间为：警告，六个月；记过，十二个月；记大过，十八个月；降级、撤职，二十四个月。受撤职处分的，按照规定降低级别。公务员受开除以外的处分，在受处分期间有悔改表现，并且没有再发生违纪行为的，处分期满后，由处分决定机关解除处分并以书面形式通知本人。解除处分后，晋升工资档次、级别和职务不再受原处分的影响。但是，解除降级、撤职处分的，不视为恢复原级别、原职务。

我国警察法第四十八条第二三款规定，行政处分分为警告、记过、记大过、降级、撤职、开除。对受行政处分的人民警察，按照国家有关规定，可以降低警衔、取消警衔。对违反纪律的人民警察，必要时可以对其采取停止执行职务、禁闭的措施。

《监狱和劳动教养机关人民警察违法违纪行为处分规定》第七条到第二十条规定了行政处分的适用情形。

二、对罪犯的惩处

我国监狱法第五十八条规定：罪犯有下列破坏监管秩序情形之一的，监狱可以给予警告、记过或者禁闭：（一）聚众哄闹监狱，扰乱正常秩序的；（二）辱骂或者殴打人民警察的；（三）欺压其他罪犯的；（四）偷窃、赌博、打架斗殴、寻衅滋事的；（五）有劳动能力拒不参加劳动或者消极怠工，经教育不改的；（六）以自伤、自残手段逃避劳动的；（七）在生产劳动中故意违反操作规程，或者有意损坏生产工具的；（八）有违反监规纪律的其他行为的。依照前款规定对罪犯实行禁闭的期限为七天至十五天。罪犯在服刑期间有第一款所列行为，构成犯罪的，依法追究刑事责任。

对罪犯警告、记过或禁闭行政处罚，由监区（分监区）集体研究，提出意见，经监狱主管部门审核，由监狱长批准。行政处罚的决定应当在罪犯中公开。罪犯对行政处罚决定有异议的，可以提起复议，监狱应当在7个工作日内作出答复。

第二节　监狱刑事责任

监狱刑事责任是监狱人民警察、罪犯在监狱刑罚执行过程中因为触犯我国刑法实施犯罪行为而应当承担的法律责任。刑罚分为主刑和附加刑。主刑是对犯罪者适用的刑罚种类，只能独立适用，即一个罪只能适用一种主刑。主刑分为管制、拘役、有期徒刑、无期徒刑和死刑五种。附加刑又称从刑，是补充主刑的刑罚种类，附加刑也分为罚金、剥夺政治权利和没收财产三种。对于犯罪的外国人还可以适用驱逐出境的附加刑。附加刑也可以独立使用。

一、我国刑法中关于监狱人民警察犯罪的罪名

我国刑法在分则第四章侵犯公民人身权利、民主权利罪的规定中，规定了刑讯逼供

罪、暴力取证罪（第二百四十七条）、虐待被监管人罪（第二百四十八条）；在第九章的渎职罪的规定中，规定了私放在押人员罪（第四百条第一款），失职致使在押人员脱逃罪（第四百条第二款），徇私舞弊减刑、假释、暂予监外执行罪（第四百零一条）。

1. 刑讯逼供罪、暴力取证罪

我国刑法第二百四十七条规定：司法工作人员对犯罪嫌疑人、被告人实行刑讯逼供或者使用暴力逼取证人证言的，处三年以下有期徒刑或者拘役。致人伤残、死亡的，依照刑法第二百三十四条、第二百三十二条的规定定罪从重处罚。刑法第二百三十四条是关于故意伤害罪的规定；第二百三十二条是关于故意杀人罪的规定。该罪的犯罪主体是包括监狱人民警察在内的司法工作人员。根据我国刑事诉讼法第二百九十条第二三款的规定，对罪犯在监狱里犯罪的案件由监狱进行侦查；监狱办理刑事案件适用本法的规定。因此，监狱人民警察在罪犯狱内犯罪案件侦查过程中有可能会触犯该罪。理解该罪名时要注意两点：一是监狱人民警察在监狱狱政管理、教育改造工作中由于调查罪犯违规违纪行为时刑讯逼供或暴力取证涉及犯罪的，不适用本罪而应适用刑法第二百四十八条的虐待被监管人罪；二是该罪在致人死亡或伤残时转化为故意伤害罪或故意杀人罪。

2. 虐待被监管人罪

根据刑法第二百四十八条规定：监狱、拘留所、看守所等监管机构的监管人员对被监管人进行殴打或者体罚虐待，情节严重的，处三年以下有期徒刑或者拘役；情节特别严重的，处三年以上十年以下有期徒刑。致人伤残、死亡的，依照刑法第二百三十四条、第二百三十二条的规定定罪从重处罚。监管人员指使被监管人殴打或者体罚虐待其他被监管人的，依照前款的规定处罚。本罪在致人伤亡或伤残时转化为故意杀人罪或故意杀害罪。依据《最高人民检察院关于渎职侵权犯罪案件立案标准的规定》（高检发释字〔2006〕2号），虐待被监管人罪是指监狱、拘留所、看守所、拘役所、劳教所等监管机构的监管人员对被监管人进行殴打或者体罚虐待，情节严重的行为。涉嫌下列情形之一的，应予立案：①以殴打、捆绑、违法使用械具等恶劣手段虐待被监管人的；②以较长时间冻、饿、晒、烤等手段虐待被监管人，严重损害其身体健康的；③虐待造成被监管人轻伤、重伤、死亡的；④虐待被监管人，情节严重，导致被监管人自杀、自残造成重伤、死亡，或者精神失常的；⑤殴打或者体罚虐待3人次以上的；⑥指使被监管人殴打、体罚虐待其他被监管人，具有上述情形之一的；⑦其他情节严重的情形。

3. 私放在押人员罪

刑法第四百条第一款规定，司法工作人员私放在押的犯罪嫌疑人、被告人或者罪犯的，处五年以下有期徒刑或者拘役；情节严重的，处五年以上十年以下有期徒刑；情节特别严重的，处十年以上有期徒刑。依据《最高人民检察院关于渎职侵权犯罪案件立案标准的规定》（高检发释字〔2006〕2号），涉嫌下列情形之一的，应予立案：①私自将在押的犯罪嫌疑人、被告人、罪犯放走，或者授意、指使、强迫他人将在押的犯罪嫌疑人、被告人、罪犯放走的；②伪造、变造有关法律文书、证明材料，以使在押的犯罪嫌疑人、被告人、罪犯逃跑或者被释放的；③为私放在押的犯罪嫌疑人、被告人、罪犯，故意向其通风报信、提供条件，致使该在押的犯罪嫌疑人、被告人、罪犯脱逃的；④其他私放在押的犯罪嫌疑人、被告人、罪犯应予追究刑事责任的情形。监狱工人也有可能触犯私放在押人员罪名和失职致使在押人员脱逃罪名。依据最高人民检察院《关于工人等非监管机关在编监管人员私放在押人员行为和失职致使在押人员脱逃行为适用法律问题的解释》（高检发释字 [2001] 2号），工人等非监管机关在编监管人员在被监管机关聘用受委托履行监管职责的过程中私放在押人员的，应当依照刑法第四百条第一款的规定，以私放在押人员罪追究刑事责任；由于严重不负责任，致使在押人员脱逃，造成严重后果的，应当依照刑法第四百条第二款的规定，以失职致使在押人员脱逃罪追究刑事责任。

4. 失职致使在押人员脱逃罪

刑法第四百条第二款规定，司法工作人员由于严重不负责任，致使在押的犯罪嫌疑人、被告人或者罪犯脱逃，造成严重后果的，处三年以下有期徒刑或者拘役；造成特别严重后果的，处三年以上十年以下有期徒刑。依据《最高人民检察院关于渎职侵权犯罪案件立案标准的规定》，失职致使在押人员脱逃罪是指司法工作人员由于严重不负责任，不履行或者不认真履行职责，致使在押（包括在羁押场所和押解途中）的犯罪嫌疑人、被告人、罪犯脱逃，造成严重后果的行为。涉嫌下列情形之一的，应予立案：①致使依法可能判处或者已经判处10年以上有期徒刑、无期徒刑、死刑的犯罪嫌疑人、被告人、罪犯脱逃的；②致使犯罪嫌疑人、被告人、罪犯脱逃3人次以上的；③犯罪嫌疑人、被告人、罪犯脱逃以后，打击报复报案人、控告人、举报人、被害人、证人和司法工作人员等，或者继续犯罪的；④其他致使在押的犯罪嫌疑人、被告人、罪犯脱逃，造成严重后果的情形。

5. 徇私舞弊减刑、假释、暂予监外执行罪

刑法第四百零一条规定，司法工作人员徇私舞弊，对不符合减刑、假释、暂予监外执行条件的罪犯，予以减刑、假释或者暂予监外执行的，处三年以下有期徒刑或者拘役；情节严重的，处三年以上七年以下有期徒刑。依据最高人民检察院《关于人民检察院直接受理立案侦查案件立案标准的规定（试行）》（高检发研字 [1999] 10号），徇私舞弊减刑、假释、暂予监外执行罪是指司法工作人员徇私舞弊，对不符合减刑、假释、暂予监外执行条件的罪犯予以减刑、假释、暂予监外执行的行为。涉嫌下列情形之一的，应予立案：①刑罚执行机关的工作人员对不符合减刑、假释、暂予监外执行条件的罪犯，捏造事实，伪造材料，违法报请减刑、假释、暂予监外执行的；②人民法院和监狱管理机关以及公安机关的工作人员为徇私情、私利，对不符合减刑、假释、暂予监外执行条件的罪犯的减刑、假释、暂予监外执行申请，违法裁定、决定减刑、假释、暂予监外执行的；③不具有报请、裁定或决定减刑、假释、暂予监外执行权的司法工作人员利用职务上的便利，徇私情、私利，伪造有关材料，导致不符合减刑、假释、暂予监外执行条件的罪犯被减刑、假释、暂予监外执行的；④其他违法减刑、假释、暂予监外执行的行为。

二、我国刑法中关于罪犯犯罪的罪名

我国刑法在分则的第六章妨害社会管理秩序罪的第二节妨害司法罪的规定中，规定了破坏监管秩序罪（第三百一十五条）、脱逃罪（第三百一十六条第一款）、组织越狱罪（第三百一十七条第一款）、暴动越狱罪（第三百一十七条第二款）等罪名。

1. 破坏监管秩序罪

刑法第三百一十五条规定，依法被关押的罪犯，有下列破坏监管秩序行为之一，情节严重的，处三年以下有期徒刑：①殴打监管人员的；②组织其他被监管人破坏监管秩序的；③聚众闹事，扰乱正常监管秩序的；④殴打、体罚或者指使他人殴打、体罚其他被监管人的。

在对破坏监管秩序的罪犯适用该罪名时，应当注意其行为要达到"情节严重"的标准。例如江苏省高级人民法院、江苏省人民检察院、江苏省公安厅和江苏省司法厅制定的《关于破坏监管秩序犯罪"情节严重"若干具体标准的规定（试行）》（苏高法[2007]262号），对"情节严重"规定了相应的判断标准。第1项的"情节严重"标准为下列情形之一：殴打监管人员三人次以上；持械殴打监管人员；致使监管人员轻微伤以上；有殴打监管人员其他情节严重行为。第2项的"情节严重"标准为下列情形之一：组织多人实施对抗管教行为，导致监管活动无法正常进行；组织被监管人实施破坏秩序行为，导致监管活动无法正常进行；有组织其他被监管人破坏监管秩序其他情节严重行为。第3项的"情节严重"标准为下列情形之一：聚众斗殴；聚众冲击监管场所；积极参加聚众闹事二次以上；有聚众闹事，扰乱正常监管秩序其他情节严重行为。第4项的"情节严重"标准为下列情形之一：殴打、体罚或者指使他人殴打、体罚其他被监管人三人次以上；殴打、体罚或者指使他人殴打、体罚其他被监管人，致使被监管人轻微伤以上；殴打、体罚或者指使他人殴打、体罚其他被监管人，致使被监管人自杀、自残或引发其他严重后果；有殴打、体罚或指使他人殴打、体罚其他被监管人其他情节严重行为。实施刑法第三百一十五条第1～4项所列破坏监管秩序行为两种以上的，属情节严重。

2. 脱逃罪

刑法第三百一十六条第一款规定，依法被关押的罪犯、被告人、犯罪嫌疑人脱逃的，处五年以下有期徒刑或者拘役。

3. 组织越狱罪

刑法第三百一十七条第一款规定，组织越狱的首要分子和积极参加的，处五年以上有期徒刑；其他参加的，处五年以下有期徒刑或者拘役。

4. 暴动越狱罪

刑法第三百一十七条第二款规定，暴动越狱或者聚众持械劫狱的首要分子和积极参加的，处十年以上有期徒刑或者无期徒刑；情节特别严重的，处死刑；其他参加的，处三年以上十年以下有期徒刑。该款涉及的另一个罪名聚众持械劫狱罪，其犯罪主体为一般主体。

《狱内刑事案件立案标准》（2001年司法部令第64号）规定了监狱应当立案侦查的31种狱内犯罪情形和17种重大案件、10种特别重大案件，并规定，"本规定中的公私财物价值数额、直接经济损失数额以及毒品数量，可在规定的数额、数量幅度内，执行本省（自治区、直辖市）高级人民法院确定的标准。"该规定初步规定了破坏监管秩序犯罪、脱逃犯罪、组织越狱犯罪和暴动越狱犯罪刑事立案标准。

关于罪犯狱内犯罪的侦查权和处理程序，刑事诉讼法第二百九十条第二三款的规定，对罪犯在监狱内犯罪的案件由监狱进行侦查；监狱办理刑事案件适用本法的有关规定。监狱法第五十九条规定，罪犯在服刑期间故意犯罪的，依法从重处罚。监狱法第六十条规定，对罪犯在监狱内犯罪的案件，由监狱进行侦查。侦查终结后，写出起诉意见书或者免予起诉意见书，连同案卷材料、证据一并移送人民检察院。监狱侦办罪犯狱内再犯罪案件应当执行最高人民法院、最高人民检察院、公安部、司法部《关于监狱办理刑事案件有关问题的规定》（司发通［2014］80号）。

第三节　监狱国家赔偿责任

国家赔偿责任，又称国家侵权损害赔偿责任，是指国家对于国家机关及其工作人员执行职务、行使公共权力损害公民、法人和其他组织的法定权力与合法利益所应承担的赔偿责任。产生国家赔偿责任的原因是国家机关及其工作人员在执行职务过程中的不法侵害行为。国家赔偿责任的主体是国家，国家赔偿责任的范围包括行政赔偿与刑事赔偿两部分。为保障公民、法人和其他组织享有依法取得国家赔偿的权利，促进国家机关依法行使职权，1994年我国根据宪法制定了《中华人民共和国国家赔偿法》，并于2010年和2012年进行了两次修改。

国家赔偿法在第十七条第四项、第五项和第十八条第一项明确规定了监狱机关刑事赔偿的范围。具体包括三种情形：一是监狱机关及其工作人员在行使职权时，对服刑人员实施刑讯逼供或者以殴打、虐待等行为或者唆使、放纵他人以殴打、虐待等行为造成服刑人员身体伤害或者死亡的；监狱机关及其工作人员在行使职权时，违反《中华人民共和国人民警察使用警械和武器条例》等规定，违法使用武器、警械造成服刑人员身体伤害或者死亡的；监狱机关及其工作人员行使职权时，违法对财产采取查封、扣押、冻结、追缴等措施的。为促进包括监狱在内的司法行政机关依法行使职权，1995年9月8日司法部制定了《司法行政机关行政赔偿、刑事赔偿办法》（司法部令第40号）。

一、监狱国家赔偿范围

司法行政机关的国家赔偿工作坚持以事实为依据，以法律为准绳，有错必纠的原则，办理赔偿案件实行有关业务部门承办、法制工作部门审核、机关负责人决定的制度。

司法行政机关的监狱部门及其工作人员在行使职权时，有下列侵犯人身权情形之一的，应当予以刑事赔偿：①刑讯逼供或者体罚、虐待服刑人员，造成身体伤害或死亡的；②殴打或者唆使、纵容他人殴打服刑人员，造成严重后果的；③侮辱服刑人员造成严重后果的；④对服刑期满的服刑人员无正当理由不予释放的；⑤违法使用武器、警械、戒具造成公民身体伤害、死亡的；⑥其他违法行为造成服刑人员身体伤害或者死亡的。属于下列情形之一的，司法行政机关不予赔偿：①与行使司法行政机关管理职权无关的机关工作人员的个人行为；②服刑人员自伤自残的行为；③因公民、法人和其他组织自己的行为致使损害发生的；④法律规定的其他情形。

二、监狱国家赔偿程序

司法行政机关的法制工作部门为赔偿案件受理机构，负责对赔偿请求进行初步审查并决定是否立案。监狱的赔偿案件由监狱法制工作部门受理、承办和审核。请求赔偿应由请求人填写《刑事赔偿申请登记表》。特殊情况不能以书面方式提出的，可以口头方式提出，由受理机关承办人员代为填写并作出笔录，当事人签名。受理赔偿申请应当查明下述情况：是否属于规定的赔偿范围；有无规定的不承担赔偿责任的情形；请求人是否符合国家赔偿法第六条规定的条件，是否应由本监狱予以赔偿；赔偿请求是否已过时效；请求赔偿的有关材料是否齐全。

对已立案的监狱赔偿案件，由监狱法制工作部门分送有关业务部门，业务部门应指定与该案无直接利害关系的人员办理。特殊情况外，也可由案件受理机构直接办理。承办部门应在一个月内对赔偿请求提出予以赔偿或不予赔偿的意见，连同有关材料报送法制工作部门审核。承办部门确认应由本机关负赔偿责任的案件，应当提出赔偿数额、赔偿方式。监狱法制工作部门对承办部门的意见应在十日内进行审核，并报监狱负责人批准。

监狱对符合法定赔偿条件，决定予以赔偿的，制作《刑事赔偿决定书》。对不符合法定赔偿条件，决定不予赔偿的，制作《不予赔偿决定书》。《刑事赔偿决定书》和《不予赔偿决定书》由监狱负责人签署，加盖机关印章，并送达赔偿请求人。对本监狱不负有赔偿义务的申请，应通知赔偿请求人向有赔偿义务的监狱提出。赔偿义务人是其他司法行政机关的，也可以根据申请人的请求，收案后移送有赔偿义务的司法行政机关。

三、监狱国家赔偿的复议

监狱对赔偿请求人的申请不予确认的，赔偿请求人有权向监狱的上一级机关提出申诉。监狱的上一级机关对于监狱不予确认的赔偿请求，可以自行确认，也可以责成监狱予以确认。赔偿请求人对赔偿义务机关的决定持有异议的，可以向上一级机关提出复议，复议申请可以直接向上一级司法行政机关提出，也可以通过原承办案件的司法行政机关转交。对监狱作出的决定不服的复议申请，分别由监狱所属的省一级或地区一级司法行政机关负责。

负责复议的司法行政机关收到复议申请后，应及时调取案卷和有关材料进行审查。对事实不清的，可以要求原承办案件的监狱补充调查，也可以自行调查。对复议申请进行审查后，按照下列情形，分别作出复议决定：①原决定事实清楚，适用法律正确的，予以维持；②原决定认定事实不清楚、适用法律错误，或赔偿方式、赔偿数额不当的，撤销原决定，重新作出决定。复议决定作出后，应制作《刑事赔偿复议决定书》，复议决定书由机关负责人签署，加盖机关印章。复议决定书可以直接送达，也可以委托赔偿请求人所在地的司法行政机关送达。

四、监狱国家赔偿的执行与赔偿费用

负有赔偿义务的司法行政机关负责赔偿决定的执行。赔偿应分别根据下列不同情况执行：赔偿请求人对赔偿决定无异议的，按赔偿决定书执行；赔偿请求人对赔偿决定提出复议的，按复议决定书执行；赔偿请求人向人民法院赔偿委员会申请，并由人民法院赔偿委员会作出赔偿决定的，按人民法院赔偿委员会作出的赔偿决定书执行；赔偿请求人向人民法院提起行政诉讼，人民法院作出赔偿判决的，按照判决书执行。

负有赔偿义务的司法行政机关应在自收到赔偿申请的两个月以内执行赔偿。赔偿请求人向上一级司法行政机关申请复议或向人民法院赔偿委员会申请赔偿的，在收到复议决定书或人民法院赔偿委员会作出的赔偿决定书后即应执行。负有赔偿义务的司法行政机关对造成受害人名誉权、荣誉权损害的，应当在侵权行为影响的范围内，为受害人消除影响，恢复名誉，赔礼道歉。

负有赔偿义务的司法行政机关能够通过返还财产或者恢复原状方式赔偿的，应以返还财产或者恢复原状的方式赔偿。不能通过返还财产或者恢复原状方式赔偿的，主要以支付赔偿金方式赔偿。支付赔偿金的计算标准，依照国家赔偿法的规定执行。行政赔偿和刑事赔偿费用由负有赔偿义务的司法行政机关先从本单位预算经费和留归本单位使用的资金中支付，支付后再向同级财政机关申请核拨。经过行政复议的案件，最初造成侵权行为的司法行政机关和作出复议加重侵权的上级司法行政机关同时是赔偿义务机关的，由最初造成侵权行为的司法行政机关向受害人支付全部赔偿金后，再与上级司法行政机关结算各自应承担费用。

司法行政机关在行政赔偿中其工作人员有故意或重大过失，在刑事赔偿中工作人员有国家赔偿法第三十一条规定情形之一的，工作人员应承担全部或部分赔偿费用。赔偿义务机关赔偿后，应写出结案报告报送上级司法行政机关。

五、监狱国家赔偿责任的适用

监狱是我国的刑罚执行机关，其与罪犯之间在刑罚执行期间不是平等的民事主体关系，监狱承担国家赔偿责任有其特殊性。

首先，监狱国家赔偿的范围比较狭窄，仅指刑事赔偿，不存在行政赔偿的问题。

其次，归责原则与举证责任的特殊性。我国现行的国家赔偿法采用了违法归责原则和结果归责原则两种体系，而在监狱国家赔偿案件中仅适用违法归责原则，即以监狱人民警察执法具有违法性为前提，既包括积极作为致使罪犯人身权利受到损害，也包括以消极不作为的形式致使罪犯人身权利受到损害。在举证责任分配上，国家赔偿法第十五条规定：人民法院审理行政赔偿案件，赔偿请求人和赔偿义务机关对自己提出的主张，应当提供证据。赔偿义务机关采取行政拘留或者限制人身自由的强制措施期间，被限制人身自由的人死亡或者丧失行为能力的，赔偿义务机关的行为与被限制人身自由的人的死亡或者丧失行为能力是否存在因果关系，赔偿义务机关应当提供证据。国家赔偿法没规定刑事赔偿举证责任的相应条文。依据法理，监狱国家刑事赔偿相对于作为赔偿请求人的罪犯而言，监狱承担的举证责任较重，监狱需要证明其职权行使不存在过错或行使职权行为与罪犯死亡、身体受到伤害之间不存在因果关系。最后，关于罪犯基于工伤、被其他罪犯人身侵害、与监狱医疗纠纷等赔偿请求的处理。按照我国监狱法第七十三条的规定，罪犯在劳动中致伤、致残或者死亡的，由监狱参照国家劳动保险的有关规定处理。2001年司法部印发了《罪犯工伤补偿办法（试行）》，该试行办法的补偿标准明显低于国务院《工伤保险条例》规定的社会一般职工工伤补偿标准且规定罪犯工伤、评残和补偿由监狱作出。因此罪犯在劳动中致伤、致残或者死亡的，既不能依据民法要求民事赔偿或依据劳动法、工伤保险条例主张工伤保险，也不能依据国家赔偿法请求刑事赔偿。罪犯在服刑期间受到其他罪犯的人身侵害，如果罪犯受到人身侵害具有偶然性、突发性且与监狱人民警察管理不当无直接的因果关系，则不宜向监狱提起刑事赔偿，而应当依据民法向致害人请求民事赔偿。罪犯与监狱医院之间不是民法上的医患关系，不能依据民法和《医疗事故处理条例》向监狱提起医疗人身侵权赔偿。如果监狱的医疗行为存在过错且与罪犯人身损害之间存在直接的因果关系，监狱应当承担相应的国家赔偿责任。

六、监狱国家赔偿典型案例

（一）滕××申请吉林省四平监狱违法不作为国家赔偿案（2016年最高人民法院公布的国家赔偿典型案例之八）

赔偿请求人滕××因犯盗窃、抢劫罪于1996年被判处有期徒刑16年，后在四平监狱服刑。1999年12月30日，滕××与吴××、刘××、孟××（均为服刑人员）四人被临时安排组成一个相互监督的互包组，在该监区内的水泥生产加工场地做推煤工作。其间，滕××等三人与吴××因发生口角。后四人擅离岗位到主控室休息。当日5时左右，吴××趁滕××等三人熟睡之机，拿起室内砸煤用的铁钎，向滕××等三人头部连续击打数下，发现三人没有反应后，认为三人已死亡，遂从该二楼窗外铁梯爬到楼顶欲跳楼自杀。当日5时许，三人被发现受伤，四平监狱管教员及其他监狱管理人员赶到现场后，组织对伤员进行了救治，并于当日22时45分，将吴××抓获。滕××后经吉林三源司法鉴定所鉴定为：脑软化灶形成左侧肢体偏瘫，肌力四级，属七级伤残；颅脑缺损160平方厘米，属九级伤残。修复颅骨费用约5 620～21 000元属合理。后吴××被四平市中级人民法院以故意杀人罪判处死刑。

吉林省高级人民法院赔偿委员会审理认为，本案四平监狱劳动现场存在安全问题，监狱干警监管措施不到位，根据相关规定结合本案案情，可以确定四平监狱在监管上存在一定的不作为情形。根据国家赔偿法及相关规定，四平监狱应当承担一定比例的赔偿责任。因本案中滕××所受伤害系吴××直接造成，另滕××在受伤前亦随同其他服刑人员擅自脱离推煤岗位，其自身亦有一定违规之处，故根据本案具体情况，吉林省高级人民法院赔偿委员会确定由四平监狱承担30%的监管不作为责任。决定由四平监狱向赔偿请求人滕××支付国家赔偿款总计人民币136 519.11元。

本案是关于监狱管理机关怠于履行职责而承担国家赔偿责任的案件。监狱管理机关对其看管的服刑人员，具有法定的监管职责，如其怠于行使该职责，造成服刑人员的损害，即使损害系其他服刑人员的加害行为直接造成，监狱管理机关亦应就其不作为行为对造成损害结果所起的作用，结合其过错程度，承担一定比例的国家赔偿责任。

（二）叶××申请江苏省南通监狱虐待致伤国家赔偿案（2012年最高人民法院公布的国家赔偿典型案例之七）

1994年12月23日，叶××因犯诈骗罪被宝应县人民法院判处有期徒刑十一年，剥夺政治权利三年。1995年1月20日，被保外就医。1996年9月18日，叶××在保外就医期间因犯奸淫幼女罪，被宝应县人民法院数罪并罚判处有期徒刑十五年，剥夺政治权利四年。在交付执行中，叶××以患有"舌根部恶性淋巴肿瘤"为由，申请保外就医。1996年11月12日，宝应县公安局决定对其保外就医一年；2000年5月10日，叶××获准继续保外就医一年。2001年12月21日，宝应县人民法院以叶××病情好转为由将其送监执行。2002年2～4月，江苏省南通监狱将叶××安排在监狱医院服刑。期间，叶××以患有"舌根部恶性淋巴肿瘤"为由，向南通监狱申请保外就医。后经南通大学附属医院（以下简称附属医院）检查，未见叶××患有舌根部恶性淋巴肿瘤的病灶和手术切除切口。2004年9月16日，叶××因左眼视物模糊要求医治，根据当时监狱医院病历记载，叶××主诉病症为左眼视物模糊呈雾状已10余年，经监狱医院检查，诊断为玻璃体云雾状浑浊，建议随诊。2005年6月至2006年6月期间，监狱医院针对叶××的眼病，先后采取监狱医院检查、外请附属医院眼科专家会诊、检查及至附属医院进行检查、手术等形式进行诊断、治疗。2006年6月8日，叶××经附属医院作三面镜检查，诊断为左眼视网膜脱离、右眼视网膜色素变性；同年6月21日，叶××在附属医院眼科实施左眼巩膜外冷凝＋硅胶加压＋环孔手术。2006年8月、2007年1月经附属医院两次复查，手术部位环扎脊清晰，未见新鲜裂孔。2006年6月至2008年10月间，监狱医院针对叶××给予对症药治疗。2009年11月22日，叶××刑满出狱。2009年12月19日，经江苏省宝应县残联指定医院进行鉴定，结论为叶××双眼视力残疾等级为一级。

2010年7月15日，叶××以在南通监狱服刑期间受到监狱医院虐待致双眼残疾为由，申请国家赔偿，提出2002年3月28日被监狱医院注射8支杜冷丁药水，面部被多次电击，此后服刑期间视力下降直至双眼残疾。南通监狱于2010年9月14日作出不予赔偿决定书。2010年11月26日，江苏省司法厅复议予以维持。叶××不服复议决定，向江苏省高级人民法院赔偿委员会申请作出赔偿决定。在江苏省高级人民法院赔偿委员会审理期间，南通监狱提供了相关证据材料。

江苏省高级人民法院赔偿委员会审理认为，杜冷丁系国家特殊管理的麻醉药品，南通监狱医院对麻醉药品实行采购、使用、空瓶回收和专册登记簿的管理制度。2002年3月，监狱医院具有麻醉药品处方权的主任医师对其他2名重病犯人的治疗仅开出3支杜冷丁麻醉药品处方，并登记在册。南通监狱对使用电警棍亦有严格的适用情形和审批程序，2001年以来，监狱医院不再配置警棍，也没有使用警棍的记录。叶××称被电击，但面部未留有痕迹，又无其他证据印证。其服刑前已患有眼部疾病，视力为700多度，左眼视物模糊症状已10年余。服刑期间，南通监狱考虑到叶××患有眼部疾病，将其安排在监狱医院服刑，叶××的眼部疾病得到监狱医院的及时医治，并外请附属医院眼科专家会诊，同时对其实施左眼视网复位手术治疗。对此，有南通监狱提供的2003年8月至2008年10月间的病历予以印证。南通监狱提供的以上证据可以采信，赔偿请求人叶××提出的相关主张理据不足，不予采纳。江苏省高级人民法院赔偿委员会据此作出决定，维持江苏省司法厅的复议决定。

修正的国家赔偿法规定，被羁押人在羁押期间死亡或者丧失行为能力的，赔偿义务机关的行为与被羁押人的死亡或者丧失行为能力是否存在因果关系，赔偿义务机关应当提供证据。本案即属于适用举证责任倒置的情况。江苏省高级人民法院赔偿委员会审理认为，监狱作为刑罚执行机关，对罪犯依法进行监管的同时也负有保障其人格尊严、人身安全等职责，根据国家赔偿法规定精神，监狱对其行为与被羁押人一级视力残疾之间是否存在因果关系负有举证责任。本案最终通过审查南通监狱对此事实的举证责任完成情况，认定赔偿请求人双眼残疾与监狱行为无关。

> **拓展阅读**
>
> ### 呼和浩特"10·17"暴动越狱案
>
> 2009年10月17日，内蒙古呼和浩特第二监狱三监区四名重刑犯乔××、高×、李××、董××杀害当班民警兰××，抢夺当班民警徐某的警服，用抢来的警察门卡通过了三道关卡，在最后出门时引起了值班民警的怀疑。四犯打伤值班民警，强行冲出大门，抢劫一辆出租车后驾车逃脱。2009年10月20日罪犯高×被警方击毙，其余三犯被抓获。这一事件被称为呼和浩特"10·17"暴动越狱案。
>
> 2010年7月6日上午，"10·17"暴动越狱案在内蒙古呼和浩特市中级人民法院一审公开宣判，法院认定3名犯罪嫌疑人乔××、董××、李××构成暴力越狱罪且情节特别严重，同时构成抢劫罪和绑架罪，数罪并罚一审判处死刑，剥夺政治权利终身。狱警兰××烈士，被司法部追授为全国司法行政系统"一级英雄模范"荣誉称号。内蒙古检察机关对这起重大监管安全事故展开了调查，对原监狱长张××等多名监管干警立案侦查、提起公诉，认为：被告人张××身为呼和浩特第二监狱监狱长、监管改造第一责任人，不认真履行监狱长职责，造成乔××、董××、李××、高×4名重刑犯绑架杀害民警集体越狱脱逃，脱逃后又实施抢劫、绑架等多起严重暴力犯罪，给国家和人民利益造成重大损失，其行为触犯了《中华人民共和国刑法》第三百九十七条之规定，犯罪事实清楚，证据确实充分，应当以玩忽职守罪追究刑事责任。同案被起诉的还有原呼和浩特第二监狱助理调研员、一级警督王×，民警徐××和刘××，以及第二监狱职工田××。

第六章　监狱监督制度

"一切不受约束的权力必然导致腐败",这是早在几百年前法官出身的法国人孟德斯鸠的名言。监狱作为刑罚执行权运行的主体之一,其权力必然要受到监督和约束。随着国家法治建设和司法体制改革的不断推进,监狱法律体系不断完善,监狱监督制度也随之得到了发展,有效地维系了监狱权力体系的恰当运行。

第一节　监狱监督制度概述

监狱监督,有广义、狭义两种理解。狭义的监狱监督是指有关国家机关依照法定职权和程序,对监狱行刑活动的合法性进行的监察和督促。广义的监狱监督是指国家机关、社会组织和公民对监狱各种法律活动的合法性所进行的监察和督促。本书研究的监狱监督是广义上的监督。

一、监狱监督制度的内涵

监狱监督制度,是指国家机关、社会组织和公民对监狱行刑活动进行评价和监督的一系列规范所组成的规则和制度。从立法层面看,目前我国还没有一套系统、完整的监狱监督制度规定。关于监狱监督的法律规定条文很少且十分原则,仅有的少数几个法律条文零星分散在刑法、刑事诉讼法、监狱法、人民检察院组织法等之中,均表达"人民检察院是法律监督机关,对监狱执行刑罚的活动是否合法,依法实行监督"之意。2008年最高人民检察院颁布《人民检察院监狱检察办法》《人民检察院监外执行检察办法》,详细规定了人民检察院对监狱行刑活动的监督检察。关于监狱内部监督方面,多是依照公务员法、警察法以及行政监察法等,对监狱及警察的活动实施监督。此外安全生产、消防、环保、职业病防治、公共卫生安全等法律法规对监狱管理运行中相关具体事务同样具有监督的法律效力。实务中,人民检察院一般都派出驻监检察机构,依照《人民检察院监狱检察办法》对监狱行刑活动进行法律监督,并在长期的工作实践中形成了一套较为完善的监督体制机制。监狱上级主管机关以及内设机构,日常或一定周期内对监狱活动进行实时监督或定期监督,主要内容包括警务督察、工作检查、绩效考核等。司法部发布《关于加强警务督察工作的意见》(司发通〔2006〕50号),对全国监狱警务督察进行指导。省级监狱管理机关制定相关的警务督察实施办法,如《江苏省监狱系统警务督察实施办法》(苏狱规(〔2015〕8号)共七章三十一条,分别从督察机构和督察人员、督察的职责和权限、督察的方式、督察的程序责任追究等方面对警务督察的主体、职责、方式、责任追究作出了详细的规定。具体到每个监狱,一般都制定了监狱警务督察工作实施细则,对监狱内设机构进行日常警务督察。此外,国家权力机关、行政监察机关、社会各界、新闻媒体、罪犯及其亲属以及其他公民等都能够依法对监狱活动实施监督。

二、监狱监督制度的功能

1. 纠错功能

监督的本质就是预防过错和纠正已经发生的过错,保证事物的发展按照既定目标进行。监狱监督,其实质归根到底就是防止和纠正刑罚权力运行过程中的错误与偏差,从而保障刑罚执行的正确实施,以实现刑罚的最终价值,即对自由、秩序和正义的实现。这既是监狱监督最为直接的功能,也是其最本质的功能。监狱监督的纠错功能主要是通过监督主体在行使监督权时发现违法行为、纠正违法行为、预防违法行为的再次发生来实现的,在对违法行为的发现和惩罚中来构建相应的预防机制。

2. 保护罪犯合法权利的功能

对罪犯的合法权利进行有效保障以及防止虐待罪犯,是人权保护的一个重要内容。监狱执行刑罚是一种封闭性的司法行政行为,监狱及警察与罪犯处于不对等的地位,法律授权给监狱及警察强制性权力,而罪犯则负有服从的义务。这种不对等地位的存在,容易导致在刑罚执行过程中发生违法侵权行为,如体罚虐待罪犯等。在监狱刑罚执行的过程中,一旦罪犯权利受到侵害时,通过控告和申诉等途径请求人民检察院或上级监狱管理机关特别是驻监检察机构的介入,是非常必要的。

3. 制衡刑罚权力的功能

在监狱的封闭空间中,刑罚执行权力容易出现滥用的情况,必须要有强有力的外部监督的存在,通过强有力的监督措施,使得刑罚执行权力在法律允许的框架内运行,不得违法行使,否则承担相应的法律责任。监狱监督,一方面能够对监狱的执行权进行制约;另一方面对法院的裁定权或监狱的决定权形成了制约。这样通过三方权力的分工和博弈,满足了规制权力运行的要求。可以说,监狱监督不仅是保障监狱法律法规实施的重要手段,也是规范国家刑罚权的运行的需要。

三、监狱监督的分类

1. 依监督主体的不同,可分为国家监督和社会监督

国家监督又可分为权力机关的监督、行政机关的监督和司法机关的监督。社会监督是由国家机关以外的其他社会关系主体所实施的监督,可分为社会组织的监督、社会舆论的监督和公民的监督。监狱监督主要是司法机关监督、行政监督和社会监督,其中司法机关监督,依照现行法律规定主要是指检察机关的检察监督。

2. 依监督内容不同,可分为合法性监督与合理性监督

合法性监督以行为是否符合法律为标准。合理性监督以行为在合法基础上是否公正适当为标准。前者是最基本的监督,后者仅在特定范围内适用。

3. 依监督主体与对象所处地位和相互关系的不同，可分为纵向监督和横向监督、内部监督和外部监督

监督主体与对象间存在上下层级关系的监督是纵向监督，监督主体与对象处于同一层级的监督是横向监督。监督主体与对象共处同一组织系统的监督为内部监督；监督主体与对象分处不同组织系统的监督为外部监督。

4. 依监督所处阶段的不同，可分为事前监督、事中（日常）监督和事后监督

不同的阶段的监督体现了监督的预防、控制、矫治功能。

第二节 监狱检察监督

检察监督是检察机关以国家的名义，为维护国家法律的统一实施，保护国家、社会和公民的合法权益，依法行使检察监督权，对其他国家机关在诉讼程序中行使法律权力、被监督对象遵守法律和执行法律的情况进行察看、督促，以产生一定法律效果的法律制衡制度。监狱检察监督是国家检察机关在刑罚执行领域实施的一种专门监督，是监狱法律监督的主要形式。

一、监狱检察监督的内涵

监狱检察监督，是指具有检察监督权的人民检察院按照法定权限和程序对监狱开展的行刑活动所实施的监督，以保证国家法律法规在监狱刑罚执行活动中的正确实施。

（一）检察监督的主体

检察的监督主体是国家检察机关。我国宪法第一百二十九条规定："中华人民共和国人民检察院是国家的法律监督机关。"我国刑事诉讼法第二百六十五条规定："人民检察院对执行机关执行刑罚的活动是否合法实行监督，如果发现有违法的情况，应当通知执行机关纠正。"我国监狱法第六条规定："人民检察院对监狱执行刑罚的活动是否合法，依法实行监督。"《人民检察院组织法》第五条也作出了相应的规定：人民检察院的职权包括对于刑事案件判决、裁定的执行和监狱、看守所、劳动改造机关的活动是否合法实行监督。因此，人民检察院是法律明文规定的专门的监狱检察监督主体。人民检察院设立了监所检察部门，专门负责对监狱的刑罚执行和监管活动进行检察监督，并在大型监狱或者监狱集中的地区设立了派出检察院，在监狱派驻检察室，实行派驻检察，对少数地处偏远的监狱实行巡回检察。

（二）检察监督的程序

检察监督必须依照法定权限和程序进行。人民检察院在监狱检察监督中，应当依法独立行使检察权，严格遵守法律，恪守检察职业道德，忠于职守，清正廉洁，以事实为根据、以法律为准绳，履行检察监督职责。

（三）检察监督的内容

检察监督的内容是监狱的刑罚执行活动。这主要包括对人民法院裁定减刑、假释活动是否合法实行监督；对监狱执行刑罚活动是否合法实行监督；对监狱管理机关批准暂

予监外执行活动是否合法实行监督；对监狱侦查的罪犯又犯罪案件审查逮捕、审查起诉和出庭支持公诉，对监狱的立案、侦查活动和人民法院的审判活动是否合法实行监督；对刑罚执行和监管活动中发生的职务犯罪案件进行侦查，开展职务犯罪预防工作；受理罪犯及其法定代理人、近亲属的控告、举报和申诉等其他依法应当的监督事项。

（四）检察监督的目的

检察监督的目的是保证国家法律法规在监狱刑罚执行活动中的正确实施，维护罪犯合法权益，维护监狱监管秩序稳定，保障惩罚与改造罪犯工作的顺利进行。

二、监狱检察监督的形式和具体内容

监狱检察监督的形式和内容具有法定性，《中华人民共和国刑事诉讼法》《中华人民共和国监狱法》等法律以及《人民检察院监狱检察办法》等对监狱检察监督的形式和具体内容作出了相应规定。

（一）收监、出监监督

1. 收监监督

主要包括以下具体内容、方法和形式。

（1）收监监督的内容　收监监督的主要内容包括：监狱对罪犯的收监管理活动是否符合有关法律规定；监狱收押罪犯有无相关凭证：收监交付执行的罪犯，是否具备人民检察院的起诉书副本和人民法院的刑事判决（裁定）书、执行通知书、结案登记表；收监监外执行的罪犯，是否具备撤销假释裁定书、撤销缓刑裁定书或者撤销暂予监外执行的收监执行决定书；从其他监狱调入罪犯，是否具备审批手续；监狱是否收押了依法不应当收押的人员等。

（2）收监监督的主要方法　收监监督的主要方法包括：对个别收监罪犯，实行逐人检察；对集体收监罪犯，实行重点检察；对新收罪犯监区，实行巡视检察。

（3）收监监督的主要形式　发现监狱在收监管理活动中有下列情形的，应当及时提出纠正意见：没有收监凭证或者收监凭证不齐全而收监的；收监罪犯与收监凭证不符的；应当收监而拒绝收监的；不应当收监而收监的；收监后未按时通知罪犯家属的；其他违反收监规定的。

2. 出监监督

主要包括以下具体的监督内容、方法和形式。

（1）出监监督的内容　出监监督的内容包括：监狱对罪犯的出监管理活动是否符合有关法律规定；罪犯出监有无相关凭证：刑满释放罪犯，是否具备刑满释放证明书；假释罪犯，是否具备假释裁定书、执行通知书、假释证明书；暂予监外执行罪犯，是否具备暂予监外执行审批表、暂予监外执行决定书；离监探亲和特许离监罪犯，是否具备离监探亲审批表、离监探亲证明；临时离监罪犯，是否具备临时离监解回再审的审批手续；调监罪犯，是否具备调监的审批手续。

（2）出监监督的方法　出监监督的方法主要包括：查阅罪犯出监登记和出监凭证；与出监罪犯进行个别谈话，了解情况。

(3) 出监监督的主要形式　出监监督发现监狱在出监管理活动中有下列情形的，应当及时提出纠正意见：没有出监凭证或者出监凭证不齐全而出监的；出监罪犯与出监凭证不符的；应当释放而没有释放或者不应当释放而释放的；罪犯没有监狱人民警察或者办案人员押解而特许离监、临时离监或者调监的；没有派员押送暂予监外执行罪犯到达执行地公安机关的；没有向假释罪犯、暂予监外执行罪犯、刑满释放仍需执行附加剥夺政治权利罪犯的执行地公安机关送达有关法律文书的；没有向刑满释放人员居住地公安机关送达释放通知书的；其他违反出监规定的。假释罪犯、暂予监外执行罪犯、刑满释放仍需执行附加剥夺政治权利罪犯出监时，派驻检察机构应当填写《监外执行罪犯出监告知表》，寄送执行地人民检察院监所检察部门。

（二）刑罚变更执行的监督

1. 减刑、假释的监督

主要包括以下具体内容、方法和形式。

(1) 对监狱提请减刑、假释活动监督的内容　主要包括：提请减刑、假释罪犯是否符合法律规定条件；提请减刑、假释的程序是否符合法律和有关规定；对依法应当减刑、假释的罪犯，监狱是否提请减刑、假释。

(2) 对监狱提请减刑、假释活动监督的方法　主要包括：查阅被提请减刑、假释罪犯的案卷材料；查阅监区集体评议减刑、假释会议记录，罪犯计分考核原始凭证，刑罚执行部门审查意见；列席监狱审核拟提请罪犯减刑、假释的会议；向有关人员了解被提请减刑、假释罪犯的表现等情况。

(3) 对监狱提请减刑、假释活动监督的主要形式　发现监狱在提请减刑、假释活动中有下列情形的，应当及时提出纠正意见：对没有悔改表现或者立功表现的罪犯，提请减刑的；对没有悔改表现，假释后可能再危害社会的罪犯，提请假释的；对累犯以及因杀人、爆炸、抢劫、强奸、绑架等暴力性犯罪被判处十年以上有期徒刑、无期徒刑的罪犯，提请假释的；对依法应当减刑、假释的罪犯没有提请减刑、假释的；提请对罪犯减刑的起始时间、间隔时间和减刑后又假释的间隔时间不符合有关规定的；被提请减刑、假释的罪犯被减刑后实际执行的刑期或者假释考验期不符合有关规定的；提请减刑、假释没有完备的合法手续的；其他违反提请减刑、假释规定的。

派驻检察机构收到监狱移送的提请减刑材料的，应当及时审查并签署意见。认为提请减刑不当的，应当提出纠正意见，填写《监狱提请减刑不当情况登记表》。所提纠正意见未被采纳的，可以报经本院检察长批准，向受理本案的人民法院的同级人民检察院报送。派驻检察机构收到监狱移送的提请假释材料的，应当及时审查并签署意见，填写《监狱提请假释情况登记表》，向受理本案的人民法院的同级人民检察院报送。认为提请假释不当的，应当提出纠正意见，将意见以及监狱采纳情况一并填入《监狱提请假释情况登记表》。人民检察院收到人民法院减刑、假释裁定书副本后，应当及时审查。认为减刑、假释裁定不当的，应当在收到裁定书副本后二十日内，向作出减刑、假释裁定的人民法院提出书面纠正意见。人民检察院对人民法院减刑、假释的裁定提出纠正意见后，应当监督人民法院是否在收到纠正意见后一个月内重新组成合议庭进行审理。对人民法院减刑、假释裁定的纠正意见，由作出减刑、假释裁定的人民法院的同级人民检察院书面提出。下级人民检察院发现人民法院减刑、假释裁定不当的,应当立即向作出减刑、假释裁定的人民法院的同级人民检察院报告。对人民法院采取听证或者庭审方式审理减刑、假释案件的,同级人民检察院应当派员参加,发表检察意见并对听证或者庭审过程是否合法进行监督。

2. 暂予监外执行的监督

主要包括以下具体内容、方法和形式。

(1) 对监狱呈报暂予监外执行活动监督的内容　主要包括:呈报暂予监外执行罪犯是否符合法律规定条件;呈报暂予监外执行的程序是否符合法律和有关规定。

(2) 对监狱呈报暂予监外执行活动检察的方法　主要包括:审查被呈报暂予监外执行罪犯的病残鉴定和病历资料;列席监狱审核拟呈报罪犯暂予监外执行的会议;向有关人员了解被呈报暂予监外执行罪犯的患病及表现等情况。

(3) 对监狱呈报暂予监外执行活动检察的形式　发现监狱在呈报暂予监外执行活动中有下列情形的,应当及时提出纠正意见:呈报保外就医罪犯所患疾病不属于《罪犯保外就医疾病伤残范围》的;呈报保外就医罪犯属于因患严重慢性疾病长期医治无效情形,执行原判刑期未达三分之一以上的;呈报保外就医罪犯属于自伤自残的;呈报保外就医罪犯没有省级人民政府指定医院开具的相关证明文件的;对适用暂予监外执行可能有社会危险性的;对罪犯呈报暂予监外执行没有完备的合法手续的;其他违反暂予监外执行规定的。

派驻检察机构收到监狱抄送的呈报罪犯暂予监外执行的材料后,应当及时审查并签署意见。认为呈报暂予监外执行不当的,应当提出纠正意见。审查情况应当填入《监狱呈报暂予监外执行情况登记表》,层报省级人民检察院监所检察部门。省级人民检察院监所检察部门审查认为监狱呈报暂予监外执行不当的,应当及时将审查意见告知省级监狱管理机关。省级人民检察院收到省级监狱管理机关批准暂予监外执行的通知后,应当及时审查。认为暂予监外执行不当的,应当自接到通知之日起一个月内向省级监狱管理机关提出书面纠正意见。省级人民检察院应当监督省级监狱管理机关是否在收到书面纠正意见后一个月内进行重新核查和核查决定是否符合法律规定。下级人民检察院发现暂予监外执行不当的,应当立即层报省级人民检察院。

(三)监管活动的监督

1. 禁闭监督

主要包括以下具体内容、方法和形式。

(1) 禁闭监督的内容　主要包括:适用禁闭是否符合规定条件;适用禁闭的程序是否符合有关规定;执行禁闭是否符合有关规定。

(2) 禁闭监督的方法　主要包括:对禁闭室进行现场检察;查阅禁闭登记和审批手续;听取被禁闭人和有关人员的意见。

(3) 禁闭监督的形式　发现监狱在适用禁闭活动中有下列情形的,应当及时提出纠正意见:对罪犯适用禁闭不符合规定条件的;禁闭的审批手续不完备的;超期限禁闭的;使用戒具不符合有关规定的;其他违反禁闭规定的。

2. 事故督查

这主要包括以下具体内容、方法和形式。

（1）事故监督的内容　主要包括：罪犯脱逃、罪犯破坏监管秩序、罪犯群体病疫、罪犯伤残、罪犯非正常死亡以及其他事故。

（2）事故监督的方法　主要包括派驻检察机构接到监狱关于罪犯脱逃、破坏监管秩序、群体病疫、伤残、死亡等事故报告，应当立即派员赴现场了解情况，并及时报告本院检察长；认为可能存在违法犯罪问题的，派驻检察人员应当深入事故现场，调查取证；派驻检察机构与监狱共同剖析事故原因，研究对策，完善监管措施。

（3）事故监督的形式　罪犯在服刑期间因病死亡，其家属对监狱提供的医疗鉴定有疑义向人民检察院提出的，人民检察院应当受理。经审查认为医疗鉴定有错误的，可以重新对死亡原因作出鉴定。罪犯非正常死亡的，人民检察院接到监狱通知后，原则上应在二十四小时内对尸体进行检验，对死亡原因进行鉴定，并根据鉴定结论依法及时处理。对于监狱发生的重大事故，派驻检察机构应当及时填写《重大事故登记表》，报送上一级人民检察院，同时对监狱是否存在执法过错责任进行检察。辖区内监狱发生重大事故的，省级人民检察院应当检查派驻检察机构是否存在不履行或者不认真履行监督职责的问题。

3. 狱政管理、教育改造活动的监督

主要包括以下具体内容和方法。

（1）狱政管理、教育改造活动监督的内容　主要包括监狱的狱政管理、教育改造活动是否符合有关法律规定；罪犯的合法权益是否得到保障。狱政管理、教育改造活动中有下列情形的，应当及时提出纠正意见：监狱人民警察体罚、虐待或者变相体罚、虐待罪犯的；没有按照规定对罪犯进行分押分管的；监狱人民警察没有对罪犯实行直接管理的；安全防范警戒设施不完备的；监狱人民警察违法使用戒具的；没有按照规定安排罪犯与其亲属会见的；对伤病罪犯没有及时治疗的；没有执行罪犯生活标准规定的；没有按照规定时间安排罪犯劳动，存在罪犯超时间、超体力劳动情况的；其他违反狱政管理、教育改造规定的。

（2）狱政管理、教育改造活动监督的方法　主要包括对罪犯生活、学习、劳动现场和会见室进行实地检察和巡视检察；查阅罪犯名册、伙食账簿、会见登记和会见手续；向罪犯及其亲属和监狱人民警察了解情况，听取意见；在法定节日、重大活动之前或者期间，督促监狱进行安全防范和生活卫生检查。

（四）办理罪犯又犯罪案件和受理控告、举报和申诉

1. 办理罪犯又犯罪案件

具体包括以下内容、方法和形式。

（1）办理罪犯又犯罪案件的内容　人民检察院监所检察部门负责监狱侦查的罪犯又犯罪案件的审查逮捕、审查起诉和出庭支持公诉，以及立案监督、侦查监督、审判监督、死刑临场监督等工作。

（2）办理罪犯又犯罪案件的方法　办理罪犯又犯罪案件期间该罪犯原判刑期届满

的，在侦查阶段由监狱提请人民检察院审查批准逮捕，在审查起诉阶段由人民检察院决定逮捕。

（3）办理罪犯又犯罪案件的形式　发现罪犯在判决宣告前还有其他罪行没有判决的，应当分别情形作出处理：适宜于服刑地人民法院审理的，由服刑地人民法院审理；适宜于原审地或者犯罪地人民法院审理的，转交当地人民检察院办理；属于职务犯罪的，交由原提起公诉的人民检察院办理。

2. 受理控告、举报和申诉

主要包括以下具体的内容、方法和形式。

（1）受理控告、举报和申诉的内容　派驻检察机构应当受理罪犯及其法定代理人、近亲属向检察机关提出的控告、举报和申诉，根据罪犯反映的情况，及时审查处理，并填写《控告、举报和申诉登记表》。

（2）受理控告、举报和申诉的方法　派驻检察机构应当在监区或者分监区设立检察官信箱，接收罪犯控告、举报和申诉材料。信箱应当每周开启。派驻检察人员应当每月定期接待罪犯近亲属、监护人来访，受理控告、举报和申诉，提供法律咨询。派驻检察机构对罪犯向检察机关提交的自首、检举和揭发犯罪线索等材料，根据罪犯反映的情况，及时审查处理，并检察兑现政策情况。派驻检察机构办理控告、检举案件，控告人、检举人要求回复处理结果的，应当将调查核实情况反馈控告人、检举人。

（3）受理控告、举报和申诉的形式　人民检察院监所检察部门审查刑事申诉，认为原判决、裁定正确、申诉理由不成立的，应当将审查结果答复申诉人并做好息诉工作；认为原判决、裁定有错误可能，需要立案复查的，应当移送刑事申诉检察部门办理。

三、监狱检察监督的完善

人民检察院对监狱监督的最初任务，主要定位在维护监管场所的稳定上，因而，人民检察院协调配合监狱开展工作的多，监督执法工作的少，维护罪犯合法权益的工作也少。人民检察院对监狱监督的任务要逐步转移到加强检察监督、保障监管活动正常开展、预防人民警察职务犯罪和维护罪犯合法权益等方面上来。

1. 完善监狱检察监督的法律制度

"宪法和其他法律对检察机关法律监督职能的规定无论有多么高，多么重要，但由于这些纲领性规定缺乏与之相呼应和匹配的系统、具体的条文规定支撑，而形成了盛名之下其实难副的现状，影响了检察机关法律监督的权威和效果。"❶ 这是当前以及今后一定的时期内，监狱检察监督所面临的现实问题。在我国监狱检察监督的法律体系里，宪法、刑事诉讼法、监狱法、人民检察院组织法等只是明确了人民检察院为监狱法律监督机关，而对监督的内容、形式以及监督法律效力只是做出了纲领性的规定。最高人民检察院制定的《人民检察院监狱检察办法》虽然对监狱检察监督的任务、职责、内容、形式做出了具有可操作性的规定，是监狱检察监督的依据，但《人民检察院监狱检察办法》是部门规章层面的，这就使得监狱检察监督缺失了法律层面的依据，导致人民检察

---

❶ 向泽选. 刑罚执行监督机制论. 法学杂志，2008，（2）.

院在监狱检察监督中提出的检察建议、检察意见或纠正违法通知书法律效力不强,严重影响了监督的效力和质量。因此,完善监狱检察监督,首要的是提高监狱检察监督的立法阶位以及在监狱法律体系中的地位,并将大量分散于法律法规、司法解释中的有关刑罚执行和监督的内容予以清理、规范和集中,统一、明确的规定检察机关的监督职能、范围、任务、程序、方式和责任等,并赋予检察机关的监督权以较强的法律强制力,使其成为实质意义上的法律监督权力。

2. 完善监狱检察监督的运行机制

现行的监狱检察监督侧重于事后监督,注重监督裁定、决定的结果而忽视监督提请和决定的过程。应当建立健全对监狱刑罚执行活动全方位监督机制。

(1) 建立和完善事前监督机制　事后监督具有明显的滞后性,检察机关可以将监督工作往前推移,及时全面地掌握有关监狱刑罚执行活动的情况,通过事先审查和提前介入两种方式展开事前监督,从而预防违法违规的行为发生。提前介入制度在检察机关开展侦查监督工作中运行的比较早,也比较多,监督的效果也比较好,在监狱检察监督中可以借鉴采纳。事先审查主要是指减刑、假释、暂予监外执行的启动程序中,监狱向人民法院提交减刑、假释的材料、向审批机关提交暂予监外执行的材料之前,先由检察机关对其提交的减刑、假释材料进行初步检察,通过后再移送法院进入裁定程序或审批机关进入审批程序。通过这种事先审查,可以从机制层面有效防范徇私舞弊、枉法减刑、假释或暂予监外执行的行为。检察监督机关可以通过查阅执行案卷、执法文书、会议记录等材料,观看影像资料,视频监控督察,派员列席监狱的执行会议听取有关意见,现场查看刑罚执行活动等方式事前介入,掌握监狱相关刑罚执行活动,及时发现苗头性、倾向性的违法违纪问题,并立即纠正、制止,把问题处理在始发阶段和萌芽状态。当然,检察机关的事前监督、提前介入,不是突破自身的职权范围具体参与到监狱刑罚执行的相关活动中去,而是以第三方的身份、中立的立场,以事实为依据、以法律为准绳开展监督工作,应当掌握好时机,把握好分寸,不得越权。

(2) 建立健全同步监督机制　同步监督主要是对监狱刑罚执行活动的过程监督,即对监狱刑罚执行活动的程序合法性进行审查监督。可以建立一种完善多方参与、充分表达和公开透明的事中监督机制。比如在减刑、假释程序中,检察机关和犯罪人参与到法院的公开审理过程中,检察机关可以就减刑、假释的有关事实、证据进行询问和质疑,罪犯可以对于执行裁定、决定发表自己的意见。

(3) 完善事后制度监督　缺乏刚性的监督手段,是导致执行监督弱化的重要原因之一。作为一种程序性权利,如果缺乏强有力的措施和手段做保障,就会被虚置,因此改进和完善事后监督机制是保证监督效果的必然要求。一是以强制力保障检察机关书面纠正违法意见的法律效力。对于检察机关发出的纠正违法通知书,如果确有违法行为的,监狱要及时纠正并将纠正情况书面通报检察机关;如果监狱认为自己没有违法行为的,也应当及时书面回复检察机关;监狱没有正当理由拒不纠正的,提出该纠正违法意见的检察院可以报告上级检察院,由上级检察院向其同级的监狱管理机关提出纠正意见。二是对检察建议、纠正违法意见书实施跟踪监督。对于不按时纠正或超出时限的,检察机关有权建议相关主管部门对直接责任人员和主管人员采取处分措施。

3. 完善监狱检察监督的保障机制

主要包括以下内容。

（1）加大派出检察院和派驻检察室的建设　根据监管场所的设置、布局和规模，合理设置派出检察院或驻监检察室，或实行巡回检察。要解决好派驻检察机构或巡回检察的专项经费问题，使检察工作摆脱对监狱的财物依赖。对派驻检察人员实行定期轮岗制度，避免派驻检察机构人员与监狱人员"同化"的问题。

（2）提升监督主体素质，提高监督能力　一是通过组织各种检察官培训、任职培训等业务培训学习，提高派驻检察机构人员的综合素质。二是通过计算机网络化管理，实现与监狱的信息共享，将执行活动置于检察机关全方位监督之下，实行动态监督，提高监督的效率和效果。

（3）实施巡回检察制度　巡回检察是指检察机关对监狱采取不定期的、不特定的方式进行检察监督，与派驻检察相比较，其工作形式灵活，而且从根本上避免检察人员与监管人员在同一场所长期相处产生"同化"现象。但其缺点在于不能近距离发现违法情况的发生，因此实行巡回检察的同时要加强检察信息管理系统和监狱监控系统的联网，通过现代电子技术手段实现动态监督。

第三节　监狱行政监督

行政监督是指行政机关内部上下级之间，以及专设的行政监察、审计机关对行政机关及公务人员的监督。

一、监狱行政监督的内涵

监狱行政监督是指监狱系统内部对监狱行刑活动的合法性、公正性进行监督。监狱行政监督在监狱行刑过程中发挥着行政督察、行政纠错和行政防护等功能，对行刑权力的正常行使、规范运行发挥着重要作用。它是惩罚监狱及警察违法、违规、违纪行为，保持正常运行秩序和良性管理行为的重要手段。监狱行政监督本质上不是惩治，而是为了保证监狱司法行政工作的高效率和监狱管理的有效性。监狱行政监督是基于司法行政系统内部权力运行以及权力平衡的一种监督，主要包括行政辖属监督、纪检监察监督和审计监督。

二、行政辖属监督

行政辖属监督是指具有行政隶属关系的上级监狱管理机关及其主管部门对下级监狱的执法活动的合法性进行监督。这种监督是依据行政管理权限和行政隶属关系产生的，且一般具有直接隶属上下级关系。这种监督的方式通常有以下四种：一是制定、修改或者废除有关监狱执法活动的规章、命令、指示、部门工作制度、工作纪律等规范性法律文件或非规范性文件，撤销所属监狱作出的不适当的决定等；二是通过行使人事任免权，对监狱管理活动进行监督；三是通过开展监狱工作检查考核来实施监督；四是开展警务督察。

警务督察是监狱系统内部行政监督最为常见的形式和方法，主要对以下情况进行督查：监狱贯彻落实党和国家关于监狱工作的方针、政策、法律法规的情况；重要警务部署、措施、活动的组织实施情况；监狱突发事件处置情况；监狱规范执法情况；监狱人民警察现场履行岗位职责情况；监狱人民警察使用武器、警械、警用车辆、警用标志以及违反规定进入娱乐场所的情况；监狱人民警察文明执法、执勤和遵守警容风纪情况；上级党委交办的其他督察事项等。

警务督查从形式上看，可分为现场督察、重点督察、专项督察、定期督察与不定期督察相结合等不同方式。警务督察从内容上看，可分为执法督察、行政督察、职能督察等。执法督察是指对监狱及人民警察执行法律法规、规章、命令和遵守纪律的情况进行的督察；行政督察是指督察机构检查监狱在组织管理、财务、装备等警务保障中，是否存在有违纪、违法行为；职能督察是指检查监狱各职能部门和人民警察在行使职权和履行职责过程中，是否发挥了职能作用，在履行义务和遵守纪律中是否违法、违纪或有失职行为。

三、纪检监察监督

纪检、监察原是党的纪律检察机关和监察部门分别行使的两种职能。1993年起我国纪委和监察机关实行合署办公，一套班子，两块牌子，履行纪检监察职能。纪律检查委员会（简称纪委）是党的机构，党的"两委"（党委、纪委）之一。它是专司监督检查党的机构和党员贯彻执行党的路线、方针、政策的情况，查处违纪党组织和党员的机构。党的各级纪委按照党章规定履行职责。监察部门，是专司监督检查行政机构及其公职人员的机关。各级监察机关依据《中华人民共和国行政监察法》履行职责。监狱纪检监察部门实施纪检监察的主要依据的是《中国共产党党章》、2016年1月1日颁布实施的《中国共产党廉洁自律准则》和《中国共产党纪律处分条例》以及2012年7月1日施行的《监狱和劳动教养机关人民警察违法违纪行为处分规定》。

《监狱和劳动教养机关人民警察违法违纪行为处分规定》是2012年5月21日监察部、人力资源社会保障部、司法部令第25号印发的，自2012年7月1日起施行。《规定》共25条，按照从重到轻的顺序，对监狱警察的违法违纪行为进行了梳理和分类，规定了各种违法违纪行为适用的处分种类和幅度，突出了监狱场所重要执法环节及重大案件中违法违纪行为责任人的处罚，对情节特别严重、危害特别重大的三类违法违纪行为直接规定了开除处分，这三类违法违纪行为分别是：殴打、体罚、虐待或者指使、纵容他人殴打、体罚、虐待罪犯、劳动教养人员致死的；包庇或者纵容罪犯、劳动教养人员从事犯罪活动的；私放罪犯、劳动教养人员逃离监狱、劳动教养场所的。《规定》对监察机关在监狱警察违法违纪案件中的管辖权做出了明确规定，并将承担戒毒工作任务的人民警察也纳入调整范围。

四、审计监督

监狱审计监督是监狱机关建立于组织内部、服务于管理部门的一种独立的检查、监督和评价活动，是独立监督、检查和评价预算管理、财务收支、执法执纪环节经济行为和监狱企业经济活动的真实、合法和效益以及管理领导干部履行经济责任的行为。它既对监狱内部财务制度的充分性和有效性进行检查、监督和评价，又对会计及相关信息的真实、合法、完整，对资产的安全、完整，对监狱企业自身经营业绩、经营合规性进行检查、监督和评价。审计部门和审计人员主要审计以下事项：①部门预算、财务预算或者计划和决算；②财政、财务收支及其有关的经济活动；③经济效益和绩效管理；④内部控制和风险管理；⑤本单位具有管辖权限的内部管理领导干部的经济责任；⑥罪犯伙食和生活物资供应、罪犯被服和劳保服供应、罪犯劳动报酬、罪犯钱物管理等执法执纪环节经济行为；⑦建设项目预算、决算；⑧信息化应用系统的安全性、合法性、效率性和经济性；⑨国有资源交易及其招投标、合同管理活动；⑩法律、法规、规章规定的其他事项。

第四节　社会监督

《中华人民共和国宪法》第二十七条规定："一切国家机关和国家工作人员必须依靠人民的支持，经常保持同人民的密切联系，倾听人民的意见和建议，接受人民的监督，努力为人民服务。"监狱作为国家刑罚执行机关，必须广泛地接受社会监督。

一、监狱社会监督的概念

监狱社会监督，是指民主党派、社会组织、团体和个人对监狱及人民警察执法活动的合法性所进行的一种监督。在我国，社会各界人士及人民群众是我国监督资源中最大的主体，也是最广泛的一种法律监督方式，包括人民政协、各民主党派、共青团、妇联、居委会、村委会、法律职业、新闻舆论以及包括服刑罪犯及其家属在内的个人等各行各业的人民群众。它的实质是一种自下而上的民主监督，一般不具有严格的法律形式，也不具有强制性的法律后果，其作用是引起监狱机关及相关部门的注意，促进监狱及人民警察执法的完善。❶ 社会监督主要包括公民监督、社会团体监督和舆论监督三种方式。监狱应当依法推进政务公开和狱务公开。

二、公民监督

我国《宪法》第四十一条规定"中华人民共和国公民对于任何国家机关和国家工作人员，有提出批评和建议的权利；对于任何国家机关和国家工作人员的违法失职行为，有向有关国家机关提出申诉、控告或者检举的权利，但是不得捏造或者歪曲事实进行诬告陷害。"我国人民当家做主的国家性质决定了公民是监狱监督的主体之一。公民监督是通过公民个人调查分析，以批评、建议、检举、控告、申诉等方式对监狱及人民警察的执法活动进行监督。

1. 罪犯及其亲属等公民的监督

罪犯及其亲属与监狱及人民警察执法有着直接的利害关系。监狱及人民警察的执法

---

❶ 陶新胜. 论监狱警察执法外部监督性评估. 监狱法学论丛（2014年度）. 北京：法律出版社，2015：144.

直接影响到他们的权益实现。他们主要是对刑罚执行质量、执法行为的合法性和文明程度以及保障罪犯权益保障等情况进行监督。罪犯及其亲属可以通过以下途径或方法实施监督：由参加监狱或监狱上级主管部门组织的罪犯或罪犯亲属座谈会；参加执法满意度无记名测评；口头或书面通过监狱长信箱、纪委信箱、检察信箱以及来信来访等方式反映问题。

2. 一般公民的监督

这里的一般公民是指罪犯及其亲属等利害关系人以外的公民。一般公民对监狱的监督主要通过参加监狱或社会团体组织的评议活动，或者独立地对执法实践做出评价，主要途径是群众来信来访或者社团组织集体活动。监狱机关可以主动邀请一些公民到监狱实地考察监督，例如：一位"特邀执法监督员"在北京市监狱管理局清河分局柳林监狱检查时，发现监狱接见室条件简陋，温度高、噪声大，影响罪犯与家属谈话，于是向监狱提出了监督建议。监狱接受了建议，及时改善了会见室条件。❶

三、社会团体监督

社会团体是按照一定目标，为某种共同利益或者共同交往的需要，经依法设立或者登记批准成立的社会组织，主要包括工会、共青团、妇联、居民（村民）委员会、工厂（公司）以及各种行业协会等。社会团体的监督，是各种社团就自己关心的权益或者事务依法对监狱及人民警察的执法活动进行的监督。监督的方式一般是就关心的事务向监狱发出调查要求，并对调查情况做出评判，向监狱提出意见和建议，对监狱及人民警察的执法行为提出表扬、批评、控告或检举等。监狱机关可以主动邀请这些团体组织到监狱实地考察监督。

四、舆论监督

社会舆论监督是指网络、报纸、刊物、广播电视等大众传播媒介对监狱及人民警察执法情况进行评价，发表意见和建议，引起社会关注，形成舆论力量。社会舆论监督在内容上具有广泛性，不仅可以针对监狱及人民警察执法情况，还包括与监狱相关联的其他情况；在方式上具有及时性、公开性，监督结果通过大众传媒向所有人开放，传播速度快，能产生相应的社会效应。社会舆论监督方式主要有新闻舆论和民意调查两种基本形式。

新闻舆论是社会舆论监督的主要形式，不仅仅包含单纯的客观报道，还包括有目的、有选择、有倾向性地对监狱及人民警察执法活动进行披露、分析，有意识地影响公众舆论，形成监督评价氛围。新闻舆论有新闻报道、社会评论和发表群众来信三种方式。

民意调查，又称为舆论调查，是了解公众舆论倾向的一种社会调查。它通过运用科学的调查与统计方法，如实地反映一定范围内的民众对某个或某些社会问题的态度倾

---

❶ 央视网. 北京市监狱系统已聘请百名特邀执法监督员, 2002-6-27 ［2016-3-31］. http://www.cctv.com/news/china/20020627/388.html.

向。就其内容而言，它属于舆论调查范围；就其方法而言，它又属于抽样调查范畴。由于民意调查能够比较客观地反映公众舆论的倾向，逐渐发展成为社会监督的一种重要形式。通过民意调查的方式，了解公众对监狱及人民警察执法某一问题的态度和意见，产生共同的社会舆论，以达到监督的效果，促进监狱接受民意调查的意见和建议。

五、狱务公开

虽然社会监督在国家政治生活中具有举足轻重的地位，但由于监督主体的监督意识不强、监督保障机制不健全和监狱执法透明度不够等原因，监狱社会监督的效果还有待进一步加强。监狱要主动进行政务公开和狱务公开，以公开促进公平公正，便利社会各界监督。监狱要严格按照《中华人民共和国政府信息公开条例》，推动监狱机关的信息公开工作，依法办理依申请公开事项，实行政务公开，主动公开机构设置、职能、办事程序和执法依据；公布监狱及上级管理机关的权力清单、责任清单和负面清单；按照《司法部关于进一步深化狱务公开的意见》规定，建立健全狱务信息公开制度。本着公正、公平、便民的原则，及时、准确地发布信息。狱务公开不仅向罪犯及其家属公开，还应向社会公开，除涉及国家秘密、个人隐私等内容的，全部予以公布，将执法依据、执法程序、执法工作情况等执法信息向社会公开，满足公众的知情权。尤其是要加强事关罪犯切身利益、社会公众比较关注的内容的公开，如罪犯的权利义务、考核、"减假保"的条件和程序等。推动罪犯减刑、假释裁定和暂予监外执行批准等法律文书的网上公布；不断完善公开方式。积极运用现代信息化手段，建立罪犯服刑信息查询系统，便于罪犯及其亲属查询；利用监狱网站、省级监狱管理局网站、省司法行政网站、微信公众号和监狱会见室、监狱展览馆以及发放狱务公开资料等方式，让社会公众了解监狱、监督监狱和支持监狱工作。

拓展阅读

"五毒书记"狱中著书立说获大幅度减刑提前出狱

张××，原湖北省天门市委书记，因"吹卖嫖赌贪"而被称为"五毒书记"，2002年因贪污、受贿罪被湖北省高级人民法院判处有期徒刑15年，并处没收个人财产人民币5万元，刑期自2001年12月29日起至2016年12月28日止。

服刑期间，张××在狱中著书，撰写并出版了四本文学评论书籍，分别于2005年11月14日、2007年6月25日、2009年8月31日、2010年11月25日依法裁定减刑，四次合计减刑六年一个月。其中，2006年张××获得重大立功奖励，2007年6月被一次减刑两年六个月，成为所服刑监狱琴断口监狱历史上一次性减刑最长的对象。张××于2010年11月28日出狱。根据我国法律规定，在监狱中的服刑人员如果没有被剥夺政治权利，除不享有人身自由外，其他权利都和正常人一样享有，包括著书立说。

张××15年刑期被减6年1个月提前出狱的事件，经媒体披露后引起强烈反响。法院为何不判处附加剥夺政治权利、张××在狱中是否得到特殊的创作待遇、减刑幅度之大是否合适、是否存在司法腐败等，成为人们质疑的焦点。

最高人民法院审监庭庭长夏道虎介绍《最高人民法院关于办理减刑、假释案件具体应用法律的规定》主要内容

(最高人民法院网，2016年11月15日)

各位记者：

大家好！现在我向各位通报《最高人民法院关于办理减刑、假释案件具体应用法律的规定》（以下简称《规定》）的有关情况。

一、《规定》出台的背景

减刑、假释作为刑罚变更执行的重要措施，是我国刑法、刑事诉讼法等法律规定的重要制度，是宽严相济刑事政策在刑罚执行过程中的具体体现，对于激励罪犯积极改造，促进罪犯回归、融入社会，具有非常重要的意义。

这次出台的《规定》，是对2012年7月实施的《最高人民法院关于办理减刑、假释案件具体应用法律若干问题的规定》（以下简称2012年《规定》）的修改完善。这个司法解释到现在实施才刚刚四年，之所以要在短期内进行较大幅度的修改完善，主要原因：

一是要落实党的十八届三中、四中全会精神和中央政法委关于严格规范减刑、假释、暂予监外执行工作的重要部署。前些年，减刑、假释、暂予监外执行工作中暴露出一些问题，尤其是一些"有权人""有钱人"被判刑之后，减刑相对较快、假释及暂予监外执行比例过高、实际服刑时间偏短，个别案件办理违背法律及司法解释规定，甚至暗藏徇私舞弊、权钱交易，对司法公正和司法公信的损害巨大，造成影响恶劣。为此，党的十八届三中全会和四中全会决定提出"严格规范减刑、假释、保外就医程序，强化法律监督""完善刑罚执行制度，统一刑罚执行体制"的明确要求。2014年1月21日，中央政法委发布《关于严格规范减刑、假释、暂予监外执行切实防止司法腐败的意见》（简称中政委《意见》），从"从严把握实体条件""完善程序规定""强化环节责任""严惩腐败行为"四个方面，对减刑、假释、暂予监外执行提出新要求、新标准。为回应人民群众关切，贯彻落实十八届三中、四中全会《决定》和中央政法委《意见》精神，最高法院迅速出台了一系列贯彻举措，全面推行"五个一律工作要求"，发布减刑、假释程序性司法解释，建立职务犯罪罪犯减刑、假释案件备案审查制度，建立监督检查长效机制，定期公布典型案例，开通全国法院减刑假释暂予监外执行信息网，大力推动减刑、假释、暂予监外执行审理工作更加规范、透明，有效提升了司法公信力。这次新出台《规定》，就是要进一步从实体上统一减刑、假释案件的办案理念、裁判尺度和执法标准，进一步落实中央关于严格规范减刑、假释工作的部署。

二是要落实和细化《刑法修正案（九）》有关减刑、假释的新规定。2015年8月，全国人大常委会审议通过的《刑法修正案（九）》规定，对于因贪污、受贿犯罪被判处死刑缓期执行的罪犯，人民法院根据犯罪情节等情况，可以同时决定在其死刑缓期执行二年期满依法减为无期徒刑后，终身监禁，不得减刑、假释；同时还规定，对判处死刑缓期执行的罪犯，在死刑缓期执行期间故意犯罪未执行死刑的，死刑缓期执行期间重新计算，并报最高人民法院备案。这些规定都需要通过司法解释进一步明确和细化。

三是要回应司法实践的强烈呼声,解决减刑、假释工作中遇到的突出问题。我国《刑法》《刑事诉讼法》对减刑、假释的规定过于原则,实际操作问题目前主要靠司法解释细化和明确。近年来全国减刑、假释案件平均每年在60万件左右。减刑、假释的司法实践中,遇到不少带有普遍性的问题亟待研究解决。例如,如何界定减刑、假释性质问题,如何科学设置减刑的起始时间、间隔时间、减刑幅度以保障刑罚最佳执行效果问题,如何均衡适用减刑、假释以更好发挥假释功能问题,如何完善财产性判项的执行与减刑、假释的关联机制问题。对这些问题进行统一明确的规范是各地的强烈呼声,也是进一步统一减刑、假释工作的办案理念和标准,确保案件办理公平公正的迫切需要。

最高人民法院在认真总结各地办理减刑、假释案件实践经验的基础上,经过反复调研论证和广泛征求意见,制定出台了《关于办理减刑、假释案件具体应用法律的规定》,该司法解释将于2017年1月1日起施行。

二、《规定》的主要内容

本次修改,在2012年《规定》29个条文的基础上,修改条文17条,合并条文2条,删除(程序性)条文6条,新增条文20条,保留不变3条,总条文达42条。

一是明确了减刑、假释的性质及适用要求。减刑、假释的根本目的是激励罪犯积极改造,是刑罚执行过程中对积极改造罪犯的一种奖励性措施。为了澄清司法实践中对减刑、假释性质的认识偏差并纠正一些不正确做法,本次修改,在第一条中即规定"减刑、假释是激励罪犯改造的刑罚制度"。罪犯只有积极改造,表现优异者,才能获得减刑、假释。适用减刑、假释,必须贯彻宽严相济刑事政策,最大限度地发挥刑罚的功能和实现刑罚的目的。

二是落实中政委文件精神,依法严格规范"从严控制减刑、假释罪犯"的减刑、假释工作。对职务犯罪罪犯、黑社会性质组织犯罪罪犯、金融犯罪罪犯以及严重危害国家安全犯罪、恐怖活动犯罪、严重暴力性犯罪等依法应当从严控制减刑、假释的罪犯,新增减刑起始时间、间隔时间、减刑幅度从严的规定。

三是细化《刑法修正案(九)》有关减刑、假释的新规定。《规定》新增对决定终身监禁的贪污、受贿罪犯不得再减刑、假释的规定。对死缓考验期内故意犯罪但尚未达到情节恶劣,不执行死刑的罪犯,在明确死缓执行期间重新计算的同时,新增了"减为无期徒刑后,五年内不予减刑"的从严规定。

四是进一步完善了减刑起始时间、间隔时间、减刑幅度的规定。针对实践中一些罪犯减刑过快过多,实际执行刑期偏短,特别是对一些重刑犯的刑罚执行存在生刑过轻、死刑过重等问题,《规定》通过科学测算,对有期徒刑罪犯、无期徒刑罪犯、死刑缓期执行罪犯、死刑缓期执行限制减刑罪犯,在减刑起始时间、间隔时间、减刑幅度上均做了相应调整,以便有效的发挥刑罚的功能。

五是倡导扩大假释适用。从司法实践看,假释制度比减刑制度改造效果更好,假释罪犯再犯罪率更低。目前世界各国适用假释是一个普遍趋势,而在我国长期以来减刑适用占绝对优势,假释制度的价值功能未能得到有效发挥。考虑到目前我国社区矫正制度日益健全,扩大假释适用的条件不断改善,新司法解释规定,对部分罪行较轻、符合规定条件的罪犯可以依法从宽适用假释,对既符合减刑条件又符合假释条件的罪犯可以优先适用假释。

六是坚持问题导向，注重解决司法实践中一些具有普遍性的难点问题。例如罪犯又犯新罪以及原判死缓、无期徒刑罪犯发现漏罪后，已经实际执行刑期、减去刑期的处理；减刑、假释裁定在再审案件中的效力认定；罪犯履行财产性判项情况与减刑、假释关联等难点问题，这次都做了明确详细的规定，便于实际操作。

总之，这次新出台的《规定》进一步完善了刑罚执行变更的法律制度，进一步统一了全国减刑、假释案件的办案理念、裁判尺度和执法标准，有利于从实体制度上进一步保障减刑、假释案件办理的公平、公正，切实发挥减刑、假释对于促进罪犯积极改造，维护社会和谐稳定的重要作用，努力实现"让人民群众在每一个司法案件中感受到公平正义"的司法目标。

第七章 特定类型罪犯刑罚执行保护制度

在监狱刑罚执行过程中,一些特定类型的罪犯具有一些独特的问题,需要给予特别的关注,对其采取一些区别于普通刑事犯的刑罚执行保护制度。在各国的监狱行刑实践中,特定类型罪犯一般包括未成年犯、女犯、老病残犯、少数民族罪犯、有特殊信仰罪犯和外国籍犯等。

第一节 特定类型罪犯刑罚执行保护制度概述

一、特定类型罪犯刑罚执行保护制度的意义

联合国成立以来,每五年召开一次预防犯罪和罪犯待遇大会,先后出台了《联合国囚犯待遇最低限度标准规则(曼德拉规则)》《联合国少年司法最低限度标准规则(北京规则)》《联合国关于女性囚犯待遇和女性罪犯非拘禁措施的规则(曼谷规则)》等刑事司法文件。这些文件专门针对或特别提及未成年犯、女犯、外国籍犯、宗教囚徒、精神错乱和精神失常囚犯等罪犯的刑罚执行问题。

1. 特定类型罪犯刑罚执行保护制度为特定类型罪犯提供一种合理平衡的机制

特定类型罪犯实际上处于"双重弱者"的地位,一方面面对强力的监禁机构;另一方面,由于生理、心理、国籍、信仰、种族等方面的特殊性,容易受到其他服刑罪犯的歧视、欺凌和侵犯,处于一种事实上的极不平等地位。通过法律特别规定,旨在提供一种平衡机制,使这些罪犯在监狱刑罚执行过程中处于相对平衡的地位。

2. 特定类型罪犯刑罚执行保护制度是刑罚区别对待原则在监狱刑罚执行阶段的延续

罗尔斯在《正义论》中指出,正义观念的原则有两个:平等原则;差别原则与机会公正平等原则。就刑罚而言,就是平等适用刑罚,同罪同罚。哈特认为刑罚平等就是"同样情况同样对待"和"不同情况不同对待"。❶ 行刑平等原则要求监狱刑罚执行人员对待服刑的罪犯一视同仁,平等对待而无论其国籍、种族、性别、语言、宗教、政见或其他主张、财产、出身、服刑前身份与地位等,所有罪犯的人格尊严和合法权益都得到无差别的尊重和保护,不歧视任何一名罪犯,任何一名罪犯不得享有特权,但行刑平等原则不排斥由于罪犯特殊信仰、特殊情况和特殊的不利身份如外籍犯、女犯、少数民族犯和少数教派成员等产生的需要而给予囚犯的不同待遇。《〈联合国囚犯待遇最低限度标

---

❶ [英]哈特. 法律的概念. 张文显,译. 北京:中国大百科全书出版社,1996:157.

准规则〉详解》也特别指出：区别对待囚犯在任何时候都绝对不是偏见、成见、狂热信仰或者偏执态度产生的结果。在下列情况下的区别对待被认为是合理的：当它是执行一项公正、合理的措施时；当它被充分的理论与实践证明是合理时；当它是为了提高囚犯的人身地位和社会地位时；当它被高度容忍和充分理解时。

3. 特定类型罪犯刑罚执行保护制度促进了行刑个别化和矫正效率的提高

刑罚个别化的观点认为犯罪是行为人生理、心理以及所处社会环境相互作用之结果，并将人身危险性作为量刑之依据，根据犯罪个别情况适用刑罚。个别化以个体行为为基础，侧重于人格、人身危险性和再犯罪可能性；平等则以人的社会关系为基础，侧重于人与人之间关系的对等。在刑罚目的上体现为特殊预防还是一般预防。刑罚个别化要求依"确定基本刑——强调量刑情节轻重——修正基本刑"这一路径进行。[1] 刑罚个别化既可满足报应的个人公正性，又可以满足预防之社会公正性。刑罚个别化的要求在监狱刑罚执行领域的体现就是行刑个别化。而针对特定类型罪犯的刑罚执行保护措施，如将未成年犯、女犯、老年犯等分类关押于低警戒等级的监狱，可以促进监狱资源的合理配置，减少监狱中的性侵犯、歧视、欺凌和不平等现象，并使监狱的矫正活动更具有针对性和实效性。

二、特定类型罪犯刑罚执行保护制度的主要内容

依据各国各地区的实践和联合国有关的刑事司法文件，特定类型罪犯刑罚执行保护制度主要有以下几个方面。

1. 分类关押

将未成年犯、女犯关押于未成年犯监狱和女犯监狱或监狱的专门部分。以女犯为例，1519年，西班牙就开始把监狱里的男、女犯人分开关押；1595年，荷兰将阿姆斯特丹市内的维兹拉修道院改造成女子纺织监狱；1844年，美国妇女监狱协会在纽约成立，目标是改善监狱中妇女的待遇，并把她们同男性罪犯隔离开来。1870年10月，美国在辛辛那提召开了第一次全国性监狱大会，通过了《1870年原则宣言》，要求建立小规模的监狱和对不同类型的犯人实行分类监禁。1872年，美国建立了第一所独立的女子监狱。

2. 宽缓处遇

在劳动项目、劳动时间、劳动强度和劳动保护条件上，适当考虑这些罪犯的特殊生理和身体健康情况。例如德国《刑事执行法》规定，罪犯年过65岁的以及女犯属孕妇、产妇保护法范围之类的依法免除一般性的劳动义务。

关押未成年犯、女犯和老年犯的监狱警戒等级较低，管理相对宽松。"在英国的16个女犯监狱中，只有简单的警戒等级划分，其中包括5个地方监狱，8个封闭式监狱，3个开放式监狱。即使在封闭式女犯监狱中，监狱的警戒等级也是比较低的。"[2]

重视这些特定类型罪犯的健康，照顾他们的特定需求。日本的《刑事设施及服刑者

---

[1] 翟中东. 刑罚个别化研究. 北京：中国人民公安大学出版社，2001：3.
[2] 杨木高. 中国女犯矫正制度研究. 南京：南京大学出版社，2012：313.

处遇法》规定,"刑事设施对老人、孕产妇、身体虚弱及其他需要养护的服刑者,针对其养护的需要,可以采取和伤病者等同的措施。"英国对怀孕或者有18个月以下的幼儿的女犯,允许她申请到一个适合母亲和小孩生活的监狱服刑或关押。"在西班牙,被监禁的孕妇在分娩前16个星期之内,分娩之后的6个星期内,有权不参加劳动。对于怀孕6个月的孕妇犯人、有孩子和自己一起生活的女犯,不得使用单独禁闭处罚。"❶绝大部分国家都明确规定女犯应由女性管理人员直接管理特别是检查身体、巡视监舍等。❷《联合国囚犯待遇最低限度标准规则》规定,外籍囚犯应准获得合理便利同所属国外交和领事代表通讯联络,对所在国没有外交或领事代表的囚犯和为难民、无国籍的囚犯,应准获得类似便利;在可行范围之内,囚犯应准许参加监所举行的仪式并准持有所属教派宗教、戒律和教义的书籍,以满足其宗教生活的需要。美国在刑罚执行阶段对老年犯适用对待残疾人的"非歧视待遇"原则,理由在于老年人身体的部分机能如同残疾人一样无法挽回的丧失,属于广义的残疾人。"该原则确定政府有责任保证身体机能有欠缺的公民,在法律、政策、管理方面,以及在接受公共机构提供的服务,参与公共机构的程序和活动时获得平等的机会。在刑罚执行阶段,要避免老年罪犯因为身体机能原因受到不公平待遇。"❸

宽缓处遇还体现在少年犯、女犯和老年犯等比普通刑事犯获得减刑、假释、暂予监外执行和特赦的机会更多、法律条件更低。如《美国联邦刑事诉讼法》规定,少年犯无论判决刑期的长短,均可随时适用假释,而不像成年犯那样有执行期间的限制;青少年罪犯剩余刑期不超过两年的,必须予以假释。❹还有的国家法律规定,对于怀孕妇女和老年罪犯,在适用假释时特别优先考虑。❺ 2015年,我国为纪念抗日战争暨世界反法西斯战争胜利70周年,特赦了四类罪犯共31527名。其中,年满75周岁、身体严重残疾且生活不能自理的老年犯122人;犯罪时不满十八周岁、被判处三年以下有期徒刑或剩余刑期在一年以下的少年犯29927人。这两类罪犯人数占特赦总人数的95%以上。

3. 针对性矫正

这些特定类型的罪犯,所涉及的罪名相对比较集中,犯罪行为呈现出一定的群体性特征。如德国的老年犯罪主要集中在交通肇事、盗窃、性侵儿童、诈骗、包庇、窝赃、纵火等❻。我国刑法规定年满14周岁未满16周岁的未成年人,仅对故意杀人、故意伤害致人重伤或者死亡、强奸、抢劫、贩卖毒品、放火、爆炸、投毒罪的追究刑事责任。2010年8月,英国刑罚改革联盟提供的数据显示,在英格兰和威尔士的女子监狱中共关押着4230名女犯,其中63%的女犯属于非暴力犯罪。

女犯群体在监狱刑罚执行过程中,很少发生暴力行为,但试图自杀的比例高于男

---

❶ 吴宗宪. 西方监狱学. 北京:法律出版社,2005:557.
❷ 马跃. 美国刑事司法制度. 北京:中国政法大学出版社,2004:416.
❸ 1998年美国联邦最高法院在Pennsylvania v. Yeskey, 523 U. S. 206 (1998)案件判决中,确定了公共机构在为残疾人提供服务时的"非歧视原则"也适用于州监狱,要求监狱消除在管理、服务、程序等方面对老年罪犯的不平等待遇。
❹ 李贵方. 自由刑比较研究. 长春:吉林人民出版社,1992:359.
❺ 卢琦. 国外减刑、假释制度的发展现状及其对我国的启示. 犯罪与改造研究,2014(6).
❻ 徐久生. 德语国家的犯罪学研究. 北京:中国法制出版社,1997:246.

犯。英国刑罚改革联盟掌握的资料称，与男子监狱暴力充斥的气氛不同的是，女子监狱里往往弥漫着绝望的气息，女犯频频自残、自杀现象已经成为整个英国监狱系统的危机。自杀、性虐待、精神病、沉迷毒品等现象，几乎充斥着英国所有的女子监狱。❶ 女性出于对家庭生活的依赖和眷恋及减轻监禁痛苦，"她们更可能形成半稳定同性恋关系的一对，或者组成模拟家庭，具有假家庭角色，如父亲、母亲和姐妹。同性恋更加开放并且结成联系，而不是用作商品能买卖的。"❷ 因此，对女性罪犯的矫正，比较注重预防自残自杀的心理辅导、妇科保健、消除毒品麻醉品依赖及其与未成年女的接触与联系，开设一些容易获得相应就业机会的美容术、饮食服务、家务以及缝纫等课程。

对于老年犯，德国在1970年建设了专门关押老年犯的监狱。"在美国弗吉尼亚、宾夕法尼亚、路易斯安那等在内的很多州都有老年人狱房或病房。包括英国、瑞士在内的其他国家，老年犯会得到特别照顾。在世界范围内刑事处罚轻刑化和刑罚执行社会化、非监禁化的趋势推动下，为体弱多病、丧失劳动能力、人身危险性较小的老年罪犯提供良好的监禁条件，有效地加强了对人权的保护，在推动刑罚执行制度朝着更加人性化、科学化的方向迈进等方面具有重要的现实作用。"❸ 由于老年犯的再犯罪能力不断消退，监狱侧重于提供健康检查、药物预防、身体康复、照管等矫正项目。有研究表明，"监狱老年犯中抑郁症的发病率比非老年成人囚犯以及社区老年人口的调查结果高5倍。老年囚犯中的抑郁症不被发现、不被治疗已经成为越来越多见的公共卫生问题。"❹ 近年来，老年犯的精神卫生问题得到重视，监狱会满足罪犯宗教、文化和心理疏导方面的需求，鼓励老年犯与家人、志愿者的接触。各国也普遍重视老年犯出狱后的生活安置。

各国都认为对于未成年人的犯罪与不良行为，应当尽量采取保护和教育性手段，而不宜施以惩罚，惩罚未成年人只是一种不得已而为之的最后手段。保护和教养未成年人健康成长已成为当今未成年人司法制度优先考虑和优先采用的措施。"保护优先主义"已成为各国未成年人司法制度所共同遵循的基本理念。在英国，少年犯有几种类型：暂时性的即是一种不稳定的暂时不良行为群体；有心理缺陷或者障碍的；惯犯；非常严重的少年犯，包括强奸、杀人、抢劫等严重故意犯罪；吸毒、酗酒成瘾或性犯罪的少年犯。英国1982年的刑事审判法令明确规定，对于被拘禁的少年犯应当尽可能减少拘禁时间。在不得已而采取监禁措施时，必须遵循以下几个原则：一是不得判处死刑或无期徒刑；二是从轻或减轻处罚；三是尽可能地采用假释、缓刑等替代措施；四是要做好对假释少年的社会监督。

在英国，少年管教所有两种。第一种是由地方政府掌管，关押的是10岁到16岁的孩子，他们是扰乱社会比较严重的行为犯。在英格兰、威尔士有200个这样的有保安措施的带强制性的少年管教所，很严重的少年犯一般都要送到那里去，每个所关30人。少管所的职责就是对少年犯进行教育。这种少管所没有警察，只有少年管教人员，他们是经过特殊训练的，有特别的管教手段，一个老师带1~2个少年犯。少年犯实行分管

---

❶ 薛洪涛. 全球女犯人数快速增多，多数健康状况堪忧. 法制周末网，(2010-11-24).
❷ 王志亮. 外国刑罚执行制度研究. 桂林：广西师范大学出版社，2009：378.
❸ 董纯朴. 世界老年人犯罪管理发展趋势研究. 净月学刊，2013 (1)：95.
❹ 马胜民. 老年囚犯中隐藏的精神病态. 精神医学文摘，2002 (1).

制，把一个少年犯单独安排在一个房间内，在一定范围内活动。在房间也比较自由，每天可以看半个小时电视，可以搞一些自己愿意搞的活动，就像工读学校一样，可以读书、劳动、娱乐。另一种就是由监狱掌管的少年管教所，也叫少年监狱。全英国137个监狱中，有30个单独关押少年管教所，还有20个监狱的一些单元关押少年犯。少年犯实行分类关押，除了必要的惩罚教育外，这里还对他们进行技术培训，技术学习结束，发给他们毕业证书。根据法律规定，表现好的少年犯可以得到假释。❶

第二节　我国未成年犯刑罚执行保护制度

我国法律规定的未成年人，是指未满18周岁的自然人。未成年犯，就是犯罪时未满18周岁的未成年人。在监狱中，未成年犯包括两种情况：一种是在未成年犯管教所服刑的未满18周岁的罪犯；一种是已满18周岁剩余刑期不满两年仍然留在未成年犯管教所服刑的罪犯。

一、未成年犯罪的主要特点和犯罪原因

无论是发达国家，还是发展中国家，大多都面临着未成年人犯罪迅速增多、犯罪率日益攀升的严峻态势。未成年犯罪已经成为具有全球共同性的问题，被称为难以医治的"社会痼疾"❷。

1. 未成年犯罪的主要特点

（1）犯罪主体上的特点　从犯罪主体方面来看，未成年犯罪主要有以下特点：文化程度普遍偏低，知识结构有缺陷，整体层次低；犯罪趋于更年轻化，从未成年犯罪主体年龄情况来看，违法犯罪前倾，有低龄化的发展倾向；男性犯罪居多；"多进宫"累犯、惯犯增多，有的未成年犯过去只是"一面手"，出狱后可能变成"多面手"；团伙性明显，未成年犯由于单个个体力量较为薄弱，往往采取团伙形式作案，并有向专业化发展的趋势。

（2）犯罪行为上的特点　首先，未成年人犯罪手段日趋成人化、智能化，犯罪手段从低级、简单、随意向高级、成人化、智能化发展，比如"少年黑客"；其次，犯罪手段暴力化，未成年人处于人生的成长期，年少气盛、血气方刚，盲动性比较大，往往会不计后果；再次，涉毒型和淫欲型犯罪居多，处于青春发育期的青少年，是认知发展的飞跃期，也是性机能开始成熟期，他们的独立诉求明显，对成人事物好奇心非常突出，容易兴奋和冲动，在社会不良环境的影响下，往往容易诱发涉毒涉性犯罪。

（3）犯罪主观方面的特点❸　未成年犯罪动机具有单纯性、盲目性的特点，犯罪动机的形成大多缺少深思熟虑，作案前没有明确的目的，存在犯罪故意的偶发性、突发性、冲动性，犯罪目的往往简单而荒诞。这其实也是未成年人群情感丰富、好奇心强、

---

❶ 邵雷. 中英监狱管理交流手册. 长春：吉林人民出版社，2014：61-68.
❷ 胡春莉. 未成年人刑罚制度研究. 武汉：武汉大学出版社，2012：13.
❸ 胡春莉. 未成年人刑罚制度研究. 武汉：武汉大学出版社，2012：16.

情绪冲动与不稳定、常常对人和事物产生情绪性应激反应的体现。

2. 未成年人犯罪的主要原因

总的来说，未成年人犯罪主要有以下两个方面的原因。

（1）未成年人犯罪的心理和生理原因　未成年人心理上不成熟、不稳定，自制力差、好奇心强、模仿力强，感情和意志容易多变、冲动，容易感情用事，易感性非常明显，一旦受到不良因素的影响，他们就容易陷入心理危机，这种危机极易转化为犯罪危机。未成年人身心发育明显加速，性机能开始成熟，这些对他们的心理、情绪、精神、行为等各个方面都产生深刻的影响。由于生理成熟和心理成熟的不同步，导致了未成年人在心理和生理上发展的不平衡，形成了未成年人违法犯罪的心理因素。

（2）未成年人犯罪的客观原因　家庭是个人成长的第一环境，学校是继家庭之后青少年活动的第二个重要场所。家庭亲情过剩、溺爱、疏于管教、放任自流、家庭暴力等原因都可以使人在幼年和青少年时期产生心理及行为偏差。学校的教育教诲，对于未成年人科学文化知识的积累、品德的养成与人格的塑造有着重大的影响和作用，差生、辍学生，往往是未成年犯罪的高危人群。家庭教育和学校教育的缺失和不到位，往往造成未成年人无人管、无人帮。在这种情形下，未成年人很容易偏离正常的轨道，走上违法犯罪的道路。同时，社会大环境的不良影响也是未成年人犯罪的重要客观原因。社会转型带来了社会化、城市化、人口流动及社会结构变动，也造成了贫富差距、信仰缺失、道德和信用破坏、婚姻家庭脆弱，色情暴力文化泛滥等诸多社会不良现象。在各种病态的社会风气、多渠道的"文化"污染影响之下，加之未成年人的保护约束机制弱化，产生思想偏差、行为失范进而走上违法犯罪歧途的未成年自然有所增多。

二、未成年犯的生理、心理特征和服刑心理

未成年人自身的生理、心理特征和服刑心理，决定了法律应对其予以特殊的保护。从医学、心理学、生物学、教育学、社会学等多个学科的角度考察未成年人，不难发现未成年人和成年人相比，有着很大的差异，未成年人并非"缩小了的"成年人。这些差异决定了他们属于社会中的一个特殊群体，也决定了法律对他们应予以特殊的关照和保护。

1. 未成年犯的生理特征

未成年犯正处于身体发育的关键期。在这一时期，人体的全部组织、器官和系统逐渐从稚嫩走向成熟，人体发育速度突增，新陈代谢十分旺盛，身体形态迅速发展，身体各项机能日渐成熟。

2. 未成年犯的心理特征

未成年人的心理处于半幼稚、半成熟时期，正经历一个由无知到有知、由懵懂到开化、由不成熟到成熟的过程，在这个过程中，虽然未成年人对社会有了一定的认知，但是还没有形成正确的人生观、价值观，没有形成稳定的人格。未成年人特殊的"生理危机期"给他们带来了一系列心理上的困惑。好奇心和求知欲强，独立性意识增强，容易动感情，极为冲动；感知、思维和智力等方面处于不平衡、不稳定的发展阶段，具有强

烈的自我表现意识与反叛意识，自尊心强，渴望得到尊重；心智发育不成熟、情绪波动较大、抽象思维能力较差、需要层次较低，理解力、意志力差；其认知结构、情感结构、理智等方面均未达到成熟指标，心理发育滞后，不能与生理发展完全同步；对社会的认知、辨认能力以及对自己行为的预测、控制能力及自我保护能力依然很弱，对外部环境的刺激容易作出不适应的反应，因而比成年人容易受到外界、社会、家庭及他人的干预、影响及伤害并导致心理及行为失衡。

3. 未成年犯的服刑心理

（1）恐惧心理　未成年犯投入监狱服刑以后，对监禁状态下的亲身体验十分肤浅，心理承受能力较差，他们害怕受到刑罚制裁、怕家人的疏远、怕自己入监后受到其他罪犯的欺负。

（2）情绪压抑低沉　未成年犯对监狱生活比较陌生，入狱前对监狱的了解往往是通过道听途说或者从影视作品中了解监狱，判刑入狱，失去自由令未成年犯难以接受，情绪常常处于压抑和低沉的状态，焦虑感明显，改造中的各种困难和挫折，极容易引起未成年犯强烈的情绪波动，甚至痛不欲生。

（3）意志力薄弱、耐受力差　大多数未成年犯属于意志薄弱者，易受诱惑或者暗示，易被环境同化。由于大多数未成年犯没有经历过生活的历练，对困难和挫折的耐受力差，改造中容易出现波动和反复，自律性较差，需要在人民警察的严格管理和督促、关心、帮助下才能平稳改造。

三、我国未成年犯的刑罚执行保护制度

未成年犯的刑罚执行在未成年犯管教所内进行。对未成年犯的刑罚执行保护，主要体现在分类关押、狱政管理、教育改造、生活劳动等几个方面。

1. 分类关押

我国刑事诉讼法第二百六十九条第二款规定，对执行刑罚的未成年人与成年人应当分别关押。我国《监狱法》第七十四条规定："对未成年犯应当在未成年犯管教所执行刑罚。"国际社会也普遍主张单独关押未成年犯。如《联合国少年司法最低限度标准规则（北京规则）》第二十六条第三项规定："安置在各种机构中的未成年犯应当与成年犯分开关押，应当关押在一个单独的监狱，或者关押在一个独立于成年犯的部分"。

对于未成年犯管教所的设置，司法部 1999 年 12 月 18 日颁布的《未成年犯管教所管理规定》作了详细的规定。未成年犯管教所设置管理、教育、劳动、生活卫生、政治工作等机构，根据对未成年犯的管理需要，实行所、管区两级管理。未成年犯管教所和管区的人民警察配备比例应当分别高于成年犯监狱和监区，未成年犯管教所的人民警察文化水平也要求在大专以上，法学、心理学、教育学专业的干警也要达到一定的比例。

2. 狱政管理

目前，我国的未成年管教所实施封闭管理。根据《未成年犯管教所管理规定》，未成年犯监管区的围墙可以安装电网，在重要位置可以安装监控与报警装置，但是戒备等级明显低于成年男犯监狱。要合理搭配膳食，保证未成年犯吃饱、吃得卫生，对有特殊

饮食习惯的少数民族未成年犯,应当单独设灶配膳,对生病的未成年犯在伙食上予以照顾。未成年犯以班组为单位住宿,不得睡通铺,人均居住面积不得少于3平方米。未成年犯管教所应当合理安排未成年犯的作息时间,保证未成年犯每日的睡眠时间不少于8小时。经检查批准,未成年犯可以接受生活用品以及钱款,现金由未成年犯管教所登记保管。未成年犯管教所设立生活物资供应站,由人民警察负责管理,保证未成年犯日常生活用品的供应。未成年犯管教所在当地卫生主管部门指导下开展医疗、防病工作,设立医疗机构,保证未成年犯有病得到及时治疗,按照"预防为主,防治结合"的要求,做好未成年犯的防疫保健工作,每年进行一次健康检查。

促进未成年犯的社会化,是未成年犯刑罚执行中的重要任务,根据我国现行有关规定,未成年犯管教所在狱政管理上主要采取下列措施促进未成年犯的社会化:①通过加强与社会人士的联系与来往,争取社会力量支持、帮助、教育未成年犯。未成年犯管教所可以聘请社会人士担任辅导员。②经批准,未成年犯可以与其亲属或者监护人通话。③适当放宽会见时间与次数。④遇有直系亲属病重、死亡或者家庭其他重大变故,经批准可以回家探望与处理。对被判处有期徒刑的未成年犯在执行原判刑期1/3以上,服刑时间一贯表现良好,离所不致再危害社会的,未成年犯管教所可以根据情况准其离所探亲。⑤对未成年犯的减刑、假释在掌握标准上可以比照成年犯依法适度放宽。

3. 教育改造

在我国,开展教育是未成年犯管教所的重要工作。我国《监狱法》第七十五条规定:"对未成年犯执行刑罚应当以教育改造为主。"《未成年犯管教所管理规定》第三条规定:未成年犯管教所坚持"教育、感化、挽救"的工作方针,将未成年犯改造为具有一定文化知识与劳动技能的守法公民。未成年犯的教育与成年犯相比,在教育的内容、教育的方式、教育的组织等方面有着独有的特点。

(1) 未成年犯教育的方式 一是集体教育与个别教育相结合。集体教育与个别教育相结合是学校教育的基本原则,这一原则在未成年犯的教育中具有特别的意义。因为未成年犯的文化水平总体较低,不仅要开展集体教育,更要开展个别教育,通过广泛使用个别教育方法提高教育的水平。根据《未成年犯管教所管理规定》,未成年犯管教所实施个别教育转化责任制。二是课堂教育与辅导教育相结合。根据相关规定,对未成年犯开展的思想、文化与技术教育要在课堂中开展。通过课堂教育实现对未成年犯教育的规范化。未成年犯管教所的课堂教学每周不能少于20个课时,每年不少于1000个课时,文化与技术教育时间不低于总课时数的70%。教育课堂化有助于未成年管教所的学校化,此外在课堂外还跟进开展教学辅导。三是所内教育与社会教育相结合。促进未成年犯社会化是对未成年犯开展教育的目的之一。从教育的角度说,开展社会教育是一个好的办法。社会教育的内容不仅包括介绍社会发展情况,而且包括聘请社会人士开展专门的教育活动,甚至包括参观、考察社会组织与机构等。

(2) 未成年犯教育的组织 一是教育规划。未成年犯的文化教育应当被列入当地的教育发展规划。未成年犯管教所应当主动接受当地教育行政部门的业务指导,在教育行政部门的帮助与指导下,不断提高对未成年犯文化教育以及其他教育的规范化水平。二是教师配备。根据有关规定,未成年犯管教所应当按照押犯4%的比例配备教师。教师由符合国家规定学历的人民警察担任。教师实行专业技术职务制度。三是有教学条件。未成年犯管教所应当设立教学楼、实验室、图书馆、运动场等教学设施，配置教学仪器、图书资料和文艺、体育器材。每个管区都要设立相应的阅览室和活动室。四是考试考核。对未成年犯进行学习考试或者考核，既是对教育效果的检验和总结，也是对未成年犯的鼓励与促进。对参加文化、技术学习的未成年犯，经考试合格的，由当地教育、劳动行政部门发给相应的毕业或者结业证书及技术证书。

4. 未成年犯的劳动

为了保障未成年犯的健康成长，同时合理利用劳动方法改造他们，使他们学到一技之长，《未成年犯管教所管理规定》：未成年犯管教所设立适合未成年犯特点的习艺劳动场所及其设施；未成年犯参加劳动应当以学习、掌握技能为主；未满16周岁的未成年犯不参加生产劳动；劳动时间每天不超过4小时，每周不超过24小时。

四、完善未成年犯刑罚执行保护制度的建议

1. 丰富未成人犯罪刑罚执行方式

一个国家刑罚的非监禁化和行刑社会化能体现出这个国家的文明程度和人道化水平。相对于国外的未成年犯刑罚执行体系来说，我国未成年犯的刑罚执行种类还较为单一，与现代行刑文明有一定差距。目前我国未成年犯的主要刑罚执行方式为将未成年犯置于未成年犯管教所内对其进行教育改造，属于监禁刑的一种。可以参考西方国家未成年犯刑罚执行机构体系，设立不同层次的刑罚执行机构，参照未成年犯的犯罪情节，将未成年犯置于不同的刑罚执行机构中接受教育改造。当然，分层次的这些机构大部分应是非监禁性的。如对未成年犯的定期考察机构，或者在特定的时间要求未成年犯去机构接受一定频率的教育改造，而除此之外的正常时间，未成年犯则处于正常生活环境中。目前，我国刑法对于未成年犯的非刑罚处罚措施主要有训诫、责令具结悔过、赔礼道歉、赔偿损失、建议主管部门予以行政处罚或者行政处分、责令父母或监管人严加管教、收容教养等，可以考虑对未成年犯施行担保释放，即责令未成年犯或其监护人缴纳一定的保证金，保证未成年犯在一定期限接受监督并不再犯罪，或者参考监管令方式，将未成年犯和其父母或者监护人置于被监管的对象，在特定的期限内责令父母对其进行严格监管，而未成年犯也应遵守一些限制性措施。

2. 完善未成年犯的减刑、假释制度

科学合理的减刑、假释制度有利于激发未成年犯积极改造的信心，促进其努力接受教育改造。从宽原则是对未成年人犯进行减刑、假释的重要理念。要完善未成年犯的减刑程序，制定最有利于未成年犯减刑的程序，增加对未成年犯身心发展状况的考量。在假释制度上，未成年犯适用成年犯的假释条件如必须执行一半以上的刑期且排除了累犯对假释制度的适用，未免过于严格。应当在假释制度上体现成年犯和未成年犯的区别，放宽假释制度对未成年犯的条件限制，并加强未成年犯假释之后的监督管理。

3. 引入未成年犯前科消灭制度

在我国的现行法律制度中，一个人一旦犯罪，污点将伴随其一生，使其以后的社会

生活处于阴影之中。虽然《刑法修正案（八）》对于未成年犯前科提出了限制公开制度，但实际操作起来很复杂，很难达到预期效果。因此，我们可以考虑对未成年犯实行前科消灭制度，为未成年犯顺利融入社会铺好道路。1998年《德国少年法院法》第九十七条规定，被判处刑罚的未成年犯经成功改造后，如果不涉及法定除外情形，则可经有关人员申请消除其前科记录。应当合理设置未成年犯前科消灭的条件和程序，包括：时间条件，即根据不同的刑事处罚确定不同的期限；表现条件，即未成年犯在考验期内真正做到了悔过自新、遵纪守法，没有再次犯罪的倾向；程序条件，可以由未成年犯自己或者其亲属、监护人提出申请，法院进行审查（可以邀请未成年犯居住地的村委会或居委会的相关人员参与调查），根据特定的审查标准作出决定并备案。对予以前科消灭的未成年犯，还应当设置一定的考察期，对考察期内违反规定的未成年犯的前科消灭予以撤销。

第三节 我国女犯刑罚执行保护制度

一、女性犯罪的主要特点和犯罪原因

所谓女性犯罪，是指以女性为犯罪主体所实施的犯罪行为。

1. 女性犯罪的主要特点

近年来女性犯罪逐步呈现出以下几个特点。

（1）犯罪类型比较集中　从我国女性犯罪的类型上来看，犯罪类型比较集中于侵犯公民人身、民主权利的犯罪（尤其是故意杀人、伤害和拐卖妇女儿童等犯罪）、侵犯财产犯罪（尤其是抢劫、盗窃和诈骗犯罪）、妨害社会管理秩序犯罪（尤其是毒品犯罪、邪教类犯罪和性犯罪）、破坏社会主义市场经济类犯罪（尤其是合同诈骗、非法经营、集资诈骗、信用卡诈骗等）等。值得重视的是，近几年来女性职务犯罪开始呈现上升趋势。

（2）文化素质总体偏低　从犯罪群体角度来看，女犯群体的受教育程度总体偏低，文盲半文盲、小学、初中文化程度女犯在群体中占据较大比例，整体法律意识不强，容易受到物质利益的诱惑和外界因素的干扰，受暗示性强。

（3）犯罪主体多为农民和无业人员　据统计，2008年至2011年广西壮族自治区玉州区人民法院审理的女性犯罪案件中，有143人为农民和无业人员，占女性犯罪人数总数的93.46%。❶

（4）团伙性越来越强　女性犯罪在作案的方式、方法、犯罪情节、危害后果等客观方面，已经逐渐趋向男性化，且由于单个女性的力量比较薄弱，她们越来越趋向于团伙作案，这类团伙以盗窃团伙、拐卖人口团伙、容留介绍卖淫团伙为主。

2. 女性犯罪的主要原因

（1）错误的人生观和价值观　在经济大潮的冲击下，社会价值观念呈多元化的趋

---

❶ 杨木高. 中国女犯矫正制度研究. 南京：南京大学出版社，2012：63.

势，传统思想观念已经发生蜕变，不少女性在利益和诱惑面前，无法把握好自己，人生观和价值观发生极大的扭曲：有些女性把赚钱作为人生的最大乐趣和终极目标，有些女性贪图享乐又好逸恶劳，用不正当的途径疯狂敛财；有些女性甚至把卖淫作为致富途径，不以为耻反以为荣。在这些扭曲思想观念的指导下，不少女性慢慢步入犯罪的深渊。

（2）错误的婚恋观念、感情失控　女性在家庭中承担较重的抚养责任，对家庭付出了较多的心血，因此，在面对家庭变故特别是第三者插足破坏家庭时，许多女性往往会倾向于极力保护家庭，甚至不惜以牺牲他人生命的方式来捍卫家庭，从而引发血案、命案。此外女性具有生性胆小、懦弱的性格，渴望被呵护，特别是在两性恋爱关系中，许多女性往往对感情看得比男性重，容易失去自我甚至失去基本的判断能力，受到不良男性朋友的唆使、诱导而单独或共同实施作案。

（3）无知和法律观念淡薄　文化素质的低下以及生活面的狭小，造成女性的整体法治意识淡薄，对一些基本的法律常识知晓程度较低，无法运用正确的法律手段保护自己。在受到不法侵害时缺乏正确的处理手段，要么默默承受，要么就采用过激手段来奋起反抗，不计后果。

（4）不健康的心理　女性感情丰富、富于内心体验，往往不善于用意志控制感情，情绪的稳定性较差，其行为举止容易受到环境的影响和支配。女性细心、耐心、办事认真，但视野、思路不开阔，往往只对事物的局部或者琐碎小事感兴趣，这使得她们看问题难免失之偏颇，容易因小失大。女性缺乏信心，独立意识不强、容易轻信他人，以至有的女性习惯于人身依附甘愿受制于人，从而丧失自己的判断和决断。在这些性格缺陷的交互作用下，女性容易丧失理性而光凭感情用事、意气用事，很容易不经思考而轻率、盲目行为，去实施某些在正常状态下不可能实施的犯罪行为。

二、女性罪犯的生理特点与服刑心理

1. 女性罪犯的生理特点

女犯与男犯相比，最大的区别是女犯存在特定的生理现象，存在月经期、孕期、产期、哺乳期和更年期。此外，她们的生理体力、体能上大不如男犯。

2. 女性罪犯的服刑心理

女犯投入监狱服刑后，其心理特点既不同于男性，也不同于犯罪前的心理。女性罪犯在服刑期的心理是在监狱这一特定环境下产生的，随着服刑时间的长短也呈现出不同的表现形式。

（1）服刑初期的心理特点　在入监服刑半年左右内，女犯比较忧虑自己的家庭、忧虑自己的改造前途。同时有较强的恐惧心理，对监狱服刑环境、人民警察和其他罪犯感到恐惧，担心受到"牢头狱霸"的欺负。部分女犯对人民法院的判决不服，认为自己是被冤枉的，把对社会的不满和对办案人员的怨恨带入监狱，进而产生抵触和对抗心理。

（2）服刑中期的心理特点　入监服刑半年左右至刑满释放前半年左右，这段时间内，女犯主要表现出以下几种心理特点：一是悔改心理，通过服刑，绝大多数女犯深化了罪责感，发自内心感到自己有罪，认识到了自己的犯罪原因，开始以积极的行动投入改造。二是务实心理，通过教育，大多数女犯自己知道改造前途在自己手中，改造没有捷径可走，只有积极改造，争取减刑或者假释，变得务实起来。三是屈从心理，一些刑期较长的罪犯在漫长的服刑过程中逐步失去了自己原有的个性，一切听命于他人，委屈服从，过分降低自己的价值，唯唯诺诺、行为死板。四是伪装心理，部分服刑中期的女犯制造假象，骗取人民警察的信任，以实现个人的目的，主要表现为伪病、伪残、伪装积极，逃避改造。

（3）服刑末期的心理特点　在刑满释放前半年左右，女犯主要表现为以下几种心理：一是兴奋心理。大多数女犯在刑满释放前都处于情绪高涨状态，十分关注社会政治经济形势，关注社会发展。二是焦虑心理。相当一部分女犯在刑满释放前担心回归社会后生活没有着落，遭受社会歧视和亲人冷落，顾虑重重，吃不下饭、睡不好觉。三是自卑心理。很多女犯担心在别人面前抬不起头，觉得前途无望，低人一等，缺乏适应社会的资本，自卑感强。四是补偿心理。有极少数女犯特别是一些恶性深的女犯，把判刑作为人生失败的教训，盘算出狱后把失去的补回来，还有少数女犯对社会和刑罚制裁心存不满，认识偏激，敌意较强，一心想出狱后报复社会，报复曾经的办案人员。

三、我国女犯的刑罚执行保护制度

1. 分类关押

女犯由于其生理和心理特点，和未成年犯一样，在关押方式上采用分类关押。我国《监狱法》第三十九条规定："监狱对成年男犯、女犯和未成年犯实行分开关押和管理，对成年犯和女犯的改造，应该照顾其生理、心理特点。"第四十条还规定："女犯由女性人民警察直接管理。"实际上，对女犯分类关押也是国际社会的惯例做法，《联合国囚犯待遇标准最低限度规则》第八条规定："男犯与女犯应该单独关押，同时关押男犯与女犯的监狱，关押男女囚犯的部分应当在整体上独立的。"女犯监狱（监区）的警戒等级相对较低。第十八条第二款规定，收监时，监狱对女犯人身和所携带物品的检查，由女性人民警察实施。在实践中，男性人民警察一般不得进入女犯生活区。

2. 女犯的狱政管理

（1）收监　对女犯的保护主要体现在收监例外方面，一般情况下，监狱收到相应的收监文书后，应当立即将交付执行的罪犯收监，但是对女犯有三种暂不收监的情形：①怀孕的女犯；②正在哺乳自己婴儿的女犯；③有严重疾病需要保外就医的女犯。对于暂不收监的女犯，应当交付执行的人民法院决定暂予监外执行。对暂予监外执行的罪犯，由居住地社区矫正机构监管。当暂不收监的情形消失或罪犯原判刑期尚未执行完毕的，社区矫正机构应将女犯交监狱执行。

（2）分级管理　女犯的分级管理的级别设置为从严管理、普通管理和从宽管理。考虑到女犯的生理和心理特点，严管级别的警戒和管束强度，明显低于成年男犯监狱；对女犯禁止使用警绳，一般情况下，对女犯不使用戒具。

（3）生活处遇　在女犯的生活处遇方面，女犯监狱应根据女犯体质弱、饭量小的情况合理搭配膳食。要充分保障女犯的正常用水，保证生活、卫生日用品的供应，酌情增加女犯的零用钱。针对女犯爱美的需求，女犯囚服制作的色泽和式样，在保持严肃感的前提下可增加柔和感。女犯寝室布置相对温馨。根据女犯的生理特点，增加必需的医用器械和物品，定期进行身体健康检查。

（4）会见管理　由于女犯家庭观念重、思亲心切、易动感情的特点，女犯监狱对女犯的会见时间、会见频次、拨打亲情电话、收发信件包裹等方面，适当予以放宽，以便于缓解女犯的孤独、烦躁、忧虑和悲观等消极情绪。

3. 女犯的教育矫正

由于女性较男性有更强烈的情感依赖性，所以女犯的教育矫正一贯坚持寓管于教的原则。寓管于教，包含两层含义：第一层是女犯监狱将管理融入教育活动中，第二层意思是指管理以教育形式出现。贯彻寓管于教原则，要求监狱人民警察要做到以下三点。

（1）感化教育为主　教育矫正女犯要充分重视女犯积极情感的培育，而积极情感的培养离不开感化教育。监狱人民警察要认真对待女犯的生活、学习和改造，触动她们的情感，使之受到感化，触发女犯产生积极情感，比如：女犯生病主动关心；逢年过节开展文娱活动；给予家庭困难的女犯经济帮扶；等等。

（2）积极开展感性教育活动　一般来讲，女性形象思维优于抽象思维，感性知觉较为敏锐，积极开展感性教育容易为女犯所接受。如组织女犯开展"假如我是受害者"问题讨论，更容易促进其认罪服法。

（3）经常开展个别教育　个别教育主要采取个别谈话形式，重在启发疏导，有很强的针对性，不受时间、地点和场合的限制，容易为女犯接受。对女犯的个别教育要善于选择时机，监狱人民警察开展个别教育工作需要细心、诚心和耐心。

4. 女犯的劳动

组织女犯参加劳动生产，是改造女犯的基本手段，但是基于女犯的生理特点，在女犯劳动的组织方面有一些特别的保护规定。

① 禁止女犯从事特别繁重的体力劳动和单一作业体位的劳动，比如矿山井下采掘、森林采伐等。

② 坚持劳动适度原则。组织劳动生产要做到劳动强度与女犯体力和心理承受限度相适应，严禁随意加班加点，使女犯从事超过其承受能力的劳动。在确定工种、劳动定额时，监狱要区别对待，对老病残女犯予以一定的照顾。

③ 搞好女犯劳动保护和劳动保健工作，努力改善劳动环境和劳动条件。

④ 经期保护。女犯监狱应注意女犯特殊情况下的保护工作。我国劳动法第60条规定："不得安排女职工在经期从事高处、低温、冷水作业和国家规定的第三级体力劳动强度的劳动。"女犯监狱应该参照劳动法规定执行。

⑤ 更年期保护。对处于更年期的女犯，监狱要给予一定的劳动照顾，因为更年期的女犯往往处于精神衰弱、情绪不稳定状态。

四、完善女犯刑罚执行保护制度的建议

女犯是罪犯群体中的特殊群体。由于女犯在监狱押犯中的比例较小，目前的监狱刑罚执行保护制度中的各种规定基本上是按照男性罪犯来设置的。监狱法中的大量条款都是按照男犯的情况规定的，很少涉及女犯；在其他的刑事法律条文中，也很难找到关于

女性罪犯的特殊规定。

1. 在《妇女权益保障法》中增设有关女犯刑罚执行保护制度的有关条款

《妇女权益保障法》是由全国人大通过的法律，是我国的基本法。该法共 9 章 61 条，除总则、法律责任和附则三章外，用六章的篇幅规定了妇女的政治权利、文化教育权益、劳动和社会保障权益、财产权益、人身权利、婚姻家庭权益。该法颁布以来，得到了广泛的执行，妇女权益保障事业得到了较大的发展。近年来，有不少学者对修改该法提出了一些学术观点，认为该法是从权利主体的角度规定了妇女权益的内容，对一些特殊群体的权益保障力度还不足，比如残疾妇女合法权益的保护问题、被判处刑罚妇女的权益保障问题等。这些特殊群体的妇女在整个妇女群体中属于弱势群体，亟须给予更多的关注，亟须给予法律上的保护。

2. 在《监狱法》中设专章规定女犯改造工作

建议参照现行监狱法独立设置"对未成年犯的教育改造"立法模式，增设"对女犯的教育改造"独立章节，以加强女犯刑罚执行工作。目前监狱法对女犯改造的规定只有三个条款涉及，而且都是涉及管理的内容，容易在教育改造等方面将女犯等同于男犯，忽视了女犯作为女性的特殊性。在"对女犯的教育改造"专章中，要明确规定女犯的改造场所、女犯教育改造的内容、女犯应该享受的特殊权利以及相关部门在女犯改造中应尽的义务等。

3. 建议司法部单独制定《女子监狱（区）管理规定》

如果《监狱法》修改对女犯改造工作作出专章规定，只是从法律层面对女犯改造工作的根本性问题作出规定，具体执行的一些细则，则需要在《监狱法实施细则》和部颁规章中作出规定。从监狱立法的模式来看，1986 年司法部制定了《少年管教所暂行管理办法（试行）》，在试行 13 年之后，1999 年司法部发布第 56 号令颁布《未成年犯管教所管理规定》，全面规范未成年犯改造工作。同样作为特殊群体的女犯，应以司法部制定《女子监狱（区）管理规定》较为合适。《女子监狱（区）管理规定》可以分为总则、组织机构、管理机制、教育改造、生活卫生、队伍建设、监狱生产、考核奖惩、附则等章节，对女子监狱的各项工作进行全面具体的规定。

第四节　我国老年犯刑罚执行保护制度

老年犯罪，是刑事犯罪的一个特殊类型，是指达到老年年龄的自然人实施的犯罪。老年犯罪古已有之，历朝历代都有老年犯罪的记载。然而老年犯罪的持续增长则是进入老龄化社会以后特有的社会现象。老年犯罪与年轻人犯罪有着显著的差异，老年罪犯与年轻罪犯相比，也有着其特殊性。这些特殊性的存在，要求监狱在刑罚执行的过程中给予老年罪犯特有的保护。

一、老年犯罪的主要特点和犯罪原因

一般意义上的老年犯，是指年满 60 周岁，实施了具有严重社会危害行为，被判处

监禁刑在监狱服刑的罪犯，也包括被判处较长刑期年龄已经达到 60 岁以上的罪犯。

1. 老年犯罪的特征

① 犯罪类型以财产型犯罪、暴力型犯罪和性犯罪为主。其中居于第一位的是侵害公民健康权和生命权的犯罪，第二位是性犯罪，第三位是经济犯罪。

② 罪犯文化素质普遍偏低。以文盲居多，缺乏后续教育，主动接受教育意识极差，社会阅历肤浅，往往缺乏正确的社会认知和高尚的道德情操。

③ 从老年犯罪的性别来看，老年男性犯罪所占的比例远远超过老年女性；从地域分布来看，农村和乡镇的老年犯罪人的比例明显高于城市，乡镇老年人犯罪的比例大约是城市老年人犯罪的两倍左右；在老年犯罪中，以职业为农民，生活在农村地区的孤寡、"空巢"老人为主。❶

2. 老年犯罪的原因

老年人犯罪的原因有四个方面，即生理原因、心理原因、家庭原因和社会原因。

（1）老年犯罪的生理原因　进入老年期以后，人的生理活动逐渐衰退，由于脑神经细胞死亡后不会再分裂增生，老年人的大脑随着年龄的增长而逐渐萎缩，大脑的各种生理功能会受到不同程度的损害，老年人的感觉器官也会随着年龄的增长而衰退。循环系统、呼吸系统、消化系统、排泄系统、内分泌系统功能的变化，都会影响老年人的心理变化。当老年人的消极情绪无法通过合理的渠道进行排解时，可能会导致老年人采取极端的方式来发泄自己的不满甚至走上犯罪的道路。

（2）老年犯罪的心理原因　进入老年期以后，老年人特别是退出工作岗位的老年人，其心理状况会发生很大的变化：一是自控力变差，对很多老年人来说，他们从忙碌的工作中一下子松懈下来，在没有找到新的生活目标之前，觉得自己的生活没有了重心，个人价值无从体现，变得消极颓废，此时最容易卷入违法犯罪活动中；二是以自我为中心，有些老年人以自我为中心，产生情绪回归现象，即遇到挫折时不容易克制，往往失去理智，变得像儿童一样任性、固执、冲动，缺乏宽容；三是情绪极为不稳定，很多老年人的情绪不稳定，易激惹，难自制，有疑病、孤独感、空虚感和对死亡的恐惧等心理，面对种种心理矛盾与精神刺激的消极言行，容易产生极端行为。

（3）老年犯罪的家庭原因　家庭代际关系的不融洽，子女应有尊重和应尽赡养的缺失可能导致老年人基于生计而实施财产型犯罪。夫妻关系的不融洽、夫妻关系紧张也极易导致老年人产生忧郁沮丧、郁郁寡欢等消极情绪体验，容易诱发老年人的暴力犯罪和性犯罪。

（4）老年人犯罪的社会原因　一个人犯罪的原因，并不是某一项因素单独作用的结果，而是多种因素综合作用的结果。这些因素既包括个人的，也包括社会方面的。导致老年人犯罪的社会原因主要包括老年人社会适应障碍、社会管理滞后和社会保障制度的不配套等。

---

❶ 杨木高. 中国老年犯矫正制度研究. 南京：南京大学出版社，2015：37-42.

二、老年犯的生理和心理特征

1. 老年犯的生理特点

老年犯处于老年期，衰老是其生理的主要特点。老年期间，躯体症状明显，各项器官功能逐渐下降，体表外形也随之发生改变；代谢功能弱化，基础代谢下降，合成代谢降低，分解代谢增高；机体调节控制作用降低，学习速度减慢，操作能力、感应速度迟钝，生活自理能力下降。同时免疫能力降低，容易诱发各种躯体疾病。

2. 老年犯的心理特点

老年犯在服刑期间与其他年轻罪犯相比，在心理上有以下特征。

（1）渴望得到尊重　在监管改造环境下，由于人际交往范围狭窄，加上很少参加监狱组织的集体劳动，不能融入改造集体，老年犯的人际关系逐渐淡化。这会让老年犯感到无所适从。还有相当一部分老年犯被亲属抛弃，很少有人会见。他们希望有更多的人和自己交往，渴望得到别人的理解和尊重。

（2）容易伤感和激怒　在服刑期间，老年犯的情绪体验较一般服刑人员强烈，尤其是思维方式的定型化，使得他们适应监狱环境的能力和应变能力下降，情感需要经常得不到满足，容易产生挫折感，并以紧张、消极、敌视等情绪表现出来，在处理问题时往往带有激情性和冲动性。

（3）社会意识凝固　老年犯对变化的社会很不适应，还奉行以前的处世哲学，其原有的悲观失望心理在服刑期间得到强化，很多人把自己贴上"弱者"的标签，习惯安于现状。监狱开展的各项教育活动，对他们缺少吸引力。

（4）行为活动表现出孤独性　大多数老年犯很少有社会往来，这使得老年犯心理变得灰冷，日渐孤独。加上老年犯进入老年期以后，参加各种活动的兴趣减退，态度固执，处世刻板，年轻罪犯一般都不愿意与老年犯接近，服刑环境容易使老年犯更加感到孤独，难以合群。

（5）人格成熟与圆滑　与未成年罪犯相比，老年犯善于把握时机，追求实惠，处事理智，具有较强的自律性，对监狱布置的各项改造任务能够认真踏实完成，做事能够把握分寸，往往能获得人民警察的好感。还有一些老年犯在犯群中寻找弱者，利用其社会阅历优势，吸收、笼络年轻罪犯，教唆传习，暗中煽动，让他人为自己谋取好处。

（6）不安全感突出　大多数老年犯害怕生病，害怕被亲人抛弃，害怕民警执法不公，害怕被同犯欺凌，害怕刑满释放后生活没有着落，因而整天生活在恐惧之中，缺乏基本的安全感。

三、我国老年犯刑罚执行保护制度

老年犯群体，在生理、心理多重因素的作用下，成为心理病患高发、安全隐患突出的自杀高危人群。由此，在刑罚执行过程中对老年犯这类特殊的罪犯需要格外关注，并给予一定的保护，这种保护主要体现在老年犯的狱政管理、刑罚执行、教育改造和劳动改造等几个方面。

1. 狱政管理

(1) 集中关押　目前我国监狱法等相关法律法规并没有对老年犯这类特殊罪犯的关押作出明确的规定，老年犯可以集中关押，也可以分散到各个监区关押。在监狱工作实践中，很多监狱都是设立专门的老年犯监区，将老年犯集中关押，以便于对老病残犯的管理。老病残犯监区通常配有医务室，以负责老年犯和病残犯的日常医疗工作。

(2) 考核奖惩　目前对老年犯的考核制度和其他罪犯一样，是计分考核制度，计分考核的结果与罪犯行政奖励以及减刑假释挂钩。司法部1990年印发的《关于计分考核奖罚罪犯的规定》第六条规定："考核分为思想改造和劳动改造两部分，思想改造满分为55分，劳动改造满分为45分。"同时第十八条规定："老、病、残犯人基本丧失劳动能力的，主要考核思想改造表现。"各地都根据司法部的规定，在制定计分考核办法时，都考虑到了老年犯的特殊性，给予了一定的照顾。关于老年犯的惩处，目前监狱法律法规没有明确的规定，但是20世纪80年代初公安部印发的《监狱劳改队管教工作细则（试行）》曾规定："对老病残犯禁止使用戒具"，体现了对老年犯的宽缓政策。在实践中，除特殊情况外，对老年犯一般不进行严管和禁闭。

(3) 生活卫生　我国目前罪犯居住实施集体住宿制度，罪犯的床铺一般是上下铺。对于集中关押老年犯的监区，原则上不安排上下铺，老年犯分散在普通监区关押的，应当安排老年犯睡下铺。在饮食上照顾老年犯的特点。在医疗卫生方面，监狱根据老年犯多病的特点，配备相应的医疗设施和医务人员，储备常用的应急医疗设备和药物，并在老年犯中积极开展健康讲座，督促老年犯注意生活卫生和个人卫生，积极预防疾病的发生。

2. 刑罚执行

(1) 减刑、假释　针对老年犯的具体特点，最高人民法院在相关的司法解释中，对老年犯的减刑工作作出了特殊规定。1997年10月28日最高人民法院审判委员会第940次会议通过的《关于办理减刑、假释案件具体应用法律若干问题的规定》第十四条规定："对老年和身体有残疾（不含自伤致残）罪犯的减刑、假释，应当主要注重悔罪的实际表现。"2011年11月21日最高人民法院审判委员会第1532次会议通过的《最高人民法院关于办理减刑、假释案件具体应用法律若干问题的规定》第二十条规定"老年、身体残疾（不含自伤致残）、患严重疾病罪犯的减刑、假释，应当主要注重悔罪的实际表现。基本丧失劳动能力、生活难以自理的老年、身体残疾、患严重疾病的罪犯，能够认真遵守法律法规及监规，接受教育改造，应视为确有悔改表现，减刑的幅度可以适当放宽，起始时间、间隔时间可以相应缩短。假释后生活确有着落的，除法律和本解释规定不得假释的情形外，可以依法假释。"

(2) 暂予监外执行　1990年司法部、最高人民检察院、公安部颁布的《罪犯保外就医执行办法》第二条的规定："对于被判处无期徒刑、有期徒刑或者拘役的罪犯，在改造期间有下列情形之一的，可准予保外就医：（一）身患严重疾病，短期内有死亡危险的；（二）原判无期徒刑和死刑缓期二年执行后减为无期徒刑的罪犯，从执行无期徒刑起服刑七年以上，或者原判有期徒刑的罪犯执行原判刑期（已减刑的，按减刑后的刑期算）三分之一以上（含减刑时间），患严重慢性疾病，长期医治无效的，但如果病情恶化有死亡危险、改造表现较好的，可以不受上述期限的限制；（三）身体残疾、生活难以自理的；（四）年老多病，已失去危害社会可能的。"办法第四条还规定："对累犯、惯犯、反革命犯的保外就医，从严控制，对少年犯、老残犯、女犯的保外就医，适当放宽。"

3. 教育改造

对于已经年满60周岁的老年犯来说，他们可以不参加文化、技术教育。老年犯的教育内容比成年罪犯要简单，主要开展心理健康教育、保健健康教育等。在教育形式上，大多采用寓教于乐的方式，常见的有开办老年兴趣班、老年书画组等，教育氛围比较宽缓。

4. 劳动改造

监狱法规定，有劳动能力的罪犯必须参加劳动。但是考虑到老年犯身体的特殊性，老年犯监区也组织生产，从事一些体力耗费小的辅助性工作，如剪纸、组装小部件等。没有过于硬性的劳动定额，根据年龄、劳力状况的不同，制定相对宽松的劳动任务标准。老年犯的劳动考核侧重于考核老年犯的劳动态度是否积极，有些老年犯只要在保证出勤率的前提下就可以得到基本分数。现在，许多监狱也在积极尝试建立老年犯"非正常劳动力等级鉴定制度"。

四、完善老年犯刑罚执行保护制度的建议

从现行监狱法来看，尚没有一个条文具体规范老年犯的刑罚执行工作，可以说老年犯刑罚执行的立法尚处于空白阶段，主要靠政策和极少量的规范性文件来调整。

1. 重视老年犯的分类管理

目前监狱法仅仅对未成年犯和女犯提出了分类管理问题。在押犯群体中，未成年犯和女犯的确是需要保护的特殊群体，但是老年犯也同样是特殊的群体。在监狱工作实践中，有部分监狱将老病残犯相对集中关押，设立专门的监区进行管理，但是从整体上看，绝大多数的监狱老年犯分散关押，没有集中。如果老年犯与其他成年罪犯混合关押，一方面可能导致老年犯遭到年轻罪犯的欺凌，另一方面由于老年犯的生活规律和青年人不一样，容易引发矛盾。因此必须重视老年罪犯的分类管理，"可以考虑根据需要建立老年犯监狱或者监区，在老年犯监狱或者监区中，监狱的建筑设施、管理制度、医疗条件、生活制度等，都应当充分考虑老年犯的特点和需要，例如，在建筑设施方面，要尽可能多地设立无障碍设施，尽可能避免上下铺，在多层监房中安装电梯等。"[1] 所以建议在《监狱法》中增设"对老年犯应设立单独的监狱或者监区关押，实施针对性的管理制度"的条文，让老年犯的刑罚执行保护做到"名正言顺"、有章可循。

2. 合理规定老年犯的教育改造内容和生产劳动

对老年犯而言，其人生观和价值观已经定型，要想改造难度很大。对老年犯而言，文化教育、技术教育、职业技能培训的意义不大，老年犯的教育侧重思想教育，如规

---

[1] 郭晓红. 当代老年犯研究. 北京：中国政法大学出版社，2011：194-195.

定:"对已满六十周岁的老年罪犯,可以不参加文化教育和技术教育,本人要求参加的除外。"

对老年犯的劳动能力判定存在一定的难度,而这种判定决定了老年犯是否需要参加劳动,事关老年犯权益保障问题。我国法律规定,劳动者的退休年龄是男性满55周岁,女性满50周岁,机关事业单位在此基础上提高5岁。职工退休以后就意味着退出了劳动力市场,可以不再参加劳动。有学者认为"可以考虑将罪犯参加劳动的年龄以60岁为上限,超过60周岁就视为无劳动能力。"❶ 从国外的监狱立法看,有不少国家和地区规定老年犯达到一定年龄之后根据自己意愿参加劳动或者免除劳动义务。也有学者认为,对老年犯的劳动改造问题,可以参考对未成年犯劳动有关问题的规定,具体可以规定为:"老年犯根据其身体健康状况安排合适的劳动,劳动时间实行半天工作制。对75岁以上的罪犯不再安排劳动任务。"❷

3. 重视老年犯的会见和刑满释放安置问题

老年犯中,有相当一部分人遭受到家庭的抛弃,长期无人会见,感受不到家庭的温暖,对生活失去希望,在服刑期间产生绝望心理,甚至企图自杀。还有一部分老年犯刑满释放时遭受家庭抛弃,亲属不愿意来监接回老人,还有一部分老年犯因为失去劳动能力,没有赡养人扶养,在刑满释放时无家可归。这些问题不仅影响到老年犯的改造,也不利于和谐社会构建。老年犯的改造仅仅依靠监狱是不够的,需要得到包括老年犯亲属在内的社会各界的支持。虽然目前《监狱法》中有"罪犯的亲属应当协助监狱做好罪犯的教育改造工作"的规定,但是没有规定不协助应当承担的法律责任,使该规定成为一纸空文,罪犯的亲属可以执行也可以不执行。可以考虑在监狱法的修改中增加条文:"老年犯的亲属拒不到监狱探视或者刑满释放时拒不接收的,监狱可以委托法律援助部门对老年犯依法实施法律援助。"

拓展阅读

曹建明:最大限度教育感化挽救涉罪未成年人

正义网上海2016年6月2日电(记者王治国 戴佳 林中明)最高人民检察院党组书记、检察长曹建明今天在全国检察机关未成年人检察工作30年座谈会上要求,各级检察机关严格落实未成年人附条件不起诉、社会调查、法律援助和合适成年人到场以及犯罪记录封存制度,最大限度教育感化挽救涉罪未成年人。

曹建明说,修改后刑事诉讼法专门规定了未成年人刑事案件诉讼程序,这是我们贯彻未成年人司法理念,落实教育、感化、挽救方针和教育为主、惩罚为辅原则的重要保证。各级检察机关要严格落实法律规定,积极推动完善配套机制。

——严格落实附条件不起诉制度。认真研究附条件不起诉的适用标准、附条件不起诉

---

❶ 吴旭. 我国罪犯劳动制度变革构想. 犯罪与改造研究,2009,(4).
❷ 杨木高. 罪犯劳动时间立法研究. 监狱法学论丛-劳动改造篇. 北京:法律出版社,2011:199.

与相对不起诉的界限,依法正确适用附条件不起诉,避免更多涉罪未成年人交叉感染和标签效应。要加强对附条件不起诉的监督考察,明确监督考察主体、考察期限,完善监督考察的内容和方式,推动建立监督考察工作配套机制,帮助涉罪未成年人顺利回归社会。

——严格落实社会调查制度。通过督促公安机关调查、自行开展调查、委托相关机构或组织调查等方式;全面了解涉罪未成年人的家庭情况、成长经历、社会交往、监护教育条件等,为是否采取强制措施、是否适用附条件不起诉等提供参考。建立健全检察机关委托社区矫正机构、司法社工组织等开展调查的工作机制,完善异地检察机关协作开展社会调查等工作机制,提升社会调查效率,确保社会调查效果。

——全面落实法律援助和合适成年人到场制度。这对更好帮教涉罪未成年人具有重要意义。全面落实法律援助制度,及时通知法律援助机构指派律师,认真听取辩护律师意见。有条件的地方可以推动建立相对固定的未成年人法律援助律师队伍。要积极协调学校、基层组织等单位,组建热心未成年人保护、了解未成年人心理、掌握相关法律知识等相对稳定的合适成年人队伍。

——严格落实未成年人犯罪记录封存制度,推动建立公检法司机关犯罪记录封存衔接配合机制,特别是要进一步规范和细化检察档案封存办法,研究解决电子卷宗系统全面运行后的电子记录封存等问题。

第八章　出狱人回归保护制度

出狱人保护最早起源于18世纪70年代的美国慈善家们创设的"费城出狱人保护会"。该会1787年改名为"费城减轻出狱悲惨协会",从事行刑改良和出狱人保护事业,1893年又合并为宾夕法尼亚监狱会。此后,美国波士顿、新泽西、纽约等地纷纷仿效设立类似组织,纽约等地另设立出狱人收容所等。但当时出狱人保护组织为民间或私人团体为主,并未引起官方的注意。随着出狱人保护在防卫社会、预防再犯罪等方面的作用凸显逐渐进入当局视野。美国的麻省率先在各地成立官方保护机构,专供经费,以解决出狱人的生活和就业问题。20世纪20年代被誉为"希望之家"的重返社会训练所在纽约、艾奥瓦、加州等地迅猛发展。

200多年来,出狱人保护思想在宗教救赎的基础上吸收融合犯罪预防、社会救助的观念,不仅体现了人道主义、功利主义,而且反映了20世纪特别是第二次世界大战后社会福利主义的思潮,因而出狱人保护事业一直呈发展态势,获得了国际社会的广泛认同。1955年在日内瓦召开的第一届联合国预防犯罪和罪犯待遇大会通过的《囚犯待遇最低限度标准规则》第六十四条规定:"社会的责任并不因罪犯的出狱而终止,所以应有公私机构能向出狱囚犯提供有效的善后照顾,其目的在于减少公众对他的偏见,便利他恢复正常社会生活。"1960年联合国伦敦预防犯罪及犯罪人处置大会第二届会议,以"受刑人释放前之处置与释放后之保护及给予受刑人家属之协助"为讨论议题,作出关于受刑人释放后保护的决议:"更生保护之目的,乃在于使受刑人恢复自由社会之生活,并给予道德及物质上的支持。首先应设法解决其实际需要之事项,如衣服、住宿、旅行、生计及证明文件等。至于情绪上的安慰及谋职的援助等也应一并考虑。某种职业不但雇佣受刑人的原则,应当加以检讨。国家应向一般雇主示范,对于被释放之受刑人并不拒绝其担任某种特殊职业。更生保护对于任何从监狱释放的人都应适用。确保适当之更生保护工作为更生过程之一,此为国家基本责任;为组织更生保护工作,必须得到民间社会工作者或具有充分经验和训练的专门社会工作者,更应强调政府机关与民间机构合力协作的必要性。民间更生保护事务工作人员,其地位的重要性已为人所共知。私人组织的更生保护会应与受刑人保持适当的接触,并获得必要资料以援助出狱人,只有获得社会的协助方可完成有效的更生。所以应该利用各种书报刊物培育并启发关于需要社会协助之舆论,报纸不宜集中其注意力于被释放之受刑人,凡有关更生保护之事项及舆论对于被释放人态度的研究计划,均应加以促进和支持。"目前,出狱人保护已经成为很多国家刑事政策的重要内容和社会管理工作的重要组成部分,更是监狱法律体系的重要组成部分之一。

第一节　出狱人回归保护制度概述

一、出狱人回归保护的性质

各国对出狱人保护的称谓不同。如我国在理论和实践中用"安置帮教"来指代对刑满释放人员的保护；日本将出狱人保护称为"更生保护"。在立法上，英国称为《出狱人保护法》；美国称为《在监人重返社会法》；日本称为《犯罪者预防更生法》和《假释和保护观察法》等。

尽管各国的名称不一，但是出狱人保护的基本目的在于促使刑释人员尽快适应社会，预防其再次犯罪，透露出明显的社会防卫意图。对刑释人员的社会保护是由国家和社会共同参与，兼具国家行政干预和社会公众救济的特征，即具有"国家和社会福利双重特性"。[1]

各国对出狱人的范围界定也各不相同。有的国家把缓刑、假释罪犯和在社会上服刑的罪犯也纳入出狱人的范畴。有些国家的出狱人仅指刑罚执行完毕的刑释人员。加之各国法律制度的差异，一国的出狱人保护制度与刑罚执行制度之间可能会有交叉，是否属于行刑社会化的范畴也不能一概而论，需要具体情况具体分析。

出狱人保护制度提供的保护可分为两类：一类是对出狱人的利益行为，如救济、帮助、照管、保护等，这部分内容是出狱人保护制度的主体，是人们通常所称的出狱人保护制度；另一类是对出狱人的一些行为，如为防止其重新犯罪对其进行的适当限制权利、保护性观察等。这些行为主要针对累犯、惯犯、职业犯及某些特定类型犯罪如性侵犯、严重暴力犯罪的出狱人。

二、出狱人保护的理论

1. 社会连带理论

该理论认为，就犯罪原因来说，犯罪实际上是一种社会现象而非个别事件，其发生糅杂了犯罪人主观恶念、社会诸多因素的相互作用和渗透。因此，社会不能置身事外，必须承担补救职责；虽然犯罪直接导向的是受害人个体，但会导致社会秩序的混乱和社会财富的负增长。因此，扶助出狱人适应快速变化的社会生活，防止再犯，才是追求社会最高利益的渠道，也是维护、促进社会进化的必要工作。

2. 司法整体和综合治理论

当代社会学的社会化理论认为，罪犯在监狱中接受教育矫正实际上是其再社会化的前置过程，出狱人社会保护实际上是为完成再社会化的出狱人进行社会接纳的行为。如果只重视犯罪侦查、量刑和监禁惩罚而忽视出狱人的社会保护工作，不帮助他们融入崭新的社会生活，刑罚执行之根本目的就不可能完全实现，势必破坏司法的完整。因此，必须把出狱人社会保护纳入社会综合治理的宏大视野中，从政策、法规、预算、教育等

---

[1] 许章润. 监狱学. 北京：中国人民公安大学出版社，1991：305.

多方面激励和促进全社会成员的参与、配合,以实现社会和谐的良性循环。

3. 失权和充权理论

失权是从属于充权理论的一个伴生概念,是指失权者(也称无权者或去权者)对缺乏能力和资源的客观状况和主观感受。充权是社会学的一个核心概念,最早用于解决种族问题,后延伸至弱势群体领域,通常定义为要协助弱势群体和个人排除各种主观的和客观的障碍来感受自身的力量,通过其自身的正面经验来激发内在的动力,并尽可能地在集体参与中改变或掌握自己的生活。❶ 美国学者所罗门认为:"充权是一个过程,通过社会工作者或专业人士与被耻辱烙印化的群体一同参与活动,目的在于减少其源于在辨认或被耻辱烙印化的经历所造成的无权,帮助耻辱烙印化之群体的成员得到发展并增加特别的技能、知识和足够的能力,去影响他们的生活、人际关系的体验以及有效社会角色的履行。"❷ 充权的对象是长期处于失权的处境之中,逐渐内化对自己的负面评价、自我形象低落的弱势群体。充权理论的基本内涵和出狱人保护制度的不因出狱人有前科而对其摒弃的初衷不谋而合,❸ 进而成为出狱人保护的一种基础理论。

同时,福利国家理论、社会保障理论、社会公民权理论、社会化与再社会化理论等,从不同的角度分别对出狱人保护的机理、价值等进行了正面的理论证成。❹

正如我国台湾监狱学者林纪东认为的:"出狱人保护事业有三种基本精神:一为有不忍之心的仁爱精神;二为民胞物兴、休戚与共、痛痒相关的社会连带精神;三为以预防再犯、防卫社会为刑法任务的刑事政策精神。"❺

三、国外出狱人回归保护的实践

自 1776 年美国费城出狱人保护建立起,国外的出狱人保护事业已有 200 多年的发展历程。目前,出狱人保护事业获得了公众的普遍认同,社会支持度也较高。不少国家对出狱人保护的相关事项进行立法规范,或以专门法律形式,如英美等国;刑事法典中以专篇专章加以指明,如法国、德国;或制定配套的法律体系,最典型者为日本,其《犯罪者预防更生保护法》是更生保护所依据的基本法规,在此之外辅之《缓刑者保护观察法》《更生事业保护法》《保护司法》《恩赦法》等全面的对缓刑者保护、更生保护事业做出明细和提供法律依据。相应的,出狱人保护的机构也比较健全。以日本为例,法务大臣不但领导矫正局,还掌管着与之平等的保护局,两者分工明确,矫正局管监狱内的受刑者,保护局管缓刑、假释等人员。中央设有中央更生保护审议会、矫正保护审议会,地方分层设立地方更生保护委员会,保护观察所、保护司选考会,最基层从事更生保护工作的是保护司、更生保护法人,还有民间协助基金会、更生保护妇人会等。这样就形成了从上到下、由官方机构与民间组织、国家公务员与社会志愿者结合的更生保护工作体制,完善了有机构管事、有具体人办事的工作格局。

---

❶ 陈树强. 增权——社会工作理论与实践的新视角. 社会, 2004 (4).
❷ 赵海林,金钊. 充权:弱势群体社会支持的新视角——基于青少年社区矫正的研究. 山东社会科学, 2006 (2).
❸ 徐宁. 出狱人保护制度问题研究. 上海大学硕士学位论文, 2007.
❹ 李志鹏. 我国出狱人保护制度研究. 山东大学硕士学位论文, 2008.
❺ 林纪东. 监狱学. 台北:台湾三民书局, 1998:126.

出狱人保护制度包括实施主体、保护对象和保护行为等要素。由于政治模式、经济发展水平、文化传统、法律制度等多方面的差异，各国具体的出狱人保护制度差异也比较大，主要有以下几种做法。

1. 经济物质援助

该模式具有一定的普遍性。多数国家都由监狱或矫正机构发给出狱人一定的路费，提供一些衣服、食品和援助金。社会保护机构负责安排有困难的出狱人暂时的伙食、住宿及生活救济金。少数国家对有困难的出狱人实行银行和司法贷款，以免税照顾。

2. 安置就业援助

由矫正机构负责与劳动、福利、社会保障部门等联系磋商，或回原单位继续工作，或由社会保护机构协助安置，或移民拓荒安置。

3. 公民权保护

各国一般都规定，刑满释放人员恢复公民权。有些国家规定了出狱人的前科守秘制度，或者设置前科消灭制度。同时，给予升学、就业的同等对待，以保证与社会公民的平等机会。

4. 监督保护

多数国家对某些出狱人实施法定的监督保护，但保护对象、期限和方式等有差异。如美国规定，对青少年回归人员实施一年的强制性监督；英国规定，对释放后一定期限内拥有火器予以限制；其他国家也有对惯犯、职业犯等刑满释放后施加监督保护的规定。

5. 特别预防控制

伊朗、新加坡、印尼等国家法律规定：对刑满释放的集团性的犯罪分子、顽固不化的罪犯，有犯罪活动不经过审理即可采取预防性羁押措施；美国、德国等国利用电子技术建立累犯、常业犯的"电子档案"与"潜在逮捕目标"进行特别预防控制。美国的《梅根法案》则强制刑满释放的性侵犯者向警察局登记，居民可以通过互联网方便地查阅这些人的姓名、照片、住址、职业和搬家情况。在最严格的俄勒冈州，刑满释放的性侵犯者必须在家里的窗户上贴上明显的标志，以告知邻居自己的身份。

6. 暂不释放

意大利规定，当执行刑罚后还需继续执行监禁性保安处分的，不实行释放。美国规定，精神错乱或精神上无法律资格，倘若释放很有可能危害安全的犯人，经法庭决定收监；英国、日本等国对患有急性疾病和重患者，不得释放。

7. 回访保护

有些国家重视出狱人的信息反馈，采取回访、观察了解、帮助等模式，长期保持与出狱人及其家庭成员的接触交往，建立热线电话联系，主动向保护机构提供意向和需求，及时进行必要的物质援助、心理及道德方面的辅导。

第二节　我国出狱人的法律地位

在我国，出狱人有两种概念。广义上的出狱人，是指被判处自由刑罚（包括管制、拘役、有期徒刑、无期徒刑、死刑缓期两年执行）的罪犯，在监狱、未成年犯管教所、看守所（关押三个月以下的有期徒刑罪犯）、拘役所等服刑完毕或转到社会上服刑的人，包括自然刑满释放人员、减刑释放人员、获得赦免的罪犯、假释罪犯、服刑期间被批准暂予监外执行的罪犯等。狭义上的出狱人，指刑罚主刑执行完毕被正式释放的罪犯，包括自然刑满、减刑释放、赦免和假释考验期满的人等。

一、出狱人的法律地位

法律地位是一个人在法律上的权利义务。出狱人的法律地位包括以下内容。

1. 出狱人是自由公民，依法享有与其他公民平等的权利

我国《监狱法》第三十八条规定："刑满释放人员依法享有与其他公民平等的权利。"他们在社会生活中的地位和待遇，与其他社会公民完全等同，同等地享有公民权利，同等地履行公民义务，获得同等的保护。从监禁刑期满释放跨出监狱大门那刻起，他们的罪犯法律身份就已经消除，是已经生活在自由社会中的人，能够完全依靠自己的意志支配自己的行为。

2. 部分出狱人仍然需要继续执行附加刑罚，如附加剥夺政治权利、缴纳罚金以及履行刑事附带民事赔偿

释放之日起的附加剥夺政治权利由社区矫正机构执行。对于不能全部缴纳罚金的，人民法院在任何时候发现被执行人可以执行的财产的，应当随时追缴。出狱人拒不履行刑事附带民事赔偿的，可能涉嫌拒不执行判决、裁定罪。

3. 出狱人承担前科效应

首先是前科报告义务。如我国《刑法》第一百条规定："依法受过刑事处罚的人，在入伍、就业的时候，应当如实向有关单位报告自己曾受过刑事处罚，不得隐瞒。犯罪的时候不满十八周岁被判处五年有期徒刑以下刑罚的人，免除前款规定的报告义务。"

其次是特定岗位排斥和职业禁止。如我国公务员法规定，曾因犯罪受过刑事处罚的不得录用为公务员；我国律师法第七条规定，对受过刑事处罚的（过失犯罪除外）申请人不予颁发律师执业证书；我国公司法第一百四十六条规定，因贪污、贿赂、侵占财产、挪用财产或者破坏社会主义市场经济秩序，被判处刑罚，执行期满未逾五年，或因犯罪被剥夺政治权利，执行期满未逾五年的，不得担任公司的董事、监事、高级管理人员；等等。2015年8月29日，第十二届全国人民代表大会常务委员会第十六次会议通过的《刑法修正案（九）》规定了职业禁止制度："因利用职业便利实施犯罪，或者实施违背职业要求的特定义务的犯罪被判处刑罚的，人民法院可以根据犯罪情况和预防再犯罪的需要，禁止其自刑罚执行完毕之日或者假释之日起从事相关职业，期限为三年至五年。被禁止从事相关职业的人违反人民法院依照前款规定作出的决定的，由公安机关依

法给予处罚；情节严重的，依照《刑法》第三百一十三条的规定定罪处罚。其他法律、行政法规对其从事相关职业另有禁止或者限制性规定的，从其规定。"

第三，是再犯刑罚加重。出狱人再次犯罪，就可能构成累犯和特别再犯，受到法定的从重处罚[1]。

第四，特定类型罪犯的刑满安置教育。我国《反恐怖主义法》第三十条规定：对恐怖活动罪犯和极端主义罪犯被判处徒刑以上刑罚的，监狱、看守所应当在刑满释放前根据其犯罪性质、情节和社会危害程度，服刑期间的表现，释放后对所居住社区的影响等进行社会危险性评估。进行社会危险性评估，应当听取有关基层组织和原办案机关的意见。经评估具有社会危险性的，监狱、看守所应当向罪犯服刑地的中级人民法院提出安置教育建议，并将建议书副本抄送同级人民检察院。罪犯服刑地的中级人民法院对于确有社会危险性的，应当在罪犯刑满释放前作出责令其在刑满释放后接受安置教育的决定。决定书副本应当抄送同级人民检察院。被决定安置教育的人员对决定不服的，可以向上一级人民法院申请复议。安置教育由省级人民政府组织实施。安置教育机构应当每年对被安置教育人员进行评估，对于确有悔改表现，不致再危害社会的，应当及时提出解除安置教育的意见，报决定安置教育的中级人民法院作出决定。被安置教育人员有权申请解除安置教育。人民检察院对安置教育的决定和执行实行监督。

最后，出狱人的刑罚经历还可能会对其直系亲属、旁系亲属的公务员、警察招录政审产生不利影响。

二、出狱人的特点

1. 事实上的标签化和污名化

服刑经历给出狱人的社会形象造成了不利影响，不管罪犯在监狱中如何真诚洗心革面、改造自己，出狱后想着努力成为守法公民，但事实上，刑罚的"污名化效应"实在难以立即消除。出狱人被贴上坏人、危险的人的"标签"，在社会上受到各种猜疑、歧视和排斥，确是不争的事实。

2. 社会适应能力差

出狱人与现实社会都有一段或短或长的隔离期，刑期越长，隔离期就越长。虽然服刑改造是对罪犯的一种再社会化，但是监狱环境与现实社会是截然不同的，多数罪犯原有的社会技能在服刑过程中会逐步退化，特别是在信息技术飞速发展的当今社会，很多罪犯出狱后对社会的变化不能完全适应。美国俄勒冈州对从1999年1月1日到2001年12月31日所有被施加刑罚的罪犯在释放一年后进行调查（该调查涉及13219名罪犯）发现：对于同种犯罪、同种类型和同等危险程度的罪犯，接受短期监禁刑罚的罪犯比接

---

[1] 我国刑法规定，累犯分一般累犯和特别累犯两种。被判处有期徒刑以上刑罚的犯罪分子，刑罚执行完毕或赦免后，在五年以内再犯应当判处有期徒刑以上刑罚之罪的，是累犯，应当从重处罚，但是过失犯罪和不满十八周岁的人犯罪的除外。此为一般累犯。特别累犯是指因危害国家安全罪、恐怖活动罪、黑社会性质的组织犯罪被判处刑罚的，在刑罚执行完毕或赦免以后的任何时候再犯上述任一类罪之人。我国刑法还规定了特别再犯制度，如刑法第三百五十六条规定，因走私、贩卖、运输、制造、非法持有毒品被判过刑，又犯任何一种毒品犯罪的，从重处罚。

受社区刑的罪犯重新犯罪率要高；对于中度危险罪犯，他们待在监狱的时间越长，其重新犯罪率越大。❶

3. 重新犯罪率高，且出狱初期为犯罪的"危险期"

调查数据显示，1984年我国押犯中曾经被判刑者的比例为6.3%，1996年为11.1%，2006年为14.8%。上海市监狱管理局做的一项专项调查中显示，截至2011年年底，上海监狱在押犯中，曾被判过刑者占22%。❷司法部在20世纪80年代组织的全国性调查表明，刑释人员三年内的重新犯罪案件中，第一年、第二年、第三年的案件分别占48%、32.2%和19.8%。出狱初期成为刑释人员再犯罪的"高度危险期"。❸

4. 是需要帮助和保护的特殊群体

在持犯罪意志完全自由论者看来，出狱人生活无着、境况悲惨，是其咎由自取、罪有应得，反倒彰显出刑罚的惩戒效果。现代社会总体上普遍认为，如果把出狱人放在绝对对立面，对出狱人持憎恶之态度，既违背人类的仁爱和善良，也容易激化社会矛盾，诱发出狱人的重新犯罪，科学、理性的态度应该是给予出狱人适当的帮助。在我国的社会管理创新中，服刑人员、刑满释放人员作为重点人员被纳入特殊人群帮教管理体系。

第三节　我国出狱人的安置

一、我国出狱人安置的主要特点

安置是我国对出狱人保护的重要方面。我国在出狱人的安置工作上，积累了经验，取得了很好的预防再犯罪的实效，更形成了自身的一些特点。

1. 多样性

由于出狱人遇到的实际困难是多种多样的，所以，对出狱人提供帮助、保护的组织、内容、形式和方法也是多种多样的。既包括罪犯出狱前一段时间的职业技能培训、回归心理辅导、形势政策教育，也包括出狱后的户籍安置、就业帮助等；既有监狱、民政部门、司法行政机关、公安机关、劳动与社会保障部门、社区等保护主体，也有企业、志愿者、公益慈善组织等的参与。对出狱人提供的帮助既包括物质帮助，如给予出狱人一定的救助金、生活物品，介绍工作和进行职业技能培训等，也包括精神帮助，如回访、提供法律咨询服务、心理疏导等工作。

2. 自愿性

自愿性是指对出狱人的帮助要在出狱人自愿的基础上进行。如果出狱人不愿意接受这类帮助，那么有关机构、团体、个人等就不得采取任何强制措施迫使出狱人接受帮助。

---

❶ 翟中东. 矫正的变迁. 北京：中国人民公安大学出版社，2013：325.
❷ 江伟人. 关于刑释人员重新犯罪的研究. 检察风云，2014（2）.
❸ 陈兴良. 宽严相济刑事政策研究. 北京：中国人民大学出版社，2007：173.

3. 福利性

出狱人安置工作的对象是已经恢复公民权利但是又遇到特殊问题和困难的公民，对出狱人继续安置、帮助和保护，是社会福利工作在特殊人群中的体现，这些工作对出狱人来说，基本上是无偿的或者是廉价的。

二、出狱人的回归社会准备

出监期是罪犯由监狱回归社会的"缓冲期"，这一时期监狱主要开展罪犯回归社会的针对性训练。

1. 开展出监教育

出监教育是指对即将出监的罪犯集中进行的一种专门教育。通常，监狱会将剩余刑期不足三个月的罪犯调入专门的出监监区，统一进行教育管理，管理方式与改造监区相比相对宽松。出监教育目的主要是为了巩固前期的改造效果，为罪犯重返社会做最后的准备工作。出监教育的内容除法制教育、市场经济常识、工商、税收、劳动就业政策教育、心理辅导、社交技能培训外，还有与罪犯回归社会遇到的衣食、住行、就业、婚恋和交友等与生活紧密相关的问题。全面细致的出监教育能够帮助罪犯提前全面认识了解现实社会情况，掌握必要的社会技能，克服部分罪犯的恐慌心理，减缓其融入社会的"阵痛"。

2. 制作移交出监材料

在罪犯刑满出监前半个月，监狱会制作出监鉴定表，鉴定罪犯的改造表现，并组织罪犯参加心理测评和重新犯罪评估。这些评估材料会随其副档一并移交给罪犯户籍所在地的公安机关。对属于外来流动人员的罪犯，监狱除向其户籍所在地公安派出所移交相关材料外，还会向其实际居住地的外来人口管理部门通报该罪犯的改造情况。对那些改造表现差、重新犯罪评估危险性较高的罪犯，监狱会通知其亲属、当地司法行政部门、社区来监狱领回或由监狱送交给其亲属或当地有关部门。在罪犯出狱前，监狱还要结算罪犯的账款和劳动报酬，返还代保存的物品，发放返家的路费。

3. 职业技能培训

为提高罪犯的就业素质，增强罪犯回归社会后的就业竞争能力，1995 年司法部、国家教委、劳动部联合下发了的《关于进一步加强对罪犯的文化职业教育和技能培训的通知》，要求各监狱加强罪犯的就业技能培训，特别是要加强、巩固处于出监期罪犯的技能培训。所以，监狱会根据罪犯的就业意向和社会需求，实时组织开展烹调、摄影、缝纫、理发、家电维修以及种植、养殖等培训周期短、见效快、投资小、易学易会的培训项目，培训以短期培训为主，培训对象主要是无一技之长又无可靠的就业门路的回归人员。与此同时，监狱还会定期组织罪犯参加各类职业资格考试、创业培训以及就业推介活动。

4. 接茬教育

监狱联系罪犯户籍所在地司法局、社区和罪犯亲属等，精心组织相应的主题帮教活动，如亲情帮教、法律帮教、就业咨询帮教等，做好罪犯回归社会的接茬教育。中央综治委 1995 年 5 号文《关于印发〈部分省市刑满释放解除劳教人员安置帮教工作经验交流会会议纪要〉的通知》对罪犯回归接茬教育做了明确的要求,"有关单位和社会团体要与司法行政机关紧密配合,把安置、帮教工作延伸到监所,并把监所内的改造与社会上的安置、帮教工作紧密衔接。"

三、出狱人的社会安置和保护

出狱人安置和保护主要有以下内容。

1. 户籍登记

我国《监狱法》第三十六条规定:"罪犯释放后,公安机关凭释放证明书办理户籍登记。"也就是说,当出狱人回到原居住地后,公安机关户籍管理部门应当根据出狱人的释放证明,及时办理户籍登记手续。

2. 落实相关社会保障

社会保障是国家和社会依法对社会成员的基本生活予以物质帮助和保障社会安全的制度。出狱人是社会的弱势群体,是社会保障的重点关注对象。如果出狱人年老体衰,已经丧失劳动能力,家庭人均收入低于当地最低生活保障标准,不能维持最低生活水平时,应当将其纳为当地最低生活保障范围,实现"应保尽保";如果出狱人在服刑前已经参加失业保险或正在领取失业保险,其刑满释放后,符合条件的,可以按规定享受或恢复失业保险待遇;对判刑前已经参加企业职工养老保险的出狱人,重新就业的,应当按照国家有关规定,按时足额缴纳养老保险,达到法定退休年龄的,按规定享受养老保险待遇,对判刑前已经领取基本养老金的出狱人,可按服刑前的标准继续发放养老金,并参加以后的养老金调整。

3. 促进就业

通过多种方式促进刑释人员就业。通过政策调控等方式,积极鼓励出狱人通过灵活多样的形式实现就业,包括非全日制、临时性、季节性工作等。为出狱人提供企业用工信息和就业信息,开展就业指导和技能培训,鼓励企业吸纳出狱人就业。积极维护出狱人的劳动权利,为受到就业歧视的出狱人提供维权帮助。

4. 法律帮助

对出狱人的法律帮助,是指有关部门、基层组织和社会团体等帮助出狱人了解有关法律知识、解决法律问题的专门活动。尽管出狱人在服刑期间接受了一定的法制教育,懂得了一些法律知识,但是在他们出狱之后遇到自己不能解决的法律问题而进行求助时,应当设法给予帮助,如法律咨询、法律援助等。

5. 心理服务

心理服务是指帮助出狱人解决他们所遇到的心理问题的活动。很多出狱人,面临着各种各样的心理问题,这些心理问题也是引起他们重新犯罪的重要原因。而在服刑期间他们可能会形成一些不良的心理特征和行为模式,又会加剧影响他们对社会的不适应。因此,当出狱人感到心理问题而寻求帮助时,有关人员应当及时设法提供心理咨询,或者联系社会上的专业心理咨询机构或者从业人员给予心理帮助。

6. 临时救助

对出狱人的临时救助是指在出狱人面临生活困难时提供暂时性救济的帮助活动。特别是那些长期在监狱中服刑的出狱人出狱后，如果家庭发生了很大的变故，变成"三无人员"（无家可归、无业可就、无亲可投）时，政府有关部门和有关社会组织要提供临时救助，帮助他们解决在衣食住行等方面面临的紧迫生活问题，使他们能够在社会上安顿下来。各地的安置帮教工作经费中，应当包括这方面的费用。对生活困难的刑释解教人员，民政部门应当按照规定给予最低生活保障或者采取临时救助措施。

第四节 我国出狱人社会保护制度的发展与完善

一、我国出狱人保护制度的发展

随着新中国的成立，新中国的监狱工作也应运而生，从而也就自然有了体现新中国特色的出狱人社会保护工作。由于受到国内政治、社会、法律建设工作的影响，从新中国成立初期到现在，我国出狱人保护工作可以分为以监狱为主与政府共同保护；以政府为主、与监狱共同安置；政府主导、社会安置三个时期。

1. 以监狱为主与政府共同保护

（1）"多留少放"阶段（1949~1956年） 新中国成立初期，为巩固人民民主专政的政权，全国开展镇压反革命运动，一大批当时被认为反革命分子和其他刑事犯罪分子被判处徒刑，进行劳动改造。至1953年，被判处短期徒刑的罪犯陆续刑满释放。当时，国民经济刚从恢复时期转入第一个五年计划建设时期，社会一时无法承受大量出狱人回归社会后的就业安置工作，加之，当时阶级斗争思想比较突出，这么多出狱人全部放归社会，不仅不利于社会的安定，也难以取得人民群众的谅解。因此，1953年12月召开的第二次全国劳改工作会议提出了"多留少放"原则，会议决定，"为贯彻劳动改造政策，巩固社会治安，对刑期届满罪犯，应依照不同情况，分别进行处理：对刑满后自愿留场又为劳动生产所需者；释放后无家可归，无业可就者；在地广人稀地区劳动改造的罪犯，刑满后需要结合移民就地安家立业者，均应加以收留，安置就业。"决定"在今后4~5年内对刑期届满的罪犯采取多留少放的原则"，即留原单位就业者占70%左右，释放回归社会的占30%左右。由于自愿要求留队参加生产或要求劳改机关介绍职业的刑满人员日益增多，1954年8月政务院第222次会议通过并颁布的《中华人民共和国劳动改造条例》第六十二条明确规定："凡是犯人在刑期满临释放的时候，自愿留队就业，或者无家可归无业可就，或者在地广人稀地区可能就地安置的，劳动改造机关就应当组织他们劳动就业。"1954年9月颁布的《劳动改造罪犯刑满释放及安置就业暂行处理办法》，在具体规定了安置的对象、条件、方法和待遇的同时，还规定，"在他能自产自给的时候，协助他们把家属接过来，就地安家立业。"至此，"多留少放"的原则有了具体明确的规定，并且主要由劳动改造机关负责，开始全面的实施。

（2）"四留四不留"阶段（1957~1965年） 20世纪60年代初期，国家政治、经济形势好转，社会秩序安定，社会安置就业状况有了改善。罪犯的构成也发生了很大的变化,即劳动人民家庭出身的普通刑事犯占大多数,其中家居农村的又占绝大多数。1964年召开的第六次全国劳改工作会议,根据国家的政治、经济形势和刑满人员的实际情况,对刑满释放留场就业政策作了调整,把"多留少放"改为"四留四不留"。"四留"人员是:改造不好的;无家可归无业可就的;家住边境口岸、沿海沿边县以及靠近沿海沿边的县和大城市的;放出去有危险和其他特殊情况如本人确实不愿回家的以及有特殊需要的等。刑满留场就业的人员在管理上与犯人有严格的区别。"四不留"人员是:改造好了的;家住农村的(包括大城市的郊区);家中有特殊需要(如独生子)和本人坚决不愿留场的;释放出去政治影响较大,以及老弱病残、丧失反革命活动能力、危害不大的。为做好出狱人的保护,"六劳"会议《纪要》进一步强调了要帮助解决刑释回归人员的户口、就业、生活、帮教等问题,做到安置落实。

(3)"原则上不放"阶段(1966~1976年) 1966~1976年为"文化大革命"时期,在极左思想泛滥、阶级斗争严重扩大化的阴霾下,监狱和刑满就业场所工作也难以幸免于乱。一些已经留场就业安置的刑释人员被遣送回原籍,"交群众监督",有的地区还将留场就业人员的工资降为生活费。在动乱时期,为最大限度地保护刑释人员的人身安全、正当权益和生活出路,1966年10月14日,公安部下达了《关于在"文化大革命"时期劳改单位暂停释放犯罪分子的通知》,《通知》要求贯彻"原则上不放"的政策,各地对刑满的犯人原则上暂停释放回籍,已经留场就业的也暂停清理回家,有特殊情况必须释放回归社会的,则应经过批准,并与当地公安机关联系安置落实后,派干部送回。

2. 以政府为主,与监狱共同安置

(1)"一律回归社会"阶段(1978~1992年) 党的十一届三中全会以后,我国进入了新的历史时期。随着改革开放,国家的政治和经济生活发生着深刻的变化,人们的精神面貌和价值取向也在发生着变化,对刑释人员回归社会提供了有利条件,1981年8月18日至9月9日,公安部召开了第八次全国劳改工作会议,作出了调整刑满留场就业人员政策的决定,除符合全国人大常委会《关于处理逃跑或者重新犯罪的劳改犯和劳教人员的决定》精神需要强制留场以外,对今后服刑期满人员,均应放回捕前所在或直系亲属所在地。当地公安机关凭释放证给予落户,由原工作单位、当地劳动部门、街道或社、队负责安置就业。中共中央办公厅和国务院办公厅在批准"八劳会议"《纪要》中进一步指出:"对刑满释放的人,不得歧视","要切实帮助解决他们的困难,给予参加学习、工作、劳动的机会,促使他们走上正路"。为了落实"八劳"《纪要》精神,公安部、劳动人事部、农牧渔业部、教育部、商业部等部门于1983年5月发出《关于犯人刑满释放后落户和安置的联合通知》,对刑满释放人员的户口落实、口粮落实、就业安置和青少年就学等问题,作了具体规定,为他们回归社会后的出路,提供了切实保障。

(2)"政府安置"阶段(1992~1999年) 随着社会主义市场经济体制的初步建立,监狱工作存在的社会环境发生着巨大变化,建设和完善我国相关刑事法律的要求显得十分迫切。1994年12月29日,第八届全国人民代表大会常务委员会第十一次会议颁布了《中华人民共和国监狱法》,《中华人民共和国监狱法》的颁布实施使得刑释人员的安置帮教工作随着监狱行刑改造罪犯工作进入了一个全新的法制化、规范化的阶段,但是由于监狱立法受到当时计划经济的惯性思维影响，刑释人员的安置工作仍由政府负责。《监狱法》第三十七条规定："对刑满释放人员，当地人民政府帮助其安置生活。"刑释人员的安置并没有像当时国家经济发展一样，由政府主导、市场调节、社会参与，仍是政府包揽。

3. 政府主导、社会安置阶段（1999年起）

1999年以后，我国加大了经济体制改革、社会转型的力度。社会管理体制、组织结构、利益关系以及人们的价值观念、生活方式、活动区域等都发生了很大的变化，这对安置帮教各项工作产生了很大影响。为进一步做好刑释解教人员促进就业和社会保障工作，有效预防和减少重新犯罪，维护社会稳定，2004年2月6日，中央社会治安综合治理委员会、司法部、公安部、劳动和社会保障部、民政部、财政部、国家税务总局、国家工商行政管理总局联合发布了《关于进一步做好刑满释放、解除劳教人员促进就业和社会保障工作意见》。该意见提出了"帮教社会化、就业市场化、管理信息化、工作职责规范化"的工作方针，要求在市场经济条件下，积极探索促进就业和社会保障工作的新途径，鼓励刑释解教人员通过灵活多样的形式，逐步实现就业市场化、社会化的发展方向。2010年，中共中央办公厅、国务院办公厅转发了《中央社会治安综合治理委员会关于进一步加强刑满释放解除劳教人员安置帮教工作的意见》（中办发〔2010〕5号）。该意见对提高教育改造质量、落实衔接措施、提高服务管理水平、落实教育帮扶措施等作出了规定，由此，刑释人员安置工作进入了一个全新时期。

二、我国出狱人保护制度的完善

1. 加快制定专门的出狱人社会保护法

从世界范围来看，英国于1862年就颁行了《出狱人保护法》，明确了对出狱人的督导和费用补贴，此举为多国采纳吸收，影响深远。随着对出狱人重新犯罪预防的关注，人权保护意念的日益高涨，激发了更加完备的立法在许多国家和地区的出现并壮大，有代表性的如《重返社会法》（德国）、《犯罪者预防更生保护法》（日本）、《在监人重返社会法》（美国）等，这都极大地推动了出狱人社会保护立法在全球视域内的发展。在我国，虽然监狱法等法律规定涉及出狱人保护的个别条款，但仅限于原则性规定，至今尚没有一部专门的、系统的规范出狱人社会保护的法律，所以有必要加快制定一部涉及出狱人员的专门法律，明确规定保护对象、保护机构、保护内容以及违反保护法应追究的责任，把出狱人社会保护工作全面纳入法制轨道，以立法形式推进出狱人社会保护事业的创新与发展。

2. 着力提升出狱人社会保护的社会化程度

出狱人社会保护的创新与发展无疑需要一个健全的组织体系。出狱人社会保护作为一项社会性很强的工作，要遵循社会化管理的理念，既要发挥政府的主导作用，也要充分调动社会力量、整合社会资源参与出狱人社会保护工作。要改变传统的政府大包大揽的做法，善于运用社会资源，调动社会力量，发展社会组织，形成做好出狱人社会保护工作的合力。政府应更多地通过授权于民间社会保护力量或通过政府购买服务的形式让更多的社会力量参与出狱人社会保护事业，如可以发起建立"出狱人社会保护协会"这一社会组织或民间组织，广泛鼓励、吸收民间力量组织、参与这一工作，协会在业务上接受司法行政机关的指导。西方在出狱人保护方面，"为了避免刺激出狱者，不宜以国家名义从事保护，最合适的莫过于由社会团体来担当这一职责"，各种保护大多是由社会机构实施的。我国已确定了转变政府职能的战略，"小政府、大服务"是时代的趋势，因此，积极依托社会组织、加大民间参与力度是出狱人保护的发展方向。

3. 进一步更新出狱人社会保护的内容

我国目前的出狱人社会保护工作侧重于"安置"中的物质帮助和"帮教"中的行为管控。当然这对于出狱人保护而言也是必要的，但是，今后还应进一步更新出狱人社会保护的内容，特别是要为出狱人顺利回归社会扫清资格障碍，使得每一个诚心悔过、重新做人的出狱人有可能通过自身的努力，恢复一个正常公民应有的社会地位，与其他人一样有公平的对待，不受到社会歧视；使得每一个诚心悔过、重新做人的出狱人都享有在遵守前科消灭制度的前提下，其已经接受完刑罚惩罚的同一犯罪行为不受两次处罚和再次提起的权利。这样的保护才是更为持久和更深层次的社会保护。要加强对出狱人的生活指导、心理疏导，使其以良好的心态面对在新的生活中可能遇到的种种问题和挫折。创造条件为出狱人提供更多的职业培训机会和就业信息，使其能够尽快找到一份合适的工作以自食其力。积极支持出狱人再创业。目前出狱人创业的很少，主要原因是难于获取贷款。相关部门可认真审核出狱人的创业方案，确有可行性的可协调银行向其发放小额创业贷款。在帮教上要尽可能柔性化，要与社区服刑人员区别对待，除了对于有暴力前科、极易重新犯罪的出狱人由公安机关列为重点人口抓好帮教管控之外，对于一般人员要以正面教育引导为主，特别是要搞好示范帮教，如通过举办刑释人员事迹报告会等活动，用刑释人员创业致富的典型人物和事迹，引导出狱人向好的榜样看齐，重新书写好今后的人生之路。

4. 进一步拓展出狱人社会保护的渠道

如就拓展特困出狱人过渡性生活救助渠道而言，除政府救助外，还应注意拓展民间救助、社会救助和自我救助等渠道。尤其要在自我救助上动脑子，想办法。自我救助是指国家通过制定政策和加强服务，由出狱人通过自身努力实现的救助，可以避免产生依赖心理和不劳而获的思想。一是可以通过完善罪犯的劳动报酬制度，在工资或绩效奖金结余中按一定比例提取建立"回归保障金"，在释放时一次性或分批发放。二是充分发挥过渡性安置基地的作用，使安置基地成为特困出狱人的临时安身之所。三是可以借鉴救灾工作中"以工代赈"和"生产自救"的做法，由有关组织和部门通过社区、乡镇安排有劳动能力的特困出狱人参加一些临时性的公共社会服务，实现自我救助。需要采取多种办法大力推动公益宣传，使社会能包容、关怀出狱人。可以通过公益广告等形式增进社会各界对出狱人社会保护工作的了解；积极报道创业有成就或作出贡献受表彰的出狱人，为出狱人群体在社会上树立正面形象；通过新闻媒体及时报道确有重大困难的出狱人，设置社会热心人士慈善募捐通道，帮助出狱人解决无钱看病、子女入学困难等问题，使其感受关心关怀。

拓展阅读

上海创新安置帮教形式精准施策

（中国青年报上海2016年4月19日电　记者余东明通讯员姜岸　吕凌）2016年4月19日，上海市召开刑满释放人员安置帮教工作会议。记者在会上获悉，为确保刑释人员总体安全稳定，该市建立了由"衔接、排查、评估、防控和追责"五个环节组成的重新犯罪风险防控体系，其中新增"评估和追责"两个环节是上海的创新。

会议下发了《上海市刑满释放人员安置帮教工作五年计划》，要求着力从夯实安全基础、推进精准帮教、强化基础保障、整合社会资源和加强专群结合五大方面突破攻坚。实现帮教管控无盲区，确保刑满释放人员老有所养、病有所医、困有所帮。力求将重新犯罪率控制在1%以下，并保持每年下降的趋势。

上海市司法局党委书记、局长郑善和认为，要全面创新社会治理，坚持"政府主导推动、社团自主运作、社会各方参与"的总要求，确保刑满释放人员更好地融入社会，要善于运用新载体和手段，打造社会帮教力量新的增长点。

上海市委常委、政法委书记姜平表示，刑释人员是特殊人群管理的重要组成部分，既是关系社会和谐稳定的重要风险点，更是需要全社会重点帮扶的服务对象，安置帮教工作要多角度精准发力：摸清底数、精准识别，摸透需求、精准施策，优化方式、精准服务。

第九章　国外监狱法律制度简介

近现代以来，在联合国的倡导和推动下，各国在预防、减少犯罪和刑罚执行方面展开了广泛的交流和合作，产生了大量关于刑罚执行、囚犯保护的国际公约、区域性公约、规范和共识。在交流与合作中，西方国家的监狱法律制度特别是近现代的刑罚执行制度，对我国监狱法律制度产生了重大的影响，值得研究和借鉴。

第一节　国外近代监狱法律制度的产生和发展

从 16 世纪末到 18 世纪中叶，是西方近代监狱的产生时期。期间，自由刑的出现并逐渐增加适用，使得人类意识到自由的价值，对刑罚的认识逐渐由经验过渡到理性，并对生命刑、身体刑的负面作用进行了深刻的反思。由此，西方国家掀起了刑罚观念的变革和监狱制度改革的浪潮。到 19 世纪初期，近代西方资本主义国家的刑罚执行制度和监狱制度得到了普遍确立。

一、西方近代监狱的产生

监狱是人类社会发展到一定历史阶段的产物，监狱制度及其变革与社会形态总是密不可分。西方近代监狱的产生与资本主义生产关系有着紧密的联系，是伴随着资本主义社会关系的产生而产生。到 15 世纪，西方古老的秩序开始瓦解，政治动荡、宗教变革和经济混乱导致犯罪发展到顶峰。许多农民被迫撇下了他们的土地，蜂拥进入城镇。当时政府不知如何处理这些"强健的乞丐"，为失业者设计了严厉的处罚。没有工作的人受到像罪犯一样的对待，被鞭打、污辱，最后被赶进教养院和习艺所。教养院一词源于伦敦的布莱德威尔宫。布莱德威尔宫是一个古老的皇家宫殿，于 1557 年被改建成"矫正院"。将布莱德威尔宫改建成矫正院的目的是试图通过给予工作和培养勤奋习惯的机会来拯救游民和轻微罪犯。通过这种形式不仅仅可以解决当时社会治安问题，还可以增加政府的收入，于是相继成立许多类似的机构。不久，许多地方都建起了矫正院。其实，这些矫正院就是监狱，带有明显惩罚、矫正和教养的性质。

16 世纪的欧洲，荷兰社会状况动荡不安，最早爆发了资产阶级革命。为了维护社会安定，对付日益增多的犯罪问题，荷兰也开始设置矫正院，建立了著名的阿姆斯特丹矫正院，并将男女分开关押，分别成立男犯矫正院和女犯矫正院。阿姆斯特丹矫正院最大的特点就是以劳动手段来矫正罪犯，男犯主要制作染料，女犯以纺纱为主，以满足当时纺织印染工业发展的需要。这时，矫正院开始注重对罪犯的精神感化和职业辅导，劳动不仅仅具有惩治性、奴役性，更具有习艺性，把劳动作为对付贫穷和由此产生犯罪的最佳手段。阿姆斯特丹矫正院门口的铭文醒目的写着:"不要害怕,我不是因为你的罪恶而报复,而是教育向善,我的手是严厉的,但我的心是仁慈的。"教育和挽救罪犯的思想出现,标志着教育刑理论与实践的兴起。根据教育挽救服刑罪犯的宗旨,阿姆斯特丹矫正院建立了一套完整管理罪犯的规章制度。矫正院的最高领导机构由社会知名人士组成理事会,日常管理工作由矫正院院长负责,并配有医生和教员,而且矫正院各部门还选出一些矫正效果较好的罪犯来担当助手,协助官方工作人员管理矫正院。罪犯除必须参加劳动外,还必须参加宗教活动,每人都得学习《圣经》,每餐饭前要先行祷告,周日要做礼拜,少年犯除了参加劳动外还得定期听教员讲课。

受阿姆斯特丹矫正院的影响,西方许多国家开始效仿。1650 年在罗马天主教博爱主义的倡导下,佛罗伦萨建立了收容流浪儿童的小习艺所,1704 年罗马天主教教皇设立了专门关押违法犯罪儿童的监狱作为罗马圣米迦医院的组成部分。1735 年罗马又出现一座女监狱。1773 年英国在根特设立了习艺所,并首次使用了分房单独监禁和苦力劳动作为矫正的手段。这一系列的监狱制度的发展,促进了西方近代监狱的形成,英国的矫正院被一些监狱史学家认为是欧洲近现代监狱的监狱起源,阿姆斯特丹矫正院被视为首先实现现代化自由刑思想的先驱。从 17 世纪开始,矫正院开始收容一般犯罪人,逐渐演变为纯粹的监狱,西方近代监狱由此而产生。

二、西方近代监狱的改革

随着刑罚体系开始向自由刑转变,监狱作为执行自由刑的场所开始出现。从 17 世纪开始,西方国家自由刑开始步入早期,但他们仍从消极意义上来理解和使用自由刑。监禁罪犯的目的,一方面是为了维护社会治安;另一方面是为了迫使人们服从资本主义生产方式。当时所谓的"穷人法则"就是这个时期产生的。它要求监狱罪犯的生活比最穷的贫民窟还要差。苦役劳动是此时监狱的特色。罪犯常常被驱赶到矿山或筑路工地,身带镣铐,从事繁重的体力劳动。但这些劳动大多是一些无益的劳动,纯粹以折磨罪犯为宗旨。18 世纪中叶,由于资本主义经济的发展导致了犯罪人数的骤增,监狱人口大量增加。受制于物质条件,监狱设施得不到同步改善和增加,监狱状况令人惨不忍睹。监舍破旧阴暗、潮湿,老幼同房,男女同席,瘟疫流行。根据英国议会档案资料记载,18 世纪当时英国境内大约有 300 多所监狱,监狱的管理权大都掌握在各个郡治安法官和郡守手中。监狱大都设在城墙或堡垒的里面,多由一个个狭小的房间组成,光线昏暗,由于空气缺乏流通,房间里充满了恶臭。当时的狱卒是没有薪酬的,他们的收入主要来自于对囚犯的盘剥。囚犯在狱中的伙食不是无偿提供的,没钱的罪犯只能挨饿,罪犯被饿死的情况时有发生。监狱里的卫生环境更加恶劣,狱卒们忙于敛财,对恶劣的卫生条件充耳不闻,地方的治安法官和郡守很少去监狱巡视。狭小的空间里弥漫着恶臭,提供给囚犯的食物经常会腐烂变质,监狱成为了各种病菌滋生的"理想"场所。几乎每个囚犯都会患上"监狱热病"。在 1730 年,汤顿郡大斋节的巡回法庭上,罪犯把热病带到了法庭上,巴朗·潘里格尼(Baron Pengelly)大法官、詹姆斯·谢泼德(James Sheppard)律师、约翰·皮格特(John Pigot)郡守和数百名陪审人员被传染而丧生。

西方国家监狱的这种黑暗状况,终于在 18 世纪引发了一场在监狱史上具有重要意义的监狱改革运动。英国、法国、美国、荷兰等国都是这一运动的典型国家,也涌现一批监狱改革的先驱。

约翰·霍华德(John Howard 1726~1790)是 18 世纪后半期唤起英国人对犯罪人所受的恶劣处遇的关注的最重要的人物,被誉为西方监狱改良的鼻祖。约翰·霍华德经过对英国及欧洲大陆的监狱状况进行详细的考察,写了《英格兰及威尔士监狱状况》一书。在这本书中,他详细阐述了有关监狱改革的具体措施,其内容主要有以下几个方面。

1. 强调监狱的教育功能

霍华德认为监狱存在的作用不仅仅是对犯罪者的惩罚和报应,他认为监狱存在的作用是教育和挽救那些囚犯,对犯了错的人进行教育,促使他们分清是非曲直。他还特别强调宗教在教育罪犯过程中的作用,监狱中要有牧师,此外还要求监狱的管理人员必须是正直的人,具有良好的道德情操。霍华德还强调对罪犯开展职业技能的教育,在监狱中设立工厂,锻炼罪犯的职业技能,使罪犯在出狱的时候能够找到谋生的方式,尽快融入社会。

2. 国家对监狱进行统一管理

18 世纪英国的监狱大都归各个郡管理,而各个郡的监狱管理者大都对监狱的管理不够重视,他们大都把监狱的管理权出售给狱卒。霍华德面对这样的问题,提出了将监狱的管理权由国家来掌管,政府给狱卒统一发放薪水,以此来解决狱卒们贪腐的问题。

3. 改善监狱的卫生环境

18 世纪英国监狱的卫生条件是十分恶劣的,监狱往往成为各种传染病的发源地。霍华德提出要改善监狱的卫生环境,监狱管理者要派人定期检查监狱的卫生状况,设立监狱医院保障罪犯的身心健康。

4. 劳动改造

霍华德认为,无所事事是导致人们触犯法律的一个重要的因素,对罪犯进行强制的劳动,不仅能够使罪犯能够更好的认识到自身的错误,还能够掌握一门技能,以后能够更好地融入社会。

在欧洲监狱改革运动的影响下,18 世纪末,美国也掀起了监狱改革运动。其中最具代表性的是宾夕法尼亚州的独居制和纽约州的沉默制。独居制和沉默制是一种更为严格的监狱分类制度。

独居制,亦称"分房制",因发端于美国的宾夕法尼亚,故又称"宾州制"。这种制度让罪犯单独拘禁,昼夜完全隔离。监狱采取了各种措施,使得罪犯既看不到监狱的整个布局,又无法同其他罪犯见面。但是,除了避免罪犯之间相互传染恶习外,独居制并未带来超过杂居制的文明。它使罪犯终日在苦闷无聊中度日,精神上备受折磨和痛苦。由于独居制的种种弊端。因此,这种制度在美国实行的时间不长,即被以后所产生的沉默制所取代。

沉默制,1823 年起源于美国纽约州的奥本监狱,又称"奥本制""杂居制"或"集体制"。这种监狱管理的主要特点是:罪犯夜晚单独监禁,白天则在狱内或场地上集中劳动。劳动过程中，罪犯要保持绝对沉默，不准交谈，即使以姿势、手势或眼神交谈也在禁止之列。罪犯一旦违反了规定，就要受到单独监禁、降低饭食标准、鞭打、戴戒具以及其他残酷的惩罚。

从18世纪末期到19世纪初期，无论欧洲还是美国，整个刑罚体制都在重新配置，各国各地纷纷酝酿和制定法典，主张刑罚的目的是教育改造犯罪者，而不是对犯罪行为进行报复。在新派刑法理论的影响下，刑罚趋向缓和，身体刑的种类大为减少，甚至完全废除，自由刑的地位逐渐提高，并最终占据刑罚体系的中心位置。

第二节 国外现代监狱法律制度简介

至19世纪中叶，自由刑已占据主导地位，其主要特点是剥夺罪犯的人身自由。到了19世纪后期，面对犯罪率的急剧上升，特别是累犯率居高不下的形势，在总结以往监狱管理的经验和教训的基础上，西方资本主义国家尝试了种种方法，寻求探索监狱制度改良。而后，一些新的监狱制度陆续出现，并在实践中逐步完善，一些监狱制度上升到法定的高度，形成西方现代监狱法律制度的主要内容，如分类制度、累进处遇制度、劳动和教育制度等。

一、分类制度

一般认为，现代意义上的罪犯分类制度首先产生于荷兰。1559年，荷兰建成了著名的阿姆斯特丹市维兹拉修监狱，1595年开始专门关押男犯，率先实行男女罪犯分押，2年后又设立了女犯监狱，形成了完整的性别分类原则。这是近代监狱史上第一次按性别进行分类，是现在罪犯分类制度的萌芽。西方国家监狱罪犯分类制度其操作由简单到复杂，由粗放到科学，走过了数百年的发展历程。到了20世纪，罪犯分类制度摆脱粗放的模式而逐步走入科学化的轨道。

（一）外国罪犯分类制度概述

在罪犯进入监狱之后，一般会对其分类关押。罪犯的分类不是一种一次性的活动，随着罪犯服刑状态的变化，也随之发生调整，是一种周期性进行的动态活动。西方国家监狱的罪犯分类主要存在初次分类和重新分类的过程。

1. 初次分类

初次分类也可称为最初分类。这是接收中心对新入监罪犯进行分类。主要涉及以下四个方面。

（1）警戒度 不同警戒度的监狱在建筑等物理设施方面有一定的差别，以便关押不同危险程度的罪犯。一般而言，监狱的警戒度主要分为四类：超高警戒度——最高警戒度；最高警戒度——高警戒度；中等警戒度——低警戒度；最低警戒度。

（2）监管 许多监狱系统将监管等级分为四类，有两种监管等级的罪犯可以走出围墙之外，有两种监管等级的罪犯不能走出围墙之外。至于对四类监管等级的名称并不完全一样，通常分别称为：封闭式等级、中等等级、限制等级及可外出等级。

（3）住宿 西方国家将有类似内在特征的罪犯，安置在一起住宿。这种分类系统大体上将罪犯分为三种类型：暴虐-侵害者型，柔弱-受害者型，普通型。普通型罪犯既不会遭受第一种类型罪犯的威胁，也不会虐待第二种类型的罪犯。

（4）计划　进行这方面分类的目的，是要决定对罪犯实施什么样的劳动、培训和治疗计划。

2. 重新分类

重新分类是根据罪犯在服刑期间的变化进行分类。分类的目的是根据罪犯在服刑期间的变化，调整对罪犯的监管等级、矫正计划、住宿安排等。重新分类通常要考虑下列因素：

（1）已经服刑的时间；

（2）在服刑期间发生违纪行为的类型和频率；

（3）在矫正机构中是否使用毒品或者酒精；

（4）心理和情绪的稳定性；

（5）监狱工作人员对罪犯的个人责任感强弱的评价；

（6）与家庭、社区的联系；

（7）参与矫正计划的情况；

（8）在劳动和其他方面的行为表现。

（二）美国监狱罪犯分类

美国的罪犯分类工作深受《美国模范刑法典》的影响。尽管《美国模范刑法典》只是示范性法典，没有法律效力，但是，它却深深影响美国一些州的立法和行刑实践。《美国模范刑法典》第304-1条明确了罪犯分类的内容：矫正机构应设立罪犯接收中心；矫正局长对每一接收中心，应任命分类委员会，分类委员会由矫正局长的代理人、医师、精神科医师或临床心理学家、处部的代表、保安部的代表以及其他人员组成；分类委员会应调查罪犯之医学的、心理的、社会的、教育及职业的情况，以及罪犯经历、犯罪动机，并向矫正局长报告，矫正局长据此确定罪犯的服刑设施。该法典的第304-1条的第1～4项对监狱的重新分类及释放前分类加以了规定。根据规定，监狱要设立处遇分类委员会，处遇分类委员会要对罪犯处遇及处遇调整提出建议，监狱长据此改变或调整罪犯处遇。美国监狱的罪犯分类一般分为初步分类、重新分类与释放前分类三种。

1. 初步分类

罪犯初步分类通常在罪犯接收中心进行。罪犯分类要根据罪犯人格调查情况进行。人格调查的范围包括犯罪人的个性、身心状况、境遇、经历、受教育程度和其他有关情况。具体地讲，罪犯分类要考虑以下资料：司法机关的指控材料，判决执行材料，犯罪前科材料，心理测试材料，教育程度测验及智商测验材料，职业才能测验材料，当地缓刑监督官员及警察局提供的材料，社区力量如家庭成员、代理人、雇主等提供的材料等。罪犯分类程序分审查、制定方案与鉴定三个步骤。监狱审查的最终结果形成初步的人格调查材料。根据人格调查，监狱对罪犯要进行以下主要分类并施以相应处遇：根据性别不同，将罪犯分为男犯与女犯；依据年龄的标准，可分为成年犯与少年犯；根据罪犯主观恶性大小及改造难易程度，分为初犯和累犯；依照罪犯精神状况，将罪犯分为常态罪犯和精神病罪犯（各州和联邦政府设立特殊犯监狱和治疗中心，专门收容救治精神病罪犯）。初步分类往往还考虑吸毒病者、性犯罪者等特殊情况。

2. 重新分类

罪犯重新分类是监狱所实施的分类，其过程持续罪犯整个服刑期间。重新分类实际上是不断掌握罪犯矫正的情况，并根据罪犯的人格变化，相应地调整其处遇。罪犯重新分类涉及罪犯关押场所、居住场所、矫正方案等的变动。

3. 刑释前分类

刑释前分类通常在罪犯释放前1年零3个月内进行，释放的一般形式是假释。

（三）英国监狱罪犯分类

英国监狱通常分为A、B、C、D四种类型，其中A类监狱关押最危险的罪犯。所有地方监狱和押候中心属于B类监狱，所有开放式监狱或者重新安置中心属于D类监狱，其余监狱属于C类监狱。原则上，女犯和青少年犯罪人（指15～21岁的犯罪人）不参与正常的分类，这两类罪犯有单独的监狱，即妇女监狱和青少年犯罪人矫正所，按照警戒度等级大体上分为两类：封闭式监狱和开放式监狱。英国监狱对新判刑罪犯的分类工作，主要就集中在成年男犯身上。

1. 对成年男犯的最初分类

新判刑的成年男性罪犯有可能被分到下列四类监狱中的一种。

（1）A类　根据英国有关法规的规定，A类监狱由英国监狱管理局伦敦总部直接管理。被分为A类的罪犯，是那些最危险的罪犯，他们逃跑之后会对公众、警察和国家安全造成极大的威胁或者伤害。当监狱最初收押了被指控或者判决犯有一些严重罪行的罪犯时，监狱就会向伦敦总部的观察、分类与安置处提交报告，要求进行分类。这个罪犯可能会被观察、分类与安置处临时分为A类，并且会被送到相应的监狱监禁。对于那些被分为A类的罪犯，会进一步确定他们的逃跑危险等级。这种危险等级有以下三种：第一种是逃跑危险。这类罪犯被认为是没有特殊条件和技能可以摆脱限制他们行动的安全警戒措施的人，他们有可能利用一切机会逃跑，对公众、警察和国家安全有很严重的威胁。第二种是高度逃跑危险。这类罪犯的历史和背景表明，他们有能够计划和实施逃跑行为的能力和决心。被分为这种等级的罪犯，很有可能是重大犯罪人，例如隶属于某个组织的恐怖分子、武装抢劫犯、使用武力和暴力帮伙进行犯罪活动的重大贩毒犯。第三种是特别逃跑危险。这类罪犯除了具有高度逃跑危险罪犯所具有的特征之外，他们还具有这样一些特征，例如，对公众有特别严重的危险，是被他们的组织或者集团认为有极大价值的成员。这些罪犯有强烈的逃跑动机，必须采取最严格的安全措施。由于A类罪犯是由英国监狱管理局直接分类的，属于特别分类程序，因此，在日常管理中对成年男犯的分类，主要集中在与B、C、D类监狱有关的事务上。

（2）B类　那些因为严重犯罪、暴力犯罪、性犯罪和毒品犯罪而被判处监禁刑罚的犯罪人，会被划分为B类，被送到B类监狱服刑。

（3）C类　如果一名成年男性罪犯不具有上述情形，那么，就可以将这名罪犯分为C类，但是，有下列情形的除外：因为暴力犯罪或者性犯罪而被判处7年以上监禁刑；

以前因为暴力犯罪或者性犯罪而被判处 7 年以上的监禁刑,并且没有成功地在 C 类监狱中服过刑;本次判决中有一项判决判处的刑罚超过 10 年;近来有过从封闭式监狱逃跑的历史,或者有重要的、可以用来帮助逃跑的外部资源。一般情况下,那些因为非暴力性犯罪而被判刑的罪犯,被判处短期刑和中等长度刑期的罪犯,至多被分为 C 类,被安置到 C 类监狱服刑。

(4) D 类　根据英国《监狱管理局令 2200》的规定,在对成年男犯开始进行最初分类时,必须认为所有罪犯都适合于 D 类,但是有下列情形的除外:因为暴力犯罪而被判处 12 个月以上监禁的;被判决犯有除最轻微的性犯罪之外的任何性犯罪;以前因为暴力犯罪或者性犯罪而被判处 12 个月以上的监禁刑,并且没有在开放式监狱服过这些刑的;本次或者以前的判决涉及纵火或者任何与输入或销售毒品有关的犯罪;近来有过逃跑或者潜逃的历史。

2. 重新分类

与美国监狱类似,在英国监狱系统中,也有对服刑罪犯进行重新分类的问题。根据英国的规定,当一名罪犯成功地服刑一段时间之后,就必须考虑他们是否适合被分为 D 类。一般情况下,除了刑期低于 12 个月的罪犯之外,对其他所有罪犯都必须进行这样的重新分类。根据英国《监狱管理局令 2200》的规定,重新分类的时间间隔分为两种:对于被判刑 12 个月到 4 年的罪犯,至少每 6 个月就要进行一次重新分类审核;对于被判刑 4 年或者更长刑期的罪犯,至少每 12 个月就要进行一次重新分类审核。

(四) 日本监狱罪犯分类

日本监狱罪犯分类的法律依据是《监狱法》《监狱法施行规则》及《行刑累进处遇令》等。在日本,所有已被定罪入狱的罪犯都要接受分类调查。调查是根据医学、心理学、教育学及其他专业知识和技能进行的,不仅要进行心理方面的测验、观察,还要从有关部门获取数据和有关资料。《行刑累进处遇令》第 10 条规定:"在监狱认为有进行分类调查必要时,可以借阅诉讼记录或照会市、镇、村办公处所、警察机关、学校、保护团体、或其亲属、雇佣关系者等,要求报告必要事项。"接受调查包括以下内容:罪犯的身体和精神状况、个人历史、家庭背景及其他情况、对职业和学业教育的态度、改造愿望、将来打算及其他个人方面问题。对罪犯的接受调查一般在分类中心进行。在日本,每个矫正区内部有一个作为区分类中心的监狱。分类中心配备分类专家,并装备必要的设备。分类中心的职责是:接收刚定罪、不满 26 周岁、刑期 1 年以上的男性罪犯,并对其进行为期 2 个月的调查;接收精神或举止失常而需要详细检查的罪犯;向其他监所给予指导与援助。

日本监狱的分类级有收容分类级和处遇分类级。收容分类级是作为区别应收容的设施或设施内的区划基准的分类级;处遇分类级是作为区别处遇分类方针基准的分类级。收容分类级的判定基准是"犯罪倾向的进度",具体着眼点有四个:设施收容经历;反社会集团的属性,行为人所参加的是否是反社会集团,其地位如何等;犯罪形态,看犯罪人是偶发犯罪、机会犯还是习惯犯;习癖与生活态度。处遇分类的着眼点是需要进行教育者,需要进行职业训练者,需要进行生活指导者。在此基础上,罪犯被分为 20 类。根据罪犯犯罪倾向的进度,罪犯被分为 A 级、B 级。前者犯罪倾向未加剧,后者犯罪倾向加剧。根据服刑人形式上的特征，即年龄、国籍、刑名、刑期等因素分为 W 级，即女犯；F 级，即外国人；I 级，即被处以监禁者；J 级，即少年；L 级，即执行刑期在 8 年以上者；Y 级，即未满 26 岁的成年人。根据罪犯精神状况，将罪犯分为 M 级：MX 级的罪犯为弱智者，MY 为精神病质者，MZ 为精神病患者。根据犯罪人的身体情况将罪犯分为 P 级：PX 级罪犯为病理疾患者，PY 为聋哑者，PZ 为年老者。根据处遇需要将罪犯分为：V 级，需要进行职业训练者；E 级，需要进行学科教育者；G 级，需要进行生活指导者；T 级，需要进行专门治疗者；S 级，需要进行特别护理者。

二、处遇制度

西方国家监狱累进处遇制早期分为三个阶段，即独居监禁、杂居劳动和假释。1854 年，爱尔兰人沃尔特·克罗夫顿（Walter Gofton）在就任爱尔兰监狱长期间新设中间监狱作为累进级。克罗夫顿认为，应当将整个服刑阶段看作是善行积累过程，服刑人从一入监就要开始积累自己的表现，将此积累过程分成若干阶段，各阶段与不同处遇挂钩，服刑人在此过程中凭自我表现而上升累进，逐步过渡至重返社会。克罗夫顿的这种"过渡式囚禁方式"将累进作为监管制度和行刑方式来对待，开创了现代累进处遇制的先河。

（一）西方国家累进处遇制度概述

西方国家现行的累进处遇制尽管具体名称、体制、形式和方法不尽相同，但一般都具有下列四阶段内容。

（1）独居监禁　独居监禁的对象为初入狱的罪犯，是吸收早期的独居制优化归纳而成。独居监禁通过对犯罪身心的严格监控，防止彼此污染，促使不谙狱规的初入狱罪犯尽快完成监狱适应过程，以维持监狱秩序，形成受刑人接受行刑的身心境况，并昭示刑罚惩罚痛苦以维护行刑尊严，故此阶段被称作"精神改善级"。

（2）杂居监禁　杂居监禁是吸收早期的杂居制优化而成，本身一般又细分为若干渐进次进级的小阶段。罪犯在完成第一阶段的责任分数后始可进入杂居监禁级。由于伴有劳动的杂居监禁旨在陶冶罪犯守法循规地共处一体的身心素质，养成与他人的内外在关系的能力，所以此级又被称作"社会改善级"。

（3）中间监狱或半自由监禁　处于这一阶段的罪犯可以享受到更多的身心活动自由和较高的待遇，同时也负有更大的自律责任。其执行方式常与开放式处遇相衔接。这种设置不仅是对既有责任分数所表明的受刑人刑罚感受能力的考验，而且通过其自控自律责任的加重，进一步培养和强化这两种身心素质，为其重过即将到来的狱外社会生活进行模拟训练。

（4）假释　假释为累进处遇制的最后一级，是罪犯服刑过程中所获得的最高处遇，获得假释的本身即代表着自由的基本恢复以及由此连带导致的其他权利的恢复。

（二）美国监狱累进处遇制

美国监狱的累进处遇制主要有以下内容。

（1）由于善行而获得生活待遇的好转　有些监狱既有单人牢房，又有双人牢房和集体牢房，罪犯入狱时是先在集体牢房，条件较差。根据服刑表现，一段时期之后便能移到双人房间，继而再进入单人房间。许多监狱把罪犯同家属团聚（不是一般会见）和休假（可以回家）作为"善行"的一种奖励。

（2）由于善行而获得警戒程度的减轻　美国州立监狱实行三级警戒制（最高、中等、最低），罪犯由于在服刑中表现良好，可以由警戒度高的监狱逐步向警戒度低的监狱过渡，包括过渡到"重返社会训练所"。

（3）由于善行而获得提前出狱的机会　比起上面两种处遇来，这对罪犯更重要。不过由于各州具体情况不同，因而在具体的执行方法上有差异。如，有的州规定"一日善行抵一日刑期"，有的州规定"三日善行抵一日刑期"，有的州把善行分等，例如："A等善行"是一日折抵一日，"B等善行"是三日（或五日）折抵一日，"C等善行"是十日折抵一日。

（三）丹麦监狱累进处遇制

北欧国家在狱政管理制度上有许多相似之处，丹麦监狱的累进处遇制度是北欧国家的典型代表，这里作简要介绍。

丹麦的行刑方针是把罪犯回归社会作为社会效益放在重要的位置上，给罪犯以尊重，尽量不使罪犯与社会隔绝，促使刑满释放后更好地融入社会。监狱设有学校和图书馆，鼓励罪犯学习文化和技术，还有专门的教室并聘有辅导教师对罪犯学习进行辅导。有的开放式监狱除鼓励罪犯在监狱里学习文化和技术外，也允许罪犯在规定条件下到社会上参加学习和考试。丹麦监狱的罪犯生活条件相对比较好，配有活动室，供罪犯在此休息、娱乐、开展交际活动，监舍内配有电视机、音响设备等，还可自己做饭、热饭。允许执行三分之一以上刑期的罪犯，每三周回家探亲一次，星期五下午离开监狱，星期天晚上必须返回监狱。监狱还设有亲属监视监区，允许父母、配偶、子女到监狱里与罪犯一块居住。允许罪犯在条件许可情况下，每三周有三个小时在监狱与亲人团聚，或者每三周罪犯回家休假探亲一次，这期间罪犯不受监视。在丹麦，开放式监狱大约允许80%的罪犯回家探亲，封闭式监狱50%以下的罪犯可以回家探亲。丹麦监狱规定罪犯必须参加生产劳动，政府要付给劳动报酬。各个监狱的劳动场所都比较小，生产规模也不大，主要是金属加工、家具制造、组装各种礼品包装盒等。罪犯的劳动报酬低于社会人员的工资，一般只有社会人员工资的40%。罪犯除因监禁而失去了随便外出的自由以外，其他正常人的权益都受到保护。在监狱里罪犯可以交朋友，可以参加各种文娱、体育活动，经批准可以与亲人团聚，可以结婚，可与妻子或丈夫在监狱里同居而不受任何监视，罪犯通信原则上不检查，如需检查，需经监狱长批准。甚至罪犯对监狱管理工作有意见可以选代表与监狱长对话。心理治疗狱释放出去的罪犯，要求回监狱洗澡、吃饭、或住几天，只要是自愿的，监狱都可以接受，而无需任何法律手续。

（四）日本监狱累进处遇制

根据日本"行刑累进处遇令"的规定，累进处遇的目的是促使服刑人改过迁善，按发奋努力的程度，缓和其处遇，使其逐渐适应社会生活，其主要有以下内容。

1. 等级划分及累进

（1）根据处遇令第十六条规定，处遇等级分四、三、二、一级并配戴相应徽章。第一，服刑人自第四级依次晋级。第二，具有较强的责任感，预料能适应共同生活者，经刑务官会议讨论可不受前款规定的限制，直接进适当的上级等级。

（2）等级的累进 在考察下列事项的基础上决定：第一，劳动努力与否及其成绩；第二，操行良好与否；第三，责任感及意志的强弱；对少年服刑犯，除前款规定外，还应考察学习努力与否及其成绩。

（3）进级的考察适用累进处遇之后，刑期未满11个月者的考察，大体上每两个月进行一次，其他人员大体上每六个月，经刑务官会议讨论后进行。刑务所长认为有必要时，可随时经刑务官会议讨论进行考察。第一，各等级的责任分数按刑期长短区分。第四级按以下规定，第三级为其二倍，第二级为其三倍，第一级为其四倍。考察后决定晋级时，应告知本人。

2. 不同级别的处遇

（1）押上的处遇 第四级及第三级服刑人实行杂居监禁，但处遇上有必要时，不受此限。第二级和第一级服刑人实行昼间杂居，夜间独居监禁。但处遇上有必要时，不受此限。第一级服刑人可收容于特别的收容场所。第二级以下服刑人在处遇上有特别必要时也可收容于特别的收容场所。这些特别的收容场所内的房间可不设锁。对第一级服刑人员，除有特殊情况外，不进行搜身及居室抽查。第一级服刑人员，在休息时间内，可在刑务所内指定的场所自由活动。第一级服刑人员的搜身、居室搜查、整顿及其他秩序的维持，向各刑务所长负全部责任。

（2）劳动上的处遇 第四级和第三级服刑人员不许转业。但认为在处遇上或其他方面有转业的特别必要，可以专业。第四级服刑人员每月可将当月劳动报酬的五分之一以下的金额用于个人用途。第三级服刑人员每月可将劳动报酬四分之一以下的金额用于个人用途。第二级服刑人员可以使用自己的作业工具，购买作业工具必要时可使用自己劳动报酬结算；作业成绩良好并具较高技能的，可辅助指导其他服刑人作业；每月可将当月劳动报酬三分之一以下的金额用于个人用途。分派的劳动已经熟练者，可特许转业。第一级服刑人从事作业可不派戒护者；作业成绩良好并具较高技能的，可监督其他辅助作业指导的服刑人；操作特别好的，可辅助刑务官进行戒护。

（3）教化上的处遇 第一级的服刑人，主要进行个别教育。个别教育应于居室和教室及其他适当场所进行。第二级以上的服刑人可举行集体会，每月不得超过一次，第一级每月不得超过两次。少年服刑人及在处遇上有必要的服刑人，集体会可不受次数限制。集会时应有刑务所长或刑务所长指定的人在场。第一级服刑人允许其在图书馆阅读图书；第二级以下服刑人在处遇上有特别必要时，也可允许在图书馆阅读图书。第二级以上的服刑人可举行比赛、游戏或运动会，每月不得超过一次，第一级每月不得超过两次。少年服刑人及在处遇上有必要的服刑人，次数可不受限制。第二级以上的服刑人，可允许在监舍中装挂直系亲属的照片。

（4）接见方面的处遇 第四级服刑人只允许与亲属及有关保护人接见及通信。第三级以上的服刑人，在不妨碍教化的范围内，可与非亲属接见及通信。接见及通信的次数，第四级服刑人每月一次一封；第三级服刑人每月两次两封；第二级服刑人每月四次四封；第一级服刑人可随时接见及通信。第二级以下服刑人可在接见室进行接见，第一级服刑人可在适当的场所进行接见。第二级以上服刑人进行接见时，可不特设在场人。刑务所长认为在教化上或其他方面有必要时，服刑人接见及通信的次数可不受限制。

3. 等级的降低

因滞留在所属等级之内，有特别扰乱该等级秩序者，可降低其等级。处于最低等级，扰乱纪律被认为不适于累进处遇者，可不适用本规定。被降低等级的服刑人，有特别明显的悔改表现时，可恢复原级。

三、劳动和教育制度

劳动和教育制度在现代西方监狱制度中占据着重要地位。在世界各国，监狱组织罪犯进行劳动有着久远的历史，都把组织罪犯劳动作为一项重要的监狱制度，几乎所有的国家都以法律的形式规定了监狱服刑罪犯的劳动。罪犯教育制度是在近代西方国家开始出现的，到了现代对罪犯进行矫正教育已成为各国监狱普遍实行的制度，联合国经济及社会理事会1990年通过的《关于监狱教育的新决议》，以公约的形式把罪犯教育制度国际化。

1. 西方劳动和教育制度概述

现代西方监狱劳动和教育制度有着共同的特性，都是围绕罪犯能够顺利回归社会不再犯罪而展开的，是教育刑理论与实践的必然产物。

（1）劳动制度　监狱组织罪犯劳动的历史由来已久，但罪犯劳动的性质和目的，却是不断发展变化的，到了现代西方监狱劳动制度已经从单纯的惩罚报复手段演变成一种矫正教育手段。19世纪末20世纪初，教育刑主义已在世界范围内普遍接受，逐渐取代了惩罚刑思想而成为占据统治地位的行刑思想。西方国家刑罚学家对罪犯劳动问题进行了深入的探讨和反思，认为行刑宗旨在于教育矫正罪犯，应注意行刑的人道化，监狱罪犯劳动是教育罪犯的基本手段之一，可以培养罪犯的劳动意识、劳动技术、职业技能，强化罪犯自食其力的观念，为刑满释放后谋生提供一技之长。监狱里罪犯劳动是其最好的活动形式，不劳动则罪犯会无所事事，惹是生非，导致道德的堕落、生理的衰弱、监狱秩序的混乱。于是，西方各国纷纷以立法的形式对监狱罪犯劳动进行了规定，明确提出监狱罪犯劳动，不得具有折磨性质，不应被视为附加刑罚，而是一种有利于恢复罪犯适应能力、为其从事某种职业做准备、培育他们良好的劳动习惯、防止游手好闲的措施。

（2）教育制度　罪犯教育制度又称监狱教育制度或罪犯矫正教育制度，以美国为代表的西方国家称为矫正计划，对罪犯进行教育是为了转变罪犯犯罪时的认知结构、思想观念、价值准则和行为习惯而进行强制的再社会化。从西方国家罪犯教育实施的情况来看，罪犯教育的内容主要包括文化教育、宗教教诲、不良习性矫治、社会教育、职业培训、心理矫治等，以促进罪犯悔过自新，达到矫正过去的恶习，适应社会正常生活。罪犯的教育一般遵循三个原则，一是尊重罪犯人格，罪犯教育核心内容是对罪犯进行守法公民的人格素质的教育和培养；二是罪犯自我教育，罪犯教育的关键在于罪犯自我觉悟认识犯罪的危害；三是罪犯自己掌握自己的命运，罪犯教育就是要提高罪犯的自我认知能力、自我控制能力、自我独立的社会生活能力。

2. 美国的劳动和教育制度

（1）劳动制度　美国法律规定，联邦监狱工业董事会必须对合众国监狱和感化院里所有体力上合适的罪犯给予雇用，使他们能够获得职业上的知识和技能，以便在获释时有赖以谋生的手段。但是，联邦和各州监狱对罪犯是否参加劳动的规定也不相同。有些监狱，罪犯可以按照自己的意愿来选择是否参加劳动，有些监狱则是强制性劳动。如联邦监狱管理局规定，有劳动能力的联邦罪犯都必须参加劳动。但大多数只参加一些较为简单的轻体力劳动，如修理管道、刷油漆、看守仓库、打扫卫生等，每小时可得报酬12美分到40美分不等。另有少部分的罪犯在监狱的工厂中劳动，从事制造家具、铸造金属、修理车辆以及生产电子产品等劳动，每小时可得报酬23美分到1.15美元不等。

（2）教育制度　《美国模范刑法典》规定："对于可能依处遇计划获得良好效果之受刑人，应尽力使其参加有学业和职业上之训练、生产的作业、宗教活动、康乐活动或接受有实施可能的医疗方法之机会。"美国的罪犯教育主要有宗教教诲、文化知识教育、职业技术教育和道德教育。在美国，监狱中的宗教教诲与美国的监狱制度几乎一样久远。监狱牧师应有广泛的宗教知识和劝导与抚慰工作的经验。美国的大多数监狱都对罪犯进行心理矫治，心理矫治的方法主要有心理疗法、心理剧、交往分析、现实疗法、行为矫正法、治疗群体、讨论训练、情感成熟指导等。对罪犯进行心理矫治，引导和帮助罪犯克服心理障碍，适应监狱生活和环境，甚至对减少重新犯罪率，都起到了一定的积极作用。

3. 英国的劳动和教育制度

（1）劳动制度　英国每所监狱都有一些生产项目，一般规模不大，工艺简单，比较注重采用较先进的技术、设备和科学的管理。罪犯在监狱劳动通常会在工业厂区或农业与园艺园区进行，没有大规模的生产厂房。罪犯在监狱中劳动可获得报酬，每周最低4英镑，每天最长工时不得超过10小时。罪犯如果有劳动意愿，而监狱没能提供劳动机会，或者不能参加劳动的罪犯，每周可领取2.5英镑购买需要的物品；达到退休年龄的罪犯，按照退休的比率，每星期获得3.5英镑报酬；如果罪犯拒绝从事监狱提供的劳动，可能无法获得任何酬劳，而且有可能不再为其提供劳动岗位。英国监狱劳动方面的最重要法律是1974年实施的《健康和安全劳动法案》以及以后的所有修正案。这个法案适用于所有英格兰和威尔士的劳动场所，同样也适用于监狱。这个法案对罪犯劳动的环境条件作出规定，并指出，监狱长和工作人员如果因为没有执行规定和采取必要的防范措施而导致事故的发生，将被诉诸民事法庭而要求赔偿，还可能因为玩忽职守而被提起刑事诉讼。

（2）教育制度　在英国监狱，教育已成为监狱制度的重要组成部分。其教育主要包括文化知识教育和职业技术教育。文化知识教育主要讲授补偿教育课程、消闲工艺美术课程和文化教育课程。补偿教育课程实际上是扫盲课程，传授基本的读、写、算技能。消闲工艺美术课程是向罪犯提供工艺和癖好教育，以改善罪犯的情绪。文化教育有一般教育证书班、中等教育证书班以及开放大学等，主要讲授文法、数学、商业、历史以及音乐等课程。英国监狱对罪犯进行的职业技术教育的类型有纺织设计、烹饪、会计、制作、木工、缝制、种植、园艺以及建筑等。英国监狱法规定，在英国每所监狱配备一名牧师，大型监狱还配备一名助理牧师。他们的主要任务包括：一是主持宗教仪式。英国国教牧师至少在每个礼拜日、圣诞节、耶稣受难日、圣餐仪式及周日的宗教仪式上为信奉英国国教的囚犯行使一次神职。二是探视、劝导本教派罪犯，帮助罪犯渡过困难和危机。英国对罪犯的心理矫治除了传统的方法外，还研究使用艺术治疗方式矫治易于心理烦躁的罪犯。

4. 澳大利亚的劳动和教育制度

（1）劳动制度　澳大利亚罪犯自愿参加劳动，不能强迫。但多数罪犯仍愿意劳动。参加劳动的，每天可得10～12澳元（相当于50～60元人民币）的工资。监狱内的劳动大多是习艺性的，劳动强度不大，自动化程度高，流水作业。罪犯多从事洗衣、制作成衣、制作家具及烤制面包、香肠等食品加工业。监狱的生产设施由州政府矫正机构出资购备。生产开销和日常用支亦由矫正署工业处拨付。监狱的生产项目有专人负责定单和销售，一般比较稳定，利润则必须上缴州矫正署工业处。近年来，为减少政府在监狱方面投入的巨额财政支出，私营监狱被引入。在新南威尔士州，目前有两座私营监狱，分别由两家美国公司经营。它们通过与州矫正署签定翔实的合同，被准许承办监管罪犯的司法业务。私营监狱在建造投资、建设速度和管理费用方面优于公立监狱，但是，仍有不少人反对监狱私营化。

（2）教育制度　监狱内对罪犯的教育是多样化的，亦由罪犯自愿参加。监狱内设祈祷室、心理医疗室、图书馆、阅览室、电脑室、教室等。以昆士兰州大卫·龙兰监狱为例，其文化教育和职业培训包括：文学、数学、视觉艺术、计算机、急救、家具制作、食品营养学、职业病防治学、酒宴制作、园艺以及装卸技术等。其心理治疗的目标主要在于：平息罪犯的暴躁或郁闷情绪，抑制其暴力倾向，提高罪犯对社会的认识能力，并防范罪犯再犯。另外，矫正官还教导罪犯如何提高与他人交流的技巧，帮助他们戒除毒瘾、酒瘾，告知罪犯如何举报狱内吸毒、酗酒个案等。罪犯还可以根据自己的兴趣进行制陶、制革、绘画、演奏音乐等活动，自娱自乐。这些文体活动，也有助于平抑罪犯烦躁的心绪。最具澳洲特色的，是其个犯管理系统。即每一个罪犯入监前，由福利官、教育官、心理医生、矫正官等成立专家小组，对罪犯的犯罪行为、心理状态、教育背景、家庭情况、福利待遇等进行摸底调查，以确定对该罪犯的管理方案，对症下药。

四、其他制度

1. 监狱组织

美国联邦监狱管理局是联邦刑事司法系统的一个组成部分，主要任务是保卫社会。该局在执行其职责时，在全国范围内设立监狱系统，分为最严、中等、最松三种程度防备设施的牢房区、重返社会的训练所、社团计划处。监狱管理局的职责是在执法检察官监督下，对所有的监狱和感化院的管理和规则负责。法国司法部设有监狱行政司、附属监狱设施管理司、管制训导司，负责全国和海外监狱的管理工作。德国的监狱制度深受美国和英国监狱的影响。德国现代的监狱制度，还保留着美国宾夕法尼亚奥本制监狱及英国伦敦附近的帕顿维尔型监狱的遗迹。在德国不定期刑仅适用于少年犯的改造，这种刑罚的适用是基于教育和保护观察的目的。

西方有些国家还设有女犯监狱。法国就有专门关押女犯的监狱。美国设有女犯教养顾问委员会和联邦妇女改造所。顾问委员会是由美国总统指定四位杰出的人士无报酬服务，四年一任，协助美国执法检察官、监狱管理局局长和联邦妇女改造所所长的工作。该会主要任务是提出以什么方式和方法来训练和管教女犯，以便使她们在获释前或假释时能适应她们的职业。

2. 监狱管理人员

法国全国大约有一万多名监狱官员，平均每个监狱官员负责三个罪犯。这些人中有政府官员、看守（占大约五分之四）、社会教育工作者、医生和护士、教师和职业教导员，也有后勤人员。此外，还有一些自愿的帮助者，像牧师和监狱的参观者。法国有监狱工作者协会，这个协会与全国的监狱组织都有联系。联邦德国的情况有所不同。看守管理人员都很少受过教育。他们的报酬和社会地位与他们所从事的危险性很大的工作很不相称。微薄的薪水和在公众看来低下的社会地位使看守和其他管理人员、甚至于一些特别的职员如监狱医生和心理学工作者的招聘成为困难的事情。在美国，监管人员把看守罪犯，防止他们逃跑，制止监狱暴动看作是他们的主要职责，若不履行职责，就要失去工作。

3. 监狱监督机构

美国法律规定，除了陆军或海军感化院外，执法检察官有权对联邦监狱和感化院进行监督和管理，颁布上述机构的行政管理条例，并且依据修正了的文官法、等级法案等任免全部必需的官员和雇员。执法检察官可以规定和指导工厂、农场和其他机构的活动并对入监者进行分类，并且为他们规定一定的行政管理方法、纪律、治疗、照管、恢复正常生活和改造的措施。法国是由预审法官主管未决犯，行刑法官主管已决犯。地方检察官每三个月向总检察官报告一次，总检察官就其上诉法院管辖范围内的监狱工作情况向司法部每年汇报一次。其他的行政监督是：由监狱司的地区负责人每年视察四次；如遇意外事件，由法官、医生和教育顾问各一人组成检查团进行调查。最后，罪犯们可以与所有这些有监督权的机关进行封口信件联系。此外，根据法国刑事诉讼法典第七百二十七条的规定，所有一切监狱设施都要附设一个监督委员会，由这个委员会负责向司法部呈报观察报告、批评或建议。

第三节 国外监狱法律制度的启示与借鉴

西方国家监狱的产生和发展，历经了漫长的历史过程，其形成的理论基础和积累的经验极为深厚。尤其是当下，不论在监狱的设置、监狱机构的建立，还是在监狱管理等方面，都具有丰富的内涵和鲜明的自身特征。西方国家在监狱管理中所形成的经验和取得的成果，对我国监狱制度的改革和发展有着积极的启示作用，一些经验和成果值得借鉴。

一、西方国家现代监狱法律制度的理论基础

17世纪至19世纪初，随着资产阶级思想的兴起和资本主义制度的建立，以贝卡里

亚、边沁等为代表的刑事古典学派学者，高举自由、民主、人权的思想武器，倡导自然法论、天赋人权说和理性主义，反对传统神学决定论，反对罪行擅断，反对滥施酷刑，呼吁进行狱制改革，大大推动了刑罚文明进步。这些刑罚思想促使自由刑的产生发展，导致奴隶社会、封建社会盛行的报复刑论、威慑刑论逐渐消退，报应刑论和预防刑论刑应时而起，成为西方现代监狱制度的理论基础。

1. 报应刑论

近代西方报应刑论的代表人物是康德、黑格尔等人。康德是道义报应论的始祖，他认为犯罪是违反人类理性与道德的行为。行为人基于自己的意志自由实施了犯罪行为，给社会造成了危害，这是违背道德的恶因，于是产生了道德责任的恶果。刑罚就是因犯罪而产生的由国家对犯罪人施加的以道义责任为依据的理性报应。康德主张"以眼还眼，以牙还牙"的等量报应。黑格尔是法律报应的鼻祖，他把唯心主义辩证法"否定之否定"规则适用到犯罪与刑罚上，以此说明他们之间的关系。他认为犯罪是对社会的一种恶，是对社会的否定，而刑罚是犯罪的一种害恶，是对犯罪的否定，通过否定之否定，使被犯罪行为侵害的社会恢复到原来的状态。黑格尔主张以质计算，非以量计算的"等价报应"。在这一点上，其要比康德的"等量报应"科学多了。无论是康德的道义报应论，亦或黑格尔的法律报应论，都坚信刑罚之目的在于报应。刑罚只能以已然的犯罪为根据对犯罪实施报应，除此不应追求其他目的，刑法理论界称之为"绝对主义"。其实把刑法目的紧紧锁定在报应上是以偏概全的，至少防卫社会也应该是刑罚的目的。报应刑论仅从已然之罪出发考察刑法目的，而没有从未然之罪探求刑罚目的，这是问题的症结之所在。另外康德的道义报应是建立在行为人的主观恶性的基础上的，考察刑罚目的，即根据行为人主观恶性的有无决定是否处以刑罚，根据行为人的主观恶性的严重程度决定处何种宽严程度的刑罚，这往往会造成"主观归罪"。黑格尔的法律报应是建立在行为的社会危害性基础上的，即社会危害性的有无决定犯罪与刑罚的有无，社会危害性的大小决定施刑的宽严，这往往造成"客观归罪"的不良后果。其实，真正的报应刑论应建立在"主观恶性"与"社会危害性"基础上的道义报应与法律报应的二元统一。

2. 预防刑论

预防刑论，又称之为目的刑论，功利刑论。该学说的核心内容在于预防犯罪，而不在于报应。预防刑论又分为一般预防论、特殊预防论和双面预防论。一般预防论的主要代表人物是德国刑法学者冯·费尔巴哈。他以"心理强制说"为依据来佐证一般预防的可能性。他认为所有犯罪行为的根源都在于趋向犯罪的欲望，而犯罪的欲望是可以经由心理强制加以排除的，心理强制力来源于作为自由意志主体的人的"趋乐避苦"的本能。所以只要作为犯罪结果的刑罚之苦大于犯罪之乐，就能够抑制违法犯罪的欲望，从而实现一般预防的目的。刑事人类学派的代表人物龙勃罗梭、菲利是特殊预防论的鼓吹者，他们认为刑罚的目的仅在于预防再犯。龙勃罗梭是"天生犯罪人论"的始作俑者，他认为犯罪并不是行为人自由意志选择的结果，而是某些人与生俱来就带有一些犯罪的生理特征，在一定条件下是必然要发生的。为了预防这些人实施犯罪，就必须对这些人适用刑罚予以预防，具体的措施包括死刑、终身监禁、流放荒岛、剔除器官等。菲利进一步发展了龙勃罗梭的特殊预防说，他认为犯罪是人的生理、心理、遗传因素和社会因素相互作用的必然结果,且认为犯罪并非能为人的自由意志所支配,在这一点上,是与龙勃罗梭相同的。双面预防论的代表人物是贝卡里亚与边沁,他们认为刑罚的目的不仅在于一般预防,而且还应有特殊预防的一方面。贝卡里亚认为刑罚目的仅仅在于:"阻止罪犯再重新侵害公民,并让其他人不要重蹈覆辙。"英国功利主义哲学的鼻祖边沁首次将刑罚的目的分为"一般预防"与"特殊预防"两个方面。贝卡里亚和边沁虽然主张双面预防论,但是他们都推崇刑罚的"一般预防"而轻视刑罚的"特殊预防",以至于有人把他们归入"一般预防目的论"之列。

在特别预防论的基础上,弗朗斯·冯·李斯特等人对所主张的目的刑、保护刑理论经过自身的不断批判和改造,形成了教育刑理论。教育刑论认为,犯罪既非犯罪人自由意志的选择,也不是天生自然决定的,而是不良社会与个人相互作用的综合产物;国家不应一味惩罚作为社会环境牺牲品的犯罪人,而应当用刑罚惩罚的同时改造、教育犯罪人,实行犯罪人的再教育化,使之重返一般市民生活当中。李斯特的教育刑论对后世产生了重大影响。瑞士于1996年修订的刑法就把执行重惩役和监禁刑规定为"应当对犯人起到教育作用,并为其重返社会作好准备";意大利宪法规定"刑罚不允许反人道的处置,必须是对犯人的再教育",把教育刑的观念提到很高的位置。

预防刑论认为刑罚目的仅在于预防犯罪,这有其可取之处,但也有不足的地方。一般预防与特殊预防都只强调问题的一个方面而忽视了另一方面,这有失全面;双面预防重视一般预防,轻视特殊预防,也有失妥当。其实预防之刑应该是一般预防与特殊预防的二元统一,两者缺一不可,不可偏废。

3. 折中行刑论

折中行刑论认为,刑罚既有其报应刑目的,又有其预防刑目的。针对已然之罪,刑罚是报应之刑;针对未然之罪,刑罚是预防之刑,刑罚目的是报应刑与预防刑的折中。主张该说的学者由于侧重点不同,其又可分为真正的折中主义,即将报应与预防置于同等地位;绝对的折中主义,即以正义报应为基础,辅之以相对主义;相对的折中主义,即以预防目的为基础,辅之以绝对主义。折中论认为刑罚既有其报应刑目的,又有其预防刑目的,其试图克服报应刑论与预防刑论的弊端与不足,追求报应刑与预防刑的完美结合点,重构刑罚目的,应当说是可取的,但是该学说内部争论颇非,众说纷纭,难以统一协调起来,其在试图解决报应刑与预防刑的矛盾时,往往陷入难以自圆其说的境地。该学说并没有从根本上解决报应刑与预防刑之间的矛盾,并没有把刑罚的报应刑目的与预防刑目的完美地结合起来。

二、西方国家现代监狱法律制度的实践

现代西方国家监狱法律制度,是基于教育刑、目的刑的刑事司法理念,注重通过对犯罪人的教育改造,使之尽快回归社会,与之相适应的监管制度也发生了变化,一些非监禁、监禁替代措施日益占据重要的位置。十九世纪末二十世纪初期,监禁刑在西方国家曾被作为一种改造罪犯、使之回归社会的理想的刑罚方法得以广泛使用。例如1895年英国的格拉德斯通委员会就曾建议,通过监禁,可以使罪犯在身体和道德方面得到改善,变得比他们进监狱时更好。在这种愿望下,监禁刑的使用极为普遍,矫治理念也及

受推崇，教育刑思想一度盛行。以德国为例，德国之所以变"监狱"为"司法矫正机构"，是因为现代德国已经建立了以教育刑为主体的行刑思想。众所周知，在西方发达国家中，重刑主义政策在德国历史上多次占据上风。但德国自立国前后就浸润在英法等国狱政改良的浪潮里，接受了很多先进的行刑理念，建立了更为先进的行刑场所。尤其是第二次世界大战后，对战争破坏报极大忏悔和反思精神的德国，紧跟世界各国先进的刑事执行思想，努力遵守欧盟各种严格的刑事执行准则要求，保持着刑事执行方面的道德优势和人权优势。德国的刑事执行以法律规定的方式明确了教育刑的原则。比如，《联邦刑事执行法》第一条第一款就明确规定执行目的是囚犯再社会化（条文为：在自由刑的执行中，囚犯应该变得能在将来以对社会负责的态度生活，不再实施犯罪）。当然，第二款规定了保护大众的目的（条文为：自由刑的执行也应保护大众免受继续犯罪的侵害）。但非常明显，社会融合、再社会化或者后社会化比其他执行任务具有优先性。为此，《联邦刑事执行法》确定的行刑原则包括相适原则（执行中的生活应该尽可能地与一般生活环境相适应）、抵制原则（在为相适设定的界限内，应该抵制剥夺自由所带来的有害后果）、融合原则（执行应设法"帮助囚犯适应自由生活"）。

但事实证明，监狱的功能以及监禁刑的作用被夸大了，教育刑的作用也没有达到预期目的，西方国家的犯罪率以及累犯的再犯罪率依旧居高不下。20世纪20年代，西方国家的矫正实践处于上升发展阶段，但到了60年代，西方国家的犯罪有了较大的增长，情况有了变化。为了对付犯罪，美国总统任命一个特别委员会来研究犯罪和刑事司法、执法体系中的问题，另一个委员会研究美国的暴力问题。重新犯罪率的统计表明，罪犯释放以后重新犯罪现象严重。1974年，美国美国学者罗伯特·马丁森公开了著名的研究报告《是否有效？关于监狱改革的问题与答案》和《矫正治疗的实效》一书。他的结论是：除了个别的、孤立的例外，迄今为止所报告的矫正成果对减少重新犯罪，没有明显效果，即"矫正无效"的结论，人称"马丁森炸弹"。马丁森的报告一公开引起了社会的广泛关注。

20世纪70年代以来，随着社会治安形势的变化以及受社会舆论、政治策略等方面因素的影响，西方国家刑事政策又发生了一定程度的转向，人们开始对教育刑论、医疗模式、社区矫正模式表示怀疑，在强调刑法的惩罚与威慑效应的新古典主义思想的影响下，重刑观念有所抬头，监禁刑也得到了比以往更广泛的适用。但与此同时，非监禁刑及各种监禁刑替代措施并未受到冷落，作为处置轻罪和缓解监狱人口压力的有效手段，非监禁刑及各种监禁刑替代措施的适用总量也在稳定增加，特别是社区矫正制度得到广泛的推广。罪犯教育、矫正也并没有受到压制，监狱还是十分重视罪犯的教育、矫正，毕竟还没有找到更有效的办法来转化罪犯。

西方监狱制度通过不断的改良，取得了长足的进步，为推动社会文明发展起到了积极的作用。但这些改良，并没有从根本上找到解决监狱危机、提高监狱效能的方法，社会犯罪率特别是累犯犯罪率居高不下，并有上升趋势的迹象，监狱人满为患日益严重，监狱矫正罪犯的理想并未实现，西方国家监狱仍然面临着问题和挑战。比如，监狱押犯人数持续增长、人权保护得不到持续改善、监狱安全受到不同程度的威胁、罪犯种族冲突困扰监狱管理、狱内禁毒戒毒压力巨大、矫正手段失措再犯罪率居高不下、旧监狱改造任务繁重等。

三、西方国家现代监狱法律制度的启示与借鉴

探究西方监狱法律制度的意义不仅仅是找出中外监狱管理的异同，更为重要的是通过比较，吸收、借鉴西方监狱制度的管理和经验。我们应该清醒地看到：我国监狱在执法理念、罪犯管理、思想教育、劳动改造等方面符合了我国国情，具有鲜明的中国特色，是西方监狱不可比拟的。因此，在我国监狱工作的改革和发展中，既要毫不动摇地坚持有中国特色的监狱制度，也要积极借鉴和吸收西方国家的成功做法，为我所用。

1. 科学分类是保障监狱安全和降低行刑成本的有效途径

我国男犯监狱在立法上虽然没有重刑犯监狱与轻刑犯监狱的划分，但在实践中还是延续原来监狱与劳改队的分重、轻刑的两级分押模式。这种划分与西方一些国家根据罪犯的人身危害程度设置不同警戒度的监狱、实行不同的狱政管理方式、施以罪犯不同的处遇相比，显然过于简单，不适合当今分押和改造罪犯的需要。2005年以来，我国开始探索监狱的三级分类，即建设高度戒备、中度戒备和低度戒备监狱，分别关押具有相应危险程度的罪犯。但，这项工作到目前为止，进展非常缓慢，监狱建设和管理模式雷同现象仍然非常普遍。

在一些发达国家，都设有罪犯接收和分类中心，为监狱、罪犯的分类和科学矫正罪犯提供科学依据。接收和分类中心由专家小组依据医学、心理学、教育学、管理学、社会学等专门的知识和技术对罪犯的个性、身心、经历、家庭情况、罪行情况、犯罪原因、主观恶性、改造方案的适应性等进行细致了解、测验和考察，然后依据考察的结果对罪犯进行分类，制定矫正方案，将他们送入适合其服刑、矫正的相应监狱中。在我国，除少部分省份成立了新犯分流监狱，对罪犯进行集中教育、简单分类外，绝大部分省份是根据罪犯刑期和省级监狱管理机关与公安机关协调确定的投送地域将罪犯分配到相应的监狱中。类似的罪犯分类机构只是在各个监狱中的入监监区。但这些入监区仅是对罪犯进行入监教育的机构，限于精力、经验和技能的限制，不可能对罪犯进行系统的分类，所进行的分类不过是在某个监狱内部的罪犯分配而已。

我国应尽快设立专门的罪犯接收和分类监狱，出台罪犯分类技术标准和操作规程，培养罪犯分类的专门人才，形成科学的罪犯分类体系。除进行我国监狱法规定的收监和罪犯入监教育外，罪犯接收和分类监狱主要任务是开展罪犯分类调查，提出每名罪犯分类和关押监狱类型的建议。同时，要完善动态分类机制，按照一定的时间间隔和标准，对罪犯在服刑期间进行再次分类。当然，完全根据再次分类的结果将罪犯投入到另外的监狱显然也是不合适的。除出于安全考虑必须将部分罪犯调整至更高警戒等级的监狱外，可以在监狱内部不同管控强度的监区之间调整罪犯。另外，科学的罪犯分类标准是实施罪犯分类的技术保障，在借鉴吸收西方发达国家经验的基础上，根据我国罪犯的心理行为特点和犯罪学、社会学、教育学、医学等成果，形成有我国特色的分类标准。

借鉴西方国家监狱科学的监狱分类与合理的罪犯分级，对监狱资源进行合理配置，重点加强对危险犯的控制，有利于保障监狱安全和降低行刑成本。

2. 科学教育是提高教育改造质量的保障

西方的教育制度较为完善，罪犯教育的内容主要包括文化教育、宗教教诲、不良习性矫治、社会教育、职业培训、心理矫治等。我国监狱教育在思想教育、文化教育、劳动教育等方面，具有鲜明的中国特色，已经相当成熟，但在心理矫治、职业教育、社会教育等方面还存在许多不足。我们应当在这些方面加强研究，把西方先进的经验和做法吸收过来，为我所用。

与传统的监狱工作内容相比较，心理矫治是监狱工作的新领域，属于发展中的事业。随着对犯罪原因研究的不断深入，随着心理学知识和技术的迅速发展，人们越来越认识到对罪犯进行心理矫治的重要性。西方国家不仅将各种心理技术广泛运用于监狱之内，而且有大量的心理学专家亲自参与监狱对罪犯的心理矫治工作。心理学专家所担负的工作主要包括：一是参与犯人收押分类工作，对新收押的罪犯进行行为观察、心理测验，制定相应的治疗计划和方案。二是主持矫治方案的实施，对罪犯进行心理矫治，包括不同类型的心理测验、心理咨询和心理治疗。三是研究矫治方案实施过程中存在的各种心理问题，并及时提供修改方案和建议。四是对罪犯提供克服心理危机的咨询，进行危机干预训练。五是提供有关罪犯的自杀、逃跑，进行危险的暴力行为等方面的预测、预防措施，开展预防活动。六是研究和评价监狱已实施的各种心理矫治方案的效果，并进行分析和总结。七是同其他矫治人员密切配合，及时掌握罪犯的心理动态，以便使矫治更为有效。八是向其他监狱管理人员传授心理学知识和技术，使其能够具备观察、预防和处理犯人各种心理问题的能力。此外，还担负监狱长委托的其他监狱心理学调查和研究工作。对罪犯进行心理矫治，起到了在罪犯教育中不可代替的重要作用。在我国，对罪犯进行心理矫治仍处于摸索和学习阶段。因此，必须认识到对罪犯开展心理矫治是深化监狱改造工作，提高改造质量的有效手段。罪犯之所以犯罪，心理方面的因素是不可忽略的，而且有时心理因素还起着决定性的作用。如果罪犯在服刑期间，心理障碍不能得到有效矫治，各种改造手段的效果就会大打折扣，罪犯就有可能得不到有效改造，甚至还会影响罪犯出狱后的社会生活。我们必须大力开展罪犯心理矫治工作的宣传，增进广大监狱工作者对心理矫治工作的认识和了解。建立一支具有心理学专业知识和心理矫正技能的工作队伍。同时，还要学习外国的罪犯心理矫治工作经验，开创一条适合我国罪犯矫治工作之路。

西方国家对罪犯进行职业技术教育的特征是：一是以法律形式规范罪犯的职业技术教育。二是充分考虑罪犯教育的实际需要。虽然罪犯的职业训练内容十分庞杂，但并非盲目操作，其能充分考虑罪犯未来就业可能性和罪犯自身的素质，使罪犯能够学到既适应自身的条件、符合本人的兴趣爱好，又能在出狱后容易找到工作和加以使用的职业技能。三是在对罪犯进行职业与技术训练时，采用更为合理的方法和形式。四是在对罪犯进行职业技术教育的过程中，能够得到社会各界的支持。学习和借鉴外国关于罪犯职业技术教育的经验和做法，亦必须结合我国罪犯教育改造的实际。对罪犯进行职业技术教育，将有利于调动罪犯改造的积极性。职业技术教育是监狱依法进行的，旨在使罪犯掌握适应监狱生产需要和刑满就业需要技能的专项教育活动。实践证明，最能体现对罪犯实行人道主义的措施之一即是职业技术教育。职业技术教育开展得好，无论是罪犯及其家庭，还是社会舆论，都会对监狱工作给予积极评价，并形成合力共同促进对罪犯的思想改造。就罪犯自身来说，通过组织罪犯进行职业技术教育，会使其认识到，监狱对罪犯不仅仅是惩罚，而是要改造他们，要使他们在希望中生活。职业技术教育有利于罪犯出狱后就业以及适应社会的需要。监狱开展的面向社会的职业技术教育，就是根据社会的就业需求和国家就业准入制度要求进行的，考核合格的，由劳动部门发给相应的技术等级证书。这都为犯人出狱后就业以及走进社会、适应社会需要，提供了条件及保障。

西方国家监狱教育罪犯的一个突出特点就是社会团体、民间志愿者的加入，在政府的有力引导下，众多的犯罪研究、安置帮教、社会福利、医疗服务、志愿者服务机构和劳工组织积极参与到监狱工作中，为服刑人员提供心理矫治、生活安置、就业技能等方面的帮助、服务。多部门公共保护协议（MPPA），由警方、缓刑服务部及监狱服务部会同使用此协议，与其他专家一起管理暴力犯和性罪犯的再犯罪，此协议是用来保护公众免于受害。当前，我国的社区矫正试点工作实质上是政府自上而下导入的，仅靠司法所人员、社区民警等专业力量，可能无法取得显著的工作成果。因此，我们可以拓展思路，尝试通过政府的主导，引导社会力量和社会资源参与罪犯教育。随着社区矫正的逐步深入，可以考虑在现行法律框架下，放大对管制、缓刑、假释的适用规模，扩大社区矫正的适用范围。对于过失犯、初犯、偶犯、未成年犯、老弱病残犯、女犯、未造成重大经济损失的职务犯以及其他主观危险性小的罪犯，优先考虑适用管制、缓刑，回到社区服刑；对于人身危险性明显减弱、假释后继续危害社会的可能性小的罪犯，在具备其他法定条件的情况下，尽可能适用假释，纳入社区矫正的回归之路。

3. 专业化的监狱工作人员是推动监狱发展的基础

在西方国家，其不仅强调招募合格的人员进入监狱从事监狱管理和罪犯矫正工作，而且特别重视对监狱工作人员的教育和培训。其形式分为上岗前培训和在职期间的教育培训，上岗前教育培训内容包括：一是身体训练。在监狱内部，当监狱工作人员进行日常工作时，又不得携带可以制止罪犯可能发生的危害监狱及工作人员行为的武器，这就要求监狱工作人员必须有强壮的身体和必要的擒拿格斗技巧。因而必须强调对监狱工作人员的身体训练。二是基础理论的学习和培训。主要让他们学习心理学、教育学、监狱学、社会学、刑法学、管理学等各方面的理论和知识，形成合理的知识结构，从而做好监狱工作。三是监狱业务培训。涉及监狱工作的各个方面，通过业务培训，了解监狱的具体情况和监狱业务的各个环节，掌握监狱工作的相关技能。对监狱工作人员进行教育培训，对提高其素质和技能，确实起到了积极影响和重要作用。

在我国，应该明确，建设和管理好监狱，必须建立一支高素质专业化民警队伍，而教育培训是加强监狱人民警察队伍建设的根本性措施。监狱人民警察的教育培训，是根据社会的发展变化、监狱工作的需要以及职位的要求，通过各种形式，对监狱人民警察进行专项教育、培养和训练。同时，监狱中直接负责犯人管理的人员与犯人之间的比率对监管工作的效果有直接的影响，我国监狱需要在量和质两方面充实警力，下大力气对民警进行分类管理和培训，提高民警的专业化水平。

西方国家监狱制度对我国监狱的启示，不仅仅只是上述所列举的几个方面，在其他方面，比如：如何依法管理监狱、如何加强对出狱人的保护、运用现代科技管理监狱等诸多方面，都有值得我们认真学习和借鉴的地方。有比较才有鉴别，有学习才有发展，只有结合我国特色的监狱制度，不断学习和借鉴西方国家的成功经验，取长补短，才能真正推动我国监狱制度的改革和发展。

拓展阅读

监狱悖论

以监狱为表征和载体的自由刑罚，自身蕴含着天然的缺陷，主要表现为：将罪犯关押于与社会隔绝的监狱，却又以促进罪犯回归社会为行刑目标；监狱在抑制罪恶的同时，又产生了一些新的罪恶，如狱内争斗、相互感染甚至较高的重新犯罪率；等等。有的学者将理论描述与司法实践之间、刑罚知识与经验之间存在的"双重悖反"，称之为"监狱悖论"。

"监狱悖论"引发了人们对监狱矫正罪犯真实效果的关注。为了研究和调查刑事司法和执法中的问题，美国总统专门任命了一个特别委员会由马丁森主持调查和研究。1974年，美国学者马丁森发表了题为《是否有效？关于监狱改革的问题与答案》的研究报告，提出了矫正对减少重新犯罪没有明显效果，即"矫正无效"的结论，成为震撼矫正界的著名的"马丁森炸弹"。马丁森对231个矫正项目进行了研究评估，这些矫正项目主要是监狱矫正项目、社区矫正项目和不定期刑制度等方面，通过数年调查获得的事实和数据，报告得出结论：除了少数项目有一定的积极影响外，矫正的努力没有产生可以感觉到的降低重新犯罪率的影响。马丁森的报告在总体上对各种矫正项目所产生的效果给予否定性评价。虽然马丁森后来修正了自己的研究结论，但事实上，对监禁刑罚效果的质疑，自监狱诞生之日起就如影随形、不绝于耳。美国学者克莱门斯·巴特勒斯甚至在其著作《矫正导论》中写到："将一个人数年之久关押在高度警戒的监狱里，告诉他每天睡觉、起床的时间和每日每分钟应做的事，然后再将其抛向街头并指望他成为一名模范公民，这是不可思议的！"

著名电影《肖申克的救赎》的部分片段精彩地演绎了"监狱悖论"。囚犯瑞德对蒙冤入狱的肖申克说道："这些墙很有趣。刚入狱的时候，你痛恨周围的高墙；慢慢地，你习惯了生活在其中；最终你会发现自己不得不依靠它而生存。这就叫体制化。"图书管理员老布劫持狱友的目的是为了不被假释而继续留在监狱——"我只想犯点错留在监狱里。"当瑞德在坐牢40年后获得假释工作的时候，连小便他也要打报告，"不打报告我一滴也挤不出来。"这固然有些许夸张，但体制的威力却可见一斑。出狱后的老布，很快就以自杀的方式告别了监狱外的所谓自由生活。

挪威奥斯陆大学法律社会学教授、挪威刑罚改革协会创始人之一的托马斯·马蒂森教授所著的《受审判的监狱》，是批判现代监禁制度的经典著作。通过对不同时期世界大部分地区监狱人口增长的解析，系统提炼出针对有期徒刑的正方和反方意见。托马斯·马蒂森教授用通俗易懂的语言和权威的数据分析，回答了现代社会监禁人口越来越多的缘由。

第十章　我国监狱法律制度的发展与展望

新中国成立以来，特别是《中华人民共和国监狱法》颁布实施后，伴随着国家政治、经济和社会文化事业的快速发展，我国监狱法律体系不断丰富和完善。监狱已经成为反映我国社会文明进步、观察国家法治水平的独特而有效的窗口。我国现代化的追求，必然要涉及对监狱法律制度的理性省思与构建问题。既要包括对我国监狱法律制度的发轫、生成、变迁的历史进行考察和反思，也包含面向未来发展路径的理性追问。❶ 对监狱法律制度的省思，目的是在哲理层面上探索监狱法律制度的构成、内在逻辑以及生成与变迁规律，为监狱法律制度的发展与创新寻求正当性、合法性支持和历史养分。

第一节　我国监狱法律制度的演进

早在新民主主义革命时期，在中国共产党领导下的革命根据地政权，就开始了较为全面的狱制立法。我国监狱法律制度发轫于20世纪30年代初期的苏维埃共和国时期，以1932年8月10日颁布的《中华苏维埃共和国劳动感化院暂行章程》为肇始。❷ 在近百年的发展历程中，我国监狱事业取得了举世公认的辉煌成就，形成了我国特色的监狱法律制度。新中国监狱立法是在新中国成立前的民主革命时期孕育，在新中国成立之后正式确立，并在社会主义建设的过程中发展起来的。它的进程，大致可以分为以下四个阶段。

一、孕育阶段——新民主主义革命时期的监狱法律制度（1927～1949年）

我国新民主主义革命时期根据地的监所法制建设，是指从1927年4月至1949年10月新中国成立20多年来革命根据地人民民主政权监所法制的建立与发展。1921年中国共产党成立后一直为寻求建立发展中国的民主制度而探索，从国民革命、土地革命、抗日战争到解放战争不断思考中国民主制度的架构，倡导了统一战线的民主形式，实践了苏维埃工农民主政权和抗日民族统一战线的"三三制"政权模式，提出了"联合政府"的政治主张，并为之进行了积极的努力。1927年"四一二"反革命政变后，中国共产党走上了独立领导武装、农村包围城市、武装夺取政权的道路。随着革命斗争形势的发展，创建了革命根据地，并在革命根据地建立了民主政权和进行民主政权的监所法制建设。通过20年左右的探索和建设，在监所设置、监所工作方针、组织罪犯劳动等方面，

---

❶ [英] R·G·柯林武德. 历史的观念. 何兆武, 张文杰, 译. 北京: 中国社会科学出版社, 1986: 228-258.
❷ 1932年6月9日颁布的《中华苏维埃共和国裁判部暂行组织及裁判条例》规定："县、省两级裁判部除设立看守所外，还须设立劳动感化院，以备监闭判决长期监禁的犯人。"

以马克思主义为指导思想，进行了许多创造性的工作，并取得了显著成就，不仅巩固了人民民主政权，而且为新中国监狱法制建设积累了宝贵的历史经验，奠定了坚实的基础❶。

在新民主主义革命时期，各革命根据地、解放区就建立了监狱、看守所，颁布了一些监所法规。但由于战争形势和法制意识的限制，根据地监所立法方面没能制定一部完整统一的监狱法典，主要还是靠单行条例、章程、法令，还有训令、命令、通令、决定、办法、指示、布告等多种表现形式，灵活适用，使得监所工作得以有法可依。尽管由于战争环境所限，根据地的监所立法不全面、不系统，法律与政策往往同一，但是经历三个革命时期法律制度的创制和发展，红色政权控制的根据地还是初步构建了与国民党政府法律体系根本不同的新型立法体系，也开创了根据地治监有法的新局面❷。

这一时期监所法律制度的发展可分为以下三个阶段。第二次国内革命战争时期为开创阶段。在该阶段创建了革命政权的监所，提出了用共产主义思想和生产劳动对犯人进行教育、感化和改造的狱政思想，确立了革命根据地新型监所制度建设的方向。抗日战争时期为建设阶段。在不断总结监所工作实践经验的基础上，逐步形成了新民主主义的狱政思想和狱政方针以及革命监所体系。解放战争时期是发展阶段。在继承和发扬抗日根据地狱政建设经验的基础上，有了两次大的发展，使民主政权监所制度的建设向着系统化、正规化方向迈进❸。

1. 根据地监所法制开创阶段——苏维埃时期（1931~1936年）

苏维埃时期，即第二次国内革命战争时期是新民主主义革命根据地监所制度的开创阶段。苏维埃根据地工农民主政权为了适应对敌斗争和惩罚犯罪的需要，在摧毁国民党政权监所制度的基础上，创建了革命政权的监所，作为工农阶级镇压豪绅地主军阀官僚反革命分子的暴力工具，同时在马列主义关于国家学说理论和无产阶级政策的指导下，把监所变为教育改造犯罪分子的机关，提出了用共产主义思想和生产劳动对犯人进行教育、感化和改造的狱政思想，确立了革命根据地新型监所制度建设的方向。随着苏维埃革命根据地监所的建立，为适应新民主主义监所制度的需要，根据地苏维埃政治保卫局和司法机关相继制定与颁发了统一的监管法律和法规。其中，《中华苏维埃共和国劳动感化院暂行章程》就是中华苏维埃共和国刑事法律体系中不可缺失的组成部分❹。

为了改革刑罚执行制度，1932年8月10日，中华苏维埃共和国司法人民委员部颁布了《中华苏维埃共和国劳动感化院暂行章程》（以下简称《章程》），被视为人民民主政权的第一部"监狱法"。该章程共18条，并于1932年8月15日开始实施。这部《章程》是共和国第一部相当完整的关于劳动感化院的法律典籍，也是革命根据地指定的首

---

❶ 范方平. 监狱法二十年回顾与展望. 北京：中国长安出版社，2014：2.
❷ 薛梅卿，黄新明. 中国革命根据地狱制史. 北京：法律出版社，2011：86.
❸ 于树斌，彭晶. 新民主主义革命时期根据地监所制度的建立与发展简介. 中国人民公安大学学报：社会科学版，2001（4）：29.
❹ 金鉴. 监狱学总论. 北京：法律出版社，1997：94.

部重要监所——劳动感化院的专门法律规范。《章程》明确、具体规定了劳动感化院的性质、任务、工作方针、隶属关系、工作人员配备与组织机构及职责分工、劳动生产的品种、劳动及作息时间、犯人劳动管理等内容。从此，监禁判处长期徒刑的犯人有了法律根据。

梁柏台[1]在1932年年底的《司法人民委员部一年来的工作》总结中就曾指出：就根据地苏区司法建设而言，"司法机关过去在苏区是没有的，是中央政府成立后的创举。在司法上，每种工作都是新的创造和新的建设。"这是真实的概括，揭示了中华苏维埃政权司法工作的开创性历史。

《章程》的第一条就开宗明义地规定，劳动感化院的任务是："看守、教育及感化违犯苏维埃法令的一切犯人，使这些犯人在监禁期满之后，不再违反苏维埃的法令。"《章程》所提出的对犯人"教育及感化"的工作方针，体现了中国共产党人改造世界、改造社会的伟大思想。

为了实施对犯人的教育感化，《章程》中规定文化科要采取各种有积极意义形式的文化工作对犯人进行思想教育，如办识字班、上政治课、建图书馆以及组织各种文体活动等。《章程》还规定了犯人的劳动教育制度，规定劳动管理科负责根据犯人的不同情况组织犯人进行生产劳动，规定了劳动时间以及工厂管理细则。还规定了早晚点名制度，犯人的学习、教育等制度[2]。

中华苏维埃共和国劳动感化院的建立和《章程》的制定，不仅把监狱这个历来为剥削阶级镇压劳动人民的工具变成了无产阶级用以镇压地主买办阶级反抗的武器，而且把监狱这个历来最腐朽黑暗、野蛮残酷的人间地狱，变成了实行革命人道主义的、使犯罪者改恶从善的学校。《章程》中所规定的监狱制度，是中国共产党人领导中国人民推翻剥削阶级旧的监狱制度后所建立的最先进的监狱制度。《章程》的制定，为以后抗日战争、解放战争时期革命根据地监狱以及新中国劳动改造罪犯制度的创立提供了依据[3]。

中华苏维埃共和国监所工作实践中所创造的经验，也对新中国监狱工作的创建，对毛泽东教育改造罪犯理论的产生和形成具有重要的影响。起源于中华苏维埃共和国时期的劳动感化制度，对于今天发展中国特色社会主义监狱制度仍有一定的现实意义。

---

[1] 梁柏台，1899年9月生于浙江省新昌县，1920年冬加入社会主义青年团，成为我国最早的青年团员之一。1921年，梁柏台和刘少奇、任弼时、肖劲光等人先后赴苏联，1922年进入莫斯科东方大学，同年底转为中国共产党党员。以毛泽东为主席的中华苏维埃共和国临时中央政府成立后，梁柏台一直从事临时政府的司法工作。他和何叔衡等一起，开展了创立苏维埃司法机关和司法制度的工作。在中华苏维埃共和国临时中央政府成立的短短两年多时间里，梁柏台组织制定了《革命法庭条例》《革命法庭的工作大纲》《看守所章程》《中华苏维埃共和国惩治反革命条例》《中华苏维埃共和国司法程序》等10多个法律法规，建立起了中华苏维埃共和国的司法机关和司法制度。梁柏台是中华苏维埃第一次和第二次全国代表大会的中央执委，一直在苏维埃政府中从事司法工作，他和何叔衡、董必武、项英、张鼎丞、高自立等人开展了创立苏维埃政法机关和司法制度的工作。梁柏台还是无产阶级专政条件下劳动劳教工作的创始人。1932年2月19日，在中央政府第七次常会上，梁柏台提议创办劳动感化院，常会决定由他起草劳动感化院章程，提交下次常会讨论通过。很快，梁柏台起草的《劳动感化院暂行章程》经常会讨论批准，于1932年8月10日由司法人民委员部颁布，1932年8月15日开始实施。暂行章程分为18条，对劳动感化院的设立条件、隶属关系、任务和内部机构设置等方面作了具体而明确的规定。

[2] 范方平. 监狱法二十年回顾与展望. 北京：中国长安出版社 2014：4.

[3] 金鉴. 监狱学总论. 北京：法律出版社，1997：94.

2. 根据地监所法制建设阶段——抗日战争时期（1937～1945年）

抗日战争时期是新民主主义革命根据地监所转入系统建设的阶段。在不断总结监所工作实践经验的基础上，抗日根据地监所制度获得了重大发展，逐步形成了新民主主义的狱政思想和狱政方针以及革命监所体系。

抗日战争时期，各边区关于监所组建、管理等方面的规定，除表现在少量的单行监所法规中以外，大多都体现在党的政策与边区政府的指示和命令中（如陕甘宁边区政府和高等法院、晋冀鲁豫边区高等法院等都有相关的指示和命令）。以陕甘宁边区为例，主要有：《陕甘宁边区高等法院监狱管理规则》《监狱守法规则》《陕甘宁边区监狱劳动生产第一所（工业）奖励办法》《陕甘宁边区高等法院在押人犯服刑奖惩暂行办法》等。

（1）监所组织法规　抗日战争期间，根据地公安司法机关为适应监管工作执法的需要，制定了监所组织法规。如：1938年10月，陕甘宁边区保安处制定了《看守所工作条例草案》，共8章38条；1942年11月，我军政治部颁发了《看守执行工作细则》，共15条98项。在此期间，淮海区专员公署制定了《淮海区司法公安案犯统一管教暂行办法》，共20条。上述条例、细则和办法，规定了看守所的性质、隶属关系、职责、权限、工作守则，对监房、收押、检查、警戒与看守、解渡与提审、押解、通信与接见、犯人的生活管理与教育、犯人的财物保管、犯人守则、释放犯人等方面的工作也都做了详细具体的规定。它们是西北政治保卫局制定的《拘留所的规则与条例》的继承和发展，只不过内容更加明确、具体、全面，便于执行。

1939年4月公布的《陕甘宁边区高等法院组织条例》，共8章30条，除设有感化院外，专列看守所一章共5条，规定：看守所设所长、看守员及武装警卫队；看守所隶属高等法院，服从院长领导；看守所具体执行的职务有人犯的收押看管、财物保管、教育实施、劳动组织等。其后，还有《看守所规则》，规定了"计划及实施人犯之教育""教育及分配人犯之工作或劳动"，从立法上体现了根据地看守所职能的特点。《修正淮海区审理司法案件暂行办法》共11章4条，第7章是看守所与监狱专章，规定："各级司法机关应设看守所，看守临时羁押之人犯；淮海区法院设战时监狱，执行已决之徒刑案犯。""战时监狱对于徒刑案犯应施以教育，授以工艺，使其劳动生产；看守所及监狱之守卫事宜，应由警卫部队担任之。"战时监狱的设置、监所职责的分工和警卫组织等，都较前明确❶。

（2）监外执行管理办法　这也是徒刑执行的一种方式，盛行于抗日根据地，有在村（坊）公所、派出所、群众团体监督或亲属保回下从事劳动生产等多种做法。为了规范监外执行，抗战中期以后，各地民主政府制定了一些管理法规❷。如《晋察冀边区行政委员会关于处理监押犯之决定》，晋冀鲁豫边区《自新人回村服役暂行办法》，山东人民民主政府《劳役抵刑暂行办法》《淮海区徒刑案犯执行暂行办法》，《晋绥边区人犯监外执行暂行办法》以及关东公署草订的《监外执行条例》等。主要内容有：确定监外或回

---

❶ 于树斌，彭晶. 新民主主义革命时期根据地监所制度的建立与发展简介. 中国人民公安大学学报：社会科学版，2001（4）.

❷ 范方平. 监狱法二十年回顾与展望. 北京：中国长安出版社，2014：7.

村执行的对象；专人负责管教、检查、教育督促；犯人必须服役；服役期间犯人的待遇以及有关领收、具保手续和奖惩规定等。这种条例、办法是基于战斗环境中押犯增多、囚粮不足的状况而因时因地制定的。

（3）人权保障法规　新民主主义革命时期，党和民主政府发布了不少关于加强法制、保障人权的决议、指示，也制定颁布了专门性的人权保障法规、条例。尤其是抗战以后，各边区政府都先后公布单立的《人权保障条例》，如冀鲁豫边区（1941.11）、陕甘宁边区（1942.2）、淮海区（1943.2）等。《人权保障条例》开宗明义地指出："安定社会秩序""奠定民主政治之基础""纠正侵犯人权现象"而明确规定保障人权具体办法❶。由此，保障人权的政策已上升为专门的法律，反映出根据地司法监所对人权保障的重视。

3. 根据地监所法制发展阶段——解放战争时期（1946~1949年）

解放战争时期是新民主主义革命根据地监所法律制度的发展阶段。解放区的监所制度，在继承和发扬抗日根据地狱政建设经验的基础上，又有了两次大的发展：第一次是在日本投降后，许多日伪统治地区得到解放。为适应"除奸反霸"斗争的需要，解放区的监所设置和狱政建设有了迅速加强。第二次是在解放战争进入夺取城市的阶段以后，民主政权的监所建设进入了由农村根据地小监所向城市大监所的转变，使民主政权监所制度的建设向着系统化、正规化方向迈进。

这一时期，各解放区人民政府更加重视监所的狱政建设。从日本投降到全面内战爆发，许多解放区政府召开了工作会议，总结抗日战争时期根据地监所建设的经验，提出了解放区监所工作的方针原则，要求建立健全监管法规和各项管理制度，提高执行政策法律水平，做好监所工作。

① 对犯人继续实行感化教育的方针，清除"报复主义"和"惩办主义"的影响；在监管工作中，要坚持执行严格依法行事、加强看守管束、严禁肉刑和侮辱虐待、实行人道主义、教育为主惩罚为辅、教育与生产劳动相结合等原则政策。

② 制定解放区统一的监管法规。1948年中共中央社会部制定了适用于全解放区监所的《监狱管理》，规定了收押犯人、关押犯人、监押管理、犯人的生活与卫生、生产劳动管理和财物登记保管以及看守人员的工作纪律与职责分工等10项内容。

③ 严密了监所的规章制度。解放战争期间，解放区的一些公安、保卫、司法机关依据上级机关的有关法律法令，制定与颁布了监所管理规章制度。例如有：太岳公安分局的《教育所工作人员暂行条例》与《自省人守则》、陕甘宁边区保安处的《拘留所工作条例规则（草案）》、关东高等法院的《暂行羁押规则》、晋绥边区公安总局的《看守所规则》、绥蒙公安局的《看守所工作细则》、渤海区公安局的《看守规则》、华中行政办事处公安处的《看守工作细则（草案）》和东北野战军政治部保卫部的《看守所工作条例》等。上述条例、规则、细则和守则具体规定了监所对犯人的收押、看守、警戒、检查、饮食与生活卫生、教育、管理、放风放茅、提取与押解、接见与通信、劳动生

---

❶《冀鲁豫保障人民权利暂行条例》《豫皖苏边区行政公署训令：各级政府切实保障人权、严禁乱抓乱打肉刑逼供》，载韩延龙、常兆儒主编《革命根据地法制文献选编》（上卷），北京：中国社会科学出版社，2013。

产、财物保管、外来人参观、执行处决和出所等规程以及看守所所长、事务长、看守员、看守战士的职责分工与工作纪律等内容,供各监所贯彻执行❶。

我国新民主主义革命时期根据地所确立的一套狱政方针、原则、政策和法规制度,保障了革命根据地监所看守、监管工作依法顺利地进行。新民主主义革命时期对民主制度的理论探索和实践经验为新中国成立后社会主义监所制度的建设奠定了基础。

二、初期发展阶段——新中国成立初期至"文革"前的监狱法律制度(1949~1966年)

新中国成立后至1966年,是我国监狱立法的初期发展阶段,这一时期又可称之为劳动改造立法时期,针对监狱监管罪犯主要是依照党的方针政策,但在管理上还存在不一致、各地也难以统一规范的实际情况。1954年9月7日,中华人民共和国政务院颁布了《中华人民共和国劳动改造条例》,它对劳动改造罪犯的基本方面作出了法律规定,起到了基本的劳动改造法典的作用,成为新中国劳动改造罪犯工作的主要法律依据。

1949年12月20日《中央人民政府司法部试行组织条例》规定,司法部"主持全国司法行政事宜",全国司法行政事宜其中包括关于"犯人改造监押机关之设置、废止、合并及指导、监督事项"。

1950年11月3日中央人民政府政务院发布的《关于加强人民司法工作的指示》规定:"关于监所管理,目前一般宜归公安部门负责,兼受司法部门指导,由省以上人民政府依各地具体情况适当决定之。"

1951年5月,第三次全国公安会议通过的《关于组织全国犯人劳动改造问题的决议》及中共中央的重要批示,要求大规模开展劳动改造罪犯工作。

1952年6月,公安部召开的第一次全国劳改工作会议,重点解决了监狱工作中存在的一些突出问题,确定了监狱设置和监狱组织罪犯的生产劳动项目逐步走向集中的发展方向。在监狱组织罪犯生产劳动项目上决定今后主要从事兴修水利、筑路、开荒、开矿等国家基本建设。在罪犯的监管改造上提出"在强迫罪犯劳动生产中,必须同时进行严格的管制和经常的教育工作,两者不得脱节"。

1.《中华人民共和国劳动改造条例》的颁布实施

1953年12月10日,公安部召开的第二次全国劳改工作会议,讨论通过了《中华人民共和国劳动改造条例草案》。1994年12月29日,《中华人民共和国监狱法》颁布实施前,该条例共施行40年时间,是我国建国之初颁布实施的法律法规中使用时间最长的法律。它的颁布实施,使我国劳动改造工作由主要依赖政策调整转变为主要依靠行政法规调整,使得我国监狱改造罪犯工作有法可依,对推动我国监狱改造工作的法制化进程起到了极为重要的作用,是我国监狱工作法制化建设历史上的里程碑之一。

劳改条例的研究制定,从初稿到35稿完成、公布,历时4年半,经过4次重要会议审议通过,于1954年9月7日由政务院公布施行。这一立法程序保证了《中华人民

---

❶ 于树斌,彭晶. 新民主主义革命时期根据地监所制度的建立与发展简介. 中国人民公安大学学报:社会科学版,2001(4):31.

共和国劳动改造条例》（以下简称《劳改条例》）的严肃性和稳定性，并为以后监狱法规制度的创立积累了丰富的经验。这一时期中央人民政府颁布的法律法规并不多，《劳改条例》的版型，足以见证党和国家对劳改工作的高度重视。当时中央明确指示，制定《劳改条例》要掌握三条主要原则：一是生产劳动和思想教育相结合的原则；二是总结经验，从实际出发的原则；三是有利于实现对犯人改造的原则。这就为《劳改条例》的制定确定了与旧法根本区别的指导思想和方向。《劳改条例》共 9 章 77 条，在体例上采用总则、分则和附则的结构。《劳改条例》从劳动机关的性质和任务，劳改工作的方针，劳改机关的设置、领导和监督体制，监管改造的手段和制度，劳改生产，奖惩制度和经费来源等方面，全面、系统地规范了劳改机关的执法活动❶。《劳改条例》是新中国第一部系统、完备的劳动改造罪犯的行政法规，是指导劳改工作的纲领性文件，也是新中国关于劳改工作使用时间最长的法律法规之一，标志着新中国监狱法规制度进入了一个有序、规范的发展阶段。在几十年的实践中，它实际上起到了劳动改造罪犯法典的作用，为监管改造工作提供了有力的法律保障。《劳改条例》是新中国初创时期最重要的劳动改造罪犯立法，是一部独立的部门法，它的诞生，标志着新中国监狱立法活动的新起点，具有重要的历史意义。

2.《劳动改造管教队工作细则（试行草案）》的制定

1954 年 9 月 20 日，第一届全国人民代表大会通过了新中国第一部宪法，该法第十九条规定："中华人民共和国保卫人民民主制度，镇压一切叛国的和反革命的活动，惩办一切卖国贼和反革命分子。国家依照法律在一定时期内剥夺封建地主和官僚资本家的政治权利，同时给以生活出路，使他们在劳动中改造成为自食其力的守法公民。"这为新中国的劳改改造罪犯制度及监狱劳动改造立法提供了宪法的依据和保障。自此以后，惩办和改造犯罪分子成为新中国的一项宪法原则，在宪法的历次修改中都得到体现。

1956 年年初，中共中央政治局听取公安部部长罗瑞卿对参加鹰厦铁路建设和湖北泗洪排水工程劳改队的情况汇报后，毛泽东指出："要阶级斗争和人道主义相结合。"刘少奇提出："劳动改造的方针，第一是改造，第二是生产。"同年 7 月 15 日，周恩来在《在全国省、市检察长、法院院长、公安厅局长联席会议上的报告》中一再强调："我们是劳动人民的政权，是要把罪犯改造成为新人，这就是人道主义精神。""劳改的目的，是要把犯人改为新人，政治教育是第一，使他觉悟，劳动是增强他的劳动观点，而不是从犯人身上生产出来的利润办更多的工厂，这是第二。"中共中央三位主要领导亲自关注监狱工作，并对如何正确处理改造与生产的关系做出重要指示，表明中国共产党人对改造罪犯的伟大气魄和对这一工作的高度重视。这些指示在 1964 年召开的第六次全国劳改工作会议上被正式确定为"改造第一，生产第二"的劳改工作方针，这一方针是对新中国成立初期"两个结合"❷ 的方针的科学概括和总结❸。

---

❶ 范方平. 监狱法二十年回顾与展望. 北京：中国长安出版社，2014：17.

❷ 1954 年 9 月 7 日，中华人民共和国政务院颁布了《中华人民共和国劳动改造条例》，其中第 4 条规定："劳动改造机关对于一切反革命犯和其他刑事犯，所施行的劳动改造，应当贯彻惩罚管制与思想改造相结合、劳动生产与政治教育相结合的方针。"

❸ 杨习梅. 中国监狱史. 中国民主法制出版社，2016：215.

监狱系统通过贯彻执行"改造第一，生产第二"的方针和毛泽东关于劳改工作的一系列指示后，取得了明显的成效。在此基础上，为规范监狱的管理制度，整顿监狱生产的管理秩序，以利于改造、生产和社会的安定，我国又制定了《劳动改造管教队工作细则（试行草案）》（1962年12月4日由公安部颁行）等重要法规，并在各地试行，完善了劳动改造罪犯的立法，这标志着全国监狱系统开始转到内部的整顿和进步发展的阶段。

　　《劳动改造管教队工作细则（试行草案）》是在总结1954年以后劳改工作正反两方面经验的基础上制定的，它部分地纠正了"大跃进"运动中劳改工作所出现的某些"左"的偏差，又在一定程度上对《劳改条例》进行了补充和细化与修改。《工作细则》颁发后，虽然立即受到"四清"（清政治、清经济、清思想、清组织）、社会主义教育等运动的影响，但仍促进了劳改工作的制度化和规范化。它的制定与试行，不仅是对《劳改条例》的补充和发展，而且是对多年来监狱工作在探索中前进的经验总结，较系统地贯彻了毛泽东关于改造罪犯的基本思想。因此，它在建立和完善中国特色监狱工作和监狱法制过程中，具有重要的意义❶，对推进监狱的法制化建设，发挥了良好的作用，并为后来制定《中华人民共和国监狱法》打下了基础。

三、新时期发展阶段——十一届三中全会以来的监狱法制建设（1978～1994年）

　　从1966～1976年的"文化大革命"，是党、国家和各族人民遭到新中国成立以来最严重的挫折和损失的内乱，整个国家处于一种不稳定的状态。这一时期，监狱机关和监狱工作同样遭受极大的干扰和破坏，党政组织陷于瘫痪，大批劳改场所被撤销、移交；收押监管制度遭受严重破坏，冤假错案增多，教育改造工作被削弱，党的劳改政策被歪曲；监狱干部受到迫害。在这种情况下，国家宪法和法律遭到严重践踏和破坏，国家立法机关基本停止活动，司法机关被砸烂，许多现行的劳改法规及规章制度受到错误批判，劳动改造罪犯的立法工作基本处于停滞状态，出台的劳改法规极少，主要有：1972年1月8日，公安部《关于不得使用在押犯、劳教分子和就业人员搞机关生产和其他事务的通知》，1973年6月28日，公安部《关于防止劳改犯和留场（厂）就业人员向海外写信泄露劳改机关地址等国家机密的通知》等。

　　1978年12月党的十一届三中全会召开以后，我国监狱立法进入了新时期发展阶段。监狱工作在党的十一届三中全会精神指引下，取得了拨乱反正、恢复整顿的初步成果。新中国的监狱成功改造了日本战犯、国民党战犯、伪蒙伪满战犯和一大批其他刑事犯罪分子，创造了举世瞩目的奇迹。1981年8月，第八次全国劳改工作会议（以下简称"八劳"会议）的召开，标志着监狱工作进入改革开放、全面发展的历史新时期。会议在科学总结30年来中国监狱工作基本经验的基础上，确定了新时期监狱工作任务，提出各项改革措施，制定了《监狱、劳改队管教工作细则》，为监狱工作的全面改革、健康发展奠定了坚实基础。

---

❶ 范方平.监狱法二十年回顾与展望.北京：中国长安出版社，2014：27.

1. "八劳"会议的召开

粉碎林彪、江青反革命集团后，邓小平、胡耀邦、彭真等中央领导同志对监狱工作作出许多重要指示。其主要精神是：要加强人民民主专政的国家机器，坚决打击和防范各类犯罪分子的破坏活动，大力加强和改进对罪犯的改造工作，维护社会秩序。明确提出，要把改造罪犯工作看成一项改造人、改造社会的伟大事业。这一科学论断，对中国监狱工作发展产生了巨大的推动力量和深远影响。

1979年8月17日，中共中央批转中央宣传部、教育部等8个单位《关于提请全党重视解决青少年违法犯罪问题的报告》，强调指出："对于违法犯罪的青少年，我们的方针应着眼于教育、挽救和改造"。1980年4月1日，中央政法委员会员会召开会议，专门研究劳改、劳教工作。1981年5月中旬，中央政法委员会召开了北京、天津、上海、广州、武汉五大城市治安座谈会。彭真在会上的讲话和会后中共中央批转的座谈会《纪要》中，再次强调要改进和加强劳改、劳教工作。同年8月，中央政法委员会和公安部、最高人民法院在北京共同召开了改进改造工作座谈会，重点研究改进对罪犯的管理教育工作，落实教育、感化、挽救方针，提高改造工作质量的问题。在此基础上，为了总结历史经验，规划今后劳改工作的发展，根据中央精神，1981年8月18日至9月9日，公安部召开了第八次全国劳改工作会议。

第八次全国劳改工作会议是在监狱工作的拨乱反正和改革开放开始起步的大背景下召开的，是新中国成立以来劳动改造工作历史上一次极其重要的会议。"八劳"会议认真回顾了新中国成立以来的劳动改造工作、监狱工作的历史，肯定了新中国成立以来的劳动改造工作成绩，对新中国成立以来劳动改造工作正反两方面经验进行了全面总结和理论概括，科学确定了新时期监狱工作的地位和历史使命、劳动改造工作的任务，根据罪犯构成的变化，对以往改造工作实践中积累的好经验、好办法和好的政策措施，进行了充分地总结评估，提出了加强劳动改造工作的措施，确定了一系列新的政策和方法。

① 加强教育改造工作，办好特殊学校。"八劳"会议首次提出创办特殊学校的工作要求，并对办学原则、办法、学习内容以及检查考核等方面作出规定。

② 对青少年犯实行"三个像""六个字"政策。对青少年占绝大多数的罪犯群体，必须首先坚持严格管理。

③ 实行管理工作法律化、制度化。"八劳"会议要求，要健全监管法规，从收押到释放，逐步实行管理工作法律化、制度化。

"八劳"会议的召开，标志着监狱工作进入改革开放、全面发展的历史新时期，会议根据新时期改造对象的变化以及存在的问题，对新时期劳动改造工作任务的确定，对加强新时期劳动改造工作措施的提出，为劳动改造工作在新的历史时期的改革与发展奠定了基础，是一次具有历史性贡献的会议。

2.《监狱、劳改队管教工作细则（试行）》的颁布与实施

历经十年浩劫，国家逐渐重视法制建设，先后颁布了《中华人民共和国宪法》《中华人民共和国刑法》和《中华人民共和国刑事诉讼法》。在这种形势下，监狱工作的建章立制也提到了议事日程。期间，先后制定了《关于刑满释放和清理的劳改犯、劳教分子、留场就业人员档案转递问题的通知》《关于加强对监外就医、监外执行、假释、缓刑犯人管理工作的联合通知》《关于劳改犯、劳教分子与海外亲属通信、通电、通话和接见问题的通知》《关于增加对外开放单位的通知》《关于清理老弱病残犯和精神病犯的联合通知》等一系列政策规定，监狱工作逐步纳入法制轨道。

"八劳"会议为新时期的劳改立法指明了方向。为了强化法制建设，司法部劳改局依据 1979 年 7 月颁布的《刑法》和《刑事诉讼法》、1954 年的《中华人民共和国劳动改造条例》，经过广泛调研，并结合 30 多年来劳改工作实践经验和押犯变化的新情况，制定了《监狱、劳改队管教工作细则（试行）》（以下简称《管教工作细则》），经"八劳"会议讨论修改后，于 1982 年 2 月 18 日由公安部颁布试行。该《管教工作细则》共 7 章 137 条，明确规定了我国监狱、劳改队的性质、任务和管教工作的方针、政策，并且对刑罚执行、狱政管理、武装警戒、教育改造、生活卫生、考核奖惩等作了具体规定。

《管教工作细则》体系较完整，规定较详细，是劳改工作方针、政策的具体体现，也是对《劳改条例》的重大补充和完善，它对进一步肃清"左"的影响，推进监狱的法制化建设，发挥了良好的作用，并为后来制定《监狱法》打下了基础。该细则也大大丰富和发展了《劳改条例》的内容，对于加强劳改工作的基础建设，改进对罪犯的管理教育，起到了重要的作用。它有力地推动了我国劳改工作法制化、规范化的发展进程。随后，中央主管部门又制定并发布了一系列有关监狱工作的行政法规和规章。1982 年 2 月 18 日，公安部制定的《犯人生活卫生管理办法》；1983 年 5 月 5 日，公安部、劳动人事部、农牧渔业部、教育部、商业部发布的《关于犯人刑满释放后落户和安置的联合通知》；1984 年 3 月 24 日，全国人大常委会法制工作委员会、最高人民法院、最高人民检察院、公安部、司法部、民政部发布的《关于正在服刑的罪犯和被羁押的人的选举权问题的联合通知》；1985 年 6 月 11 日，司法部、教育部、劳动人事部发布的《关于加强对劳改、劳教人员文化、技术教育的通知》；1989 年 9 月 6 日，最高人民法院、最高人民检察院、公安部、司法部发布的《关于依法加强对管制、剥夺政治权利、缓刑、假释和暂予监外执行的罪犯监督考察工作的通知》❶；等等。

1989 年 10 月，司法部劳改局制定了《关于对罪犯实施分押、分管、分教的试行意见》，针对在押罪犯的改造实际提出了整体性改革措施。"三分"工作作为监管改造工作的重大改革，是从中国鉴于改造罪犯的实际状况和发展趋势出发，借鉴国外在分类改造等经验的基础进行的，实践证明是非常可行的有效的，对提高改造质量、提升监狱管理水平都发挥了积极作用。"三分"制度，在 1994 年底颁布的《中华人民共和国监狱法》中得到了肯定。

为了有效地执行刑罚，加强监管改造场所的规范化建设，规范罪犯改造的行为，加强干警队伍建设，推行依法管理、严格管理、文明管理、科学管理和规范化管理，强化管理的改造功能，使监管改造功能工作走上法律化、制度化的轨道，司法部先后于 1989 年 10 月制定了《司法部关于加强监管改造工作的若干规定》（司法部令第 5 号），于 1990 年 8 月 31 日制定了《司法部关于计分考核奖惩罪犯的规定》，1990 年 11 月制定

---

❶ 杨殿升，张金桑. 中国特色监狱制度研究. 北京：法律出版社，1999：43.

了《监管改造环境规范》（司法部令第 11 号）和《罪犯改造行为规范》（司法部令第 12 号），于 1991 年发布了《劳改劳教工作干警行为准则》（司法部令第 17 号）。这些部门规章及时地总结和肯定了新时期监狱工作的新经验和改革成果，标志着监管改造工作实现了新突破，跃上新台阶，进一步促进了监狱法制建设和发展。

伴随着中国共产党独立领导的人民民主政权的建设，在毛泽东改造罪犯思想的指导下，我国监狱工作在改造罪犯的长期实践中，创造地积累了很多成功的经验，形成了一整套科学、完整的方针、政策体系，这些方针、政策对保证我国监狱法制建设沿着正确的方向快速发展起到了巨大的作用。

新中国成立后监狱工作方针经历了从"两个结合"到"改造第一，生产第二"，从"改造第一，生产第二"到"惩罚与改造相结合，以改造人为宗旨"的两次飞跃，每次飞跃都反映了监狱工作实践的不断深入，反映了我们党对监狱工作本质认识的不断深化。监狱工作的政策主要包括立足于改造的政策，惩罚和改造相结合、教育和劳动相结合的政策、严格管理与教育、挽救、感化相结合的政策，区别对待的政策，社会主义人道主义政策以及给出路的政策等，遵循惩罚与改造相结合等刑事政策的要求，我国选择确立的行刑手段主要包括刑罚执行、狱政管理、教育改造（含劳动改造）等，这些方针、政策结合改造罪犯的基本手段构成了中国特色监狱法制制度的主干和基本框架。

总之，新中国监狱法制建设经历了新民主主义革命时期的"政策与法律并重"到新中国建立之后的"以法律为重"的过程，其中以《中华苏维埃共和国劳动感化院暂行章程》《中华人民共和国劳动改造条例》和《监狱、劳改队管教工作细则（试行）》为代表的建设成果为《中华人民共和国监狱法》的颁行打下了坚实的基础。

四、不断完善阶段——《中华人民共和国监狱法》颁布实施后的监狱法制建设（1994 年至今）

20 世纪 80 年代中期，随着我国民主和法治建设的不断推进，社会经济、政治形势发生的巨大变化，监狱工作面临的许多新情况、新问题。为此，1986 年 3 月，全国人大常委会授权司法部，成立监狱立法起草工作小组。经过长期的调查研究和专题讨论，前后修改数十稿，最后于 1994 年 12 月 29 日经第八届全国人大常委会第 11 次会议审议，通过了《中华人民共和国监狱法》（以下简称《监狱法》），同日以中华人民共和国主席第 35 号令公布实施，至此，历时 8 年多的监狱立法活动，最终以新中国第一部监狱法典的颁布实施而宣告完成，《监狱法》的颁布实施将新中国监狱管理的实践经验上升到法律的高度，实现了刑事实体法、程序法和执行法的基本衔接。1994 年是新中国监狱史上值得浓墨重彩的一年，司法部还提出了创建现代化文明监狱的口号，要求"逐步建立法制完备、执法严明、管理文明、设施完备的现代化文明监狱"；这两个事件尤其是《监狱法》的颁布实施——标志着中国监狱的强势话语由"人治"逐步转为"法治"，对其后三十年的监狱工作意义重大：监狱工作科学化、法制化、社会化建设取得长足进步，狱政管理、安全防范、教育改造水平不断提高，监狱物质条件极大改善。

《监狱法》的颁布经历了一个漫长而又艰难的过程，历经八年零九个月，可分为三个阶段：第一阶段，1986 年 3 月至 1990 年 8 月，调研起草；第二阶段，1990 年 8 月至

1994年10月，国务院法制局审议、上报；第三阶段，1994年10～12月，全国人大常委会审议并通过《监狱法》。从《劳动改造法》起草小组成立后，关于法的名称，先后提出了七八种，1990年8月14日司法部上报国务院采用的是"监狱改造罪犯法"的名称，后又几经斟酌，为名实相符、严谨准确，与世界多数国家采用的法名相一致，定名为《中华人民共和国监狱法》。

《监狱法》在我国法律体系中具有独立的法律地位，是我国刑事法律体系的重要组成部分。监狱法的实施，是我国社会主义法制建设史上的一件大事，是监狱发展史上的里程碑，是一件值得庆贺的盛举，标志着我国监狱工作进入了新的历史时期。监狱法实施20多年以来，为我国建立中国特色的监狱法制打下了良好和坚实的基础，树立了依法治监的监狱治理理念，为我国打击犯罪、惩罚和改造罪犯，保障罪犯人权提供了法律保障。

《监狱法》第1条开宗明义地讲明："为了正确执行刑罚，惩罚和改造罪犯，预防和减少犯罪，根据宪法，制定本法。"从《监狱法》制定的法律依据、调整对象、法的性质和任务来看，《监狱法》具有独立的法律地位，并不是刑法、刑事诉讼法的附属与补充。

《监狱法》第12条第2款规定："监狱的管理人员是人民警察。"这是我国第一次明确规定了监狱人民警察的法律地位，人民警察法律地位的确立使监狱人民警察感到自己在新时代和现代文明社会中的角色得到法律的认可和社会的认同。

《监狱法》第5条规定："监狱的人民警察依法管理监狱、执行刑罚、对罪犯进行教育改造等活动，受法律保护。"这是对监狱人民警察在刑罚执行活动过程中的法律地位的进一步确认，肯定了监狱人民警察是监狱行刑活动的具体实施者。监狱人民警察依法行刑受到法律保护，体现了国家、社会对于监狱人民警察的理解、关心和支持。

从20多年的监狱工作来看，《监狱法》已经成为整个监狱行刑工作最基本和最重要的法律规范，是监狱一切工作的基本纲领，在监狱行刑工作中发挥了巨大作用。《监狱法》的颁行在一定程度上弥补了我国刑事执行法的空白，并成为我国刑事执行活动的主要法律依据。

在《监狱法》颁布前，监狱在其发展的历史中在事实上和法律上都沦为审判机关或行政机关的附庸和补充。这违背了刑事司法机关各司其职、相互制约和刑事司法专门化的原则，从而影响了刑罚目的的实现。《监狱法》第2条第1款规定："监狱是国家的刑罚执行机关。""这一规定确立了监狱作为国家的刑事司法活动主体的地位，也就是在事实上肯定了刑事司法活动中，公、检、法、司四主体的地位。更进一步讲，这对所谓刑事诉讼中有关机关——现被界定为公、检、法机关间的分工负责，互相配合，互相制约的原则的一种突破和发展。"

可以说，《监狱法》的颁行为中国刑事司法做了两件大事：在立法层面弥补了我国刑事执法的空白，形成了以刑法、刑事诉讼法和以监狱法为代表和主体的刑事执行法等较为完整的刑事法律体系；在运作机制方面确立了监狱独立的主体地位：即专司刑罚执行的机关，以法律形式宣告了中国也有专门的刑罚执行机关，实现了刑罚权能较为合理的专业化分工。

《监狱法》的制定和实施，还有利于保障罪犯人权，促进罪犯改造。《监狱法》明确规定："罪犯的人格不受侮辱，其人身安全、合法财产和辩护、申诉、控告、检举以及其他未被依法剥夺或者限制的权利不受侵犯。"这些保护罪犯的权利条款体现了对于罪犯的终极人文主义关怀，现代法理学告诉我们，罪犯接受刑罚是因为犯了错，而不是为了惩罚，惩罚只是为了让他不再犯错。现代监狱的伟大价值就在于"源于报应，表于惩罚，载于改造，止于自由"。监狱法尊重和保护罪犯的人权，首先是以人为本，尊重罪犯人之为人所应有的权利。同时，《监狱法》为了服务于罪犯改造，规定了奖惩、考核、分类关押、分类管理、减刑、假释等监管措施，充分调动了罪犯改造的积极性。实践证明，监狱法的颁行，有力地保障了罪犯的人权，提高了罪犯的改造积极性、促进了罪犯的改造，为刑罚目的的实现打下了坚实的基础。

在《监狱法》颁布后，我国的刑事诉讼法和刑法经过长期的实践和多年调研和讨论，根据新的形势发展的需要相继进行了修改，这两部修改后颁布的刑事法律，其中有关条款对监狱行刑的某些方面作了新的规定，它既标志着我国刑事法律体系在健全和完善的进程中又前进了一大步，也标志着我国监狱立法进一步走向成熟。为保证监狱法的贯彻执行，司法部又相继颁行了《监狱服刑人员行为规范》《监狱教育改革工作规定》等配套法规，推动了监狱法执行的力度和实际效果。1995年9月司法部正式印发《关于创建现代化文明监狱的标准和实施意见》，2001年12月国务院印发了《关于研究解决监狱困难有关问题的会议纪要》，启动实施了监狱布局调整战略；2003年，国务院批转了司法部关于监狱体制改革试点工作指导意见，以"全额保障、监企分开、收支分开、规范运行"的原则，着力解决几十年来监企合一、监狱办社会等导致刑罚执行职能受到严重干扰和弱化的体制弊端。

第二节　我国监狱法律制度的特质

通过多年的实践，我国已经形成了具有中国特色的社会主义监狱法律制度体系，并形成了相应的特质。

一、"人是可以改造的"，是我国监狱法律制度的立论基础

马克思列宁主义的国家学说和无产阶级专政的理论，关于"改造可以改造好的人"的思想，以及关于刑罚目的和劳动的学说等，是研究监狱必须坚持的理论依据和指导思想。[1] 其中毛泽东同志关于"人是可以改造的"的论断，是我国监狱法律制度的立论基础。"我们相信人是可以改造过来的，在一定条件下，在无产阶级专政的条件下，一般说是可以把人改造过来的。"[2] "许多犯罪分子是可以改造好的，是能够教育好的。"[3] 这些观点和立场在马列主义经典哲学中获得了有力的理论支持。"改造人"成为我国监狱近百年来不变的宗旨，如《中华苏维埃共和国劳动感化院暂行章程》中规定感化院的任

---

[1] 金鉴. 监狱学总论. 北京：法律出版社，1999：10-11.
[2] 《毛泽东接见阿尔巴尼亚总检察长阿拉尼特·切拉同志的谈话》（1963年11月10日）。
[3] 《毛泽东接见斯诺的谈话》（1960年10月22日）。

务是"看守、教育及感化违犯苏维埃法令的一切犯人,使这些人监禁期满之后,不再违反苏维埃的法令。"1954年颁布、施行40年之久的《中华人民共和国劳动改造条例》的制定目的是"为了惩罚一切反革命犯和其他刑事犯,并且强迫他们在劳动中改造自己,成为新人"。《中华人民共和国监狱法》确立了坚持"惩罚与改造相结合,以改造人为宗旨"的监狱工作方针,努力把罪犯改造成守法公民。尽管理解这些表述不能离开当时所处的特定语境,但都始终把"改造人"作为出发点和归宿,不抛弃任何一名罪犯、不放弃挽救任何一个罪犯,是几代监狱工作者共同的善良愿望和孜孜以求的目标。

二、惩罚与改造相结合,教育与劳动相结合,是我国监狱法律制度所特有的方法论

关于惩罚与改造的关系,国外有的学者以"钟摆效应"来概括,认为每个时期主导刑罚发展方向的就在于惩罚与改造的某个点倾斜:当社会的犯罪形势严峻时刑罚多趋向于惩罚,当社会犯罪率下降时,监狱刑罚政策可能会趋向于改造,两者取向于反方向运动。❶ 我国监狱法律制度长期坚持一切以改造人为宗旨,坚持惩罚是手段、改造是目的,惩罚的最终目的是促进罪犯改造,旗帜鲜明的反对折磨、打骂、体罚和虐待罪犯以及其他的不人道待遇。即使是法律许可的惩罚,其适用情形、程序及限度等,都被明确规定。

罪犯教育包括思想、道德、法制教育,文化教育,技术教育以及其他辅助教育,而强制劳动有助于改变罪犯好逸恶劳的不良习惯、康复罪犯身心、培养劳动技能,成为我国改造罪犯的重要方法。虽然由于生产力水平、物质生活条件和监狱经费保障等客观因素,导致一定时期内出现了"重生产轻改造"的单纯追求经济的倾向,但很快被纠正。1956年初,刘少奇同志明确指出"劳改工作的方针,第一是改造,第二是生产。"1964年的全国第六次劳动改造罪犯工作会议明确重申了监狱工作要贯彻执行"改造第一,生产第二"的方针,改造要与生产相结合。1993年国务院决定建立国家对监狱的财政保障体制和投资保障体制,1994年的《监狱法》第三条规定:"监狱对罪犯实行惩罚和改造相结合、教育和劳动相结合的原则,将罪犯改造成为守法公民。"《监狱法》将这一保障体制以法律的形式加以确认,更加有利于监狱摆正改造与生产的关系,集中精力改造罪犯,提高改造质量。

三、把罪犯当人看,尊重罪犯人格,是贯穿我国监狱法律制度的红线

从苏维埃共和国时期的劳动感化院起,我国坚持把罪犯当人看,给予人道主义待遇,给出路,让其在希望中改造,尊重和保障其基本权益。1940年,毛泽东同志就提出"对任何犯人,应该坚决废止肉刑",改造罪犯要阶级斗争和人道主义相结合,不能把罪犯当生产机器。随着国家经济建设的发展和监狱管理水平的提高,监狱更加重视保障罪犯的基本生活条件和合法权益。1979年李步云、徐炳发表在《人民日报》上的《论我国罪犯的法律地位》一文,使人们认识到罪犯的权利源于我国宪法的明确规定而

---

❶ 刘崇亮.监狱惩罚机能与改造机能的冲突与融合.河北法学,2012(9):17.

不是恩赐而来的,道德范畴内的人道主义必须转化为各种具体的法定权利。1994年《监狱法》对罪犯的权利义务与权利救济、生活卫生条件、劳动保护和法律监督以及警察的职权和纪律等作出了明确规定。尤其随着我国法治建设的不断深入,人权保障力度不断加大,监狱的刑罚执行权行使越来越规范,罪犯权利保障将更加有力。

四、与国家政治、经济、社会环境同步律动,是我国监狱法律制度的时代特征

"法的最终决定因素是物质生活条件"❶。监狱法律制度总是存在于一定的时代背景之下的,并受制于当时的政治环境、物质经济条件、社会文化、犯罪形势和刑事政策等。监狱工作、监狱法律制度与时代是同步律动的,深刻地反映着时代特征。例如,《监狱法》实施前出现的部分监狱"重生产轻改造"的倾向,就与当时物质高度匮乏、监狱经费得不到保障有密切关系。又如,"1957年后,曾经发生过失误,主要是在'左'的指导思想影响下,一段较长时间内,把罪犯都看成'专政对象'"❷;"文革"期间监狱暂停释放刑满罪犯,对监狱和改造场所实行军事管制,使得监狱工作遭到严重破坏。

第三节 我国监狱法律制度的省思

一、改革开放前受到前苏联劳动改造理论的深刻影响

1917年俄国十月革命成功后,列宁领导的苏维埃政权把马克思主义改造罪犯的思想作为劳动改造罪犯工作的指导思想,建立了劳动改造制度并颁布了有关法律,如监狱制度的《暂行细则》《俄罗斯苏维埃社会主义共和国监狱条例》和两部《劳动改造法典》,逐步形成了劳动改造法学学科。前苏联劳动改造罪犯的理论、制度和实践,对包括新中国在内的其他社会主义国家的监狱工作产生了深刻而持久的影响。

前苏联的劳动改造理论实质上是马克思主义阶级斗争哲学与前苏联实际情况的结合,以国家学说、阶级分析方法和专政思想为理论指导,突出监狱是国家暴力机器和专政工具的性质,所以,监狱的制度建设更多的是从政治制度层面来设计和推动的。而我国监狱制度要解决的是我国自己的问题。俞吾金指出:"这里有一个'革命哲学'向'建设哲学'转化的问题。如果说,在革命时期,马克思主义的阶级斗争学说是主导性理念的话,那么,在建设时期,马克思主义的人道主义学说则理应上升为主导性理念。"❸ 在阶级斗争不再是社会主要矛盾和中心任务的当下,监狱制度如何融入国家和社会治理体系与治理能力的现代化进程、发挥刑罚一般预防和特别预防的功能、宣示法治文明,需要我们甄别取舍前苏联劳动改造理论,以开放的视角、包容的心态,积极借鉴、吸纳世界范围内的刑罚执行和监狱法律制度的文明成果,形成中国特色的现代监狱

---

❶ 沈宗灵. 法理学. 北京:北京大学出版社,2000:40.
❷ 金鉴. 监狱学总论. 北京:法律出版社 1999:110.
❸ 赵兴良. 中国特色社会主义理论体系对马克思主义人本思想的继承和发展. 求实,2014(12):40.

法律制度体系。

二、监狱法制建设相对滞后

监狱的历史进程其实是监狱制度的具体变迁成就的。从制度功能发挥作用来看，监狱制度应该保持一定的稳定性，但为了适应生产力发展的需要，为了适应发展变化了的社会与人的需要，监狱制度的变迁是客观必然的。在各种制度变迁中，法律制度因其具有最高意志性和强制性而最为重要、最受关注。但我国"人治"的观念根深蒂固，"中国法律思想史几乎处处贯穿了伦理至上、伦理即法的精神"[1]。在社会控制方面，新中国的管理者过分强调阶级矛盾的解决，过分依赖意识形态的作用，在很长一段时间内并没有把自己的意志转化为法律的习惯。"如果说监狱是与新法典一起诞生的，那就大错特错了。监狱这种形式在刑法体系系统地使用它之前就存在了。"[2]但监狱发展到一定程度的时候，法律规定和管理制度必须具备并逐步予以完善。

总体上来看，我国监狱制度体系尤其是监狱法律制度体系尚需进一步完善健全。就现行的监狱法而言，存在三个比较突出的问题。首先是监狱法在我国特色社会主义法律体系中的地位问题，法学理论界、监狱实务部门与中国法律体系顶层设计者的观点并不一致。基于自由刑是目前最主要刑种的事实，法学界呼吁应该把现行的监狱法上升为刑罚执行法基本法律，摆脱其刑事诉讼法附属法的地位，与实体法的刑法、程序法的刑事诉讼法并列，共同构成刑事法律体系并由全国人大而不是全国人大常委会颁布。其次，因为缺少《监狱组织法》，监狱法不少篇幅涉及监狱的组织体制，使监狱法的行政法色彩非常浓厚。加之与监狱法配套的《监狱法实施细则》或《监狱管理条例》一直不能出台，现行监狱法以下的法规、条例、规章数量极其有限[3]，监狱法律制度体系整体比较单薄，监狱的宏观管理主要依赖政策和规范性文件。最后，监狱法颁布实施的二十年间，我国宪法、刑法、刑诉法等多次修改，加入了20多项国际人权公约，出台了公务员法、警察法、国家赔偿法等与监狱密切相关的法律。[4]随着国家政治、经济、社会和文化环境的改变，在监狱实践中积累了一系列的新情况、新矛盾，迫切需要监狱法律体系的进一步完善。

三、监狱法律制度的功能发挥有待进一步加强

虽然较之于生命刑和肉刑，以监狱为载体的自由刑，体现了人类的文明和进步，但自由刑罚有其天生的缺陷，通过监禁实现罪犯再社会化的良善愿望一直饱受质疑和诟病——理论描述与司法实践之间、刑罚知识与经验之间存在着"双重悖反"。这其中，尤以美国社会学家罗伯特·马丁森等1974年的研究报告《是否有效？关于监狱改革的

---

[1] 范忠信. 中国法律传统的基本精神. 济南：山东人民出版社，2001：122.
[2] [法] 米歇尔·福柯. 规训与惩罚. 刘北成，杨远婴，译. 北京：生活·读书·新知三联书店1999：260.
[3] 目前仅有《司法行政机关行政赔偿、刑事赔偿办法》《未成年犯管教所管理规定》《监狱劳动教养人民警察着装管理规定》《外国籍罪犯会见通讯规定》《监狱提请减刑假释工作程序规定》《监狱教育改造工作规定》《监狱服刑人员行为规范》和《监狱和劳动教养机关人民警察违法违纪行为处分规定》八个司法部单独或几个部门联合发布的规章。
[4] 2012年10月26日第十一届全国人民代表大会常务委员会第二十九次会议对《监狱法》进行了7个条文的修改，自2013年1月1日起执行。这次修改的目的是为了与新修订的《刑法》《刑事诉讼法》的衔接。

问题与答案》最具影响力。针对监禁模式有可能使罪犯"监狱化"的弊端，美国的克莱门斯·巴特勒斯曾经极端地批评道："将一个人数年之久关押在高度警戒的监狱里，告诉他每天睡觉、起床的时间和每日每分钟应做的事，然后再将其抛向街头并指望他成为一名模范公民，这是不可思议的！"❶ 当然，这些批评和质疑，无法撼动监禁刑罚在一个国家刑罚体系中的主流地位。但它客观上也促进了世界范围内针对监狱行刑制度的改良，主要的做法就是谦抑地使用监禁刑罚——这与刑罚总体趋向宽缓是一致的，比如实行宽严相济、轻轻重重的刑事政策，使用缓刑、社区矫正、保安处分等非监禁方式；推行监狱分类、罪犯分类，使罪犯的人身危险性与监狱警戒强度、管理强度相匹配等。

目前，我国监狱形态高度雷同，管理模式比较单一；重新犯罪率的不断上升使得监狱行刑效能受到公众一定程度的质疑；监狱警察分类建设推进不快，专业化素质迫切需要提高；实践中存在罪犯刑满释放难、死亡处置难、保外就医难"三难"问题；科学有效矫正罪犯的方法、技术、手段尚需进一步创新等。所有这些深层次和突出问题的解决，既依赖于相关监狱相关法律制度的进一步完善，也依赖于监狱制度整体功能的充分发挥。

第四节 监狱法律制度的现代化

现代化，是一种客观规律和必然趋势，"是将人类及这个世界的安全、发展和完善作为人类努力的目标和规范的尺度，它亦指社会有能力发展起一种制度结构，以能适应不断变化的挑战和需求"❷。作为社会变迁、社会转型和发展的一种形式，现代化"是多层面同步转向的过程，涉及人类生活所有方面的深刻变化，概括起来，现代化可以看作是经济领域的工业化、政治领域的民主化、社会领域的城市化以及价值观念领域的理性化的互动过程。"❸ 我国监狱法律制度也必然要向现代化迈进。

一、推动监狱法律制度走向现代化的动力

从认知层面上看，现代化首先体现认知的理性化。认识监狱法律的生成、发展和变迁，必须坚持宏观和开放的视角。当我们把监狱置于广阔的范畴如国家与社会治理等知识体系、刑事法律体系等之中予以考察时，就会发现推动监狱法律制度前进的两股重要力量：一股是由监禁刑罚自身缺陷问题而萌发的"内部"的改良动力，另一股则是由外部的发展、创新和变革"洪流"对监狱的"挟裹"与"倒逼"，包括国家治理体系和治理能力现代化的愿景、公民社会的生成、法治实践、法律文化的传承与发展以及科学技术的进步等。

1. 国家治理体系和治理能力现代化的愿景

从本质上来看，监狱是一种国家与社会治理的方法、工具和手段，是国家治理、社会管理的方法体系、策略体系和能力结构的一个有机组成部分，国家治理体系和治理能

---

❶ [美] 克莱门斯·巴特勒斯. 矫正导论. 孙晓雳，译. 北京：中国人民公安大学出版社，1991：130.
❷ [美] 谬尔·亨廷顿. 变动社会中的政治秩序. 王冠华，译. 上海：上海译文出版社，1988：32.
❸ [美] C·E·布莱克. 杨豫，陈祖周，译. 比较现代化. 上海：上海译文出版社，1996：7.

力现代化的愿景要求监狱同步同向走向现代化,要求监狱不断推进"四个能力"即惩罚与改造罪犯能力、监狱内部管理能力、维护社会秩序能力和促进公平正义能力的建设。

2. 公民社会的生成

公民社会的生成促进了公民权利的觉醒和彰显,它是以保障罪犯权利、规范刑罚执行权力运行为重点的"行刑法治"成为引领监狱走向现代化的旗帜;它推动了社会力量实质性地介入到监狱的罪犯矫正领域之中;它使得监狱行刑必然要更加关注因为犯罪而引发的社会关系如刑事被害人的利益、犯罪人的社会回归和犯罪人的家庭问题等。

3. 法治实践

"法治政府""法治思维和法治方式"等根本要义就是规范和限制公权力,防范刑罚执行权在监狱行刑领域的扩张、恣意和滥用。必须以罪犯权利来对抗和制衡刑罚执行权力,必须压缩自由裁量权,做到依法而刑、刑有范式,"诸事皆断乎法"。法治还必然地包含正义及所衍生的法律公信力。在整体司法公信力不高的客观状况下,"钱(权)刑交易","有权人""有钱人"减刑快、服刑不实等监狱腐败问题,极大地挑战着公众的心理底线。"现代监狱"应该有一套完整的机制有效地防范监狱行刑领域司法腐败的滋生。

4. 法律制度文化的传承与借鉴

我国传统法律文化中的精华部分是一种宝贵的财富和进步的力量。不少做法以客观的眼光来看,不乏悲悯的人文关怀。在当下,公法领域中的刑法及其法律文化呈现出相当程度的趋同性与同构性,域外的刑法经验尤其自联合国成立以来所推动的刑罚交流与合作以及所形成的刑法(罚)共识,对我国整个刑事法律体系、刑事政策的影响是显而易见。以开放、理性的心态对各国法律文明成果的借鉴与吸收,势必会促进我国的法治进程。例如西方国家的监狱重视罪犯的心理矫治、监狱按警戒等级分类等做法就给我国监狱工作以很大的启迪。

5. 科学技术的进步

不断进步的科学技术对人类社会生活的影响是深刻而全面的。科学技术尤其是计算机技术的运用,促进了监狱管理效率的提高,影响着监狱的建筑与设施、组织体系以及管理体制、机制、手段和方法的创新,而心理学、医学、社会学等学科成果为改造罪犯提供了科学支撑。在现代信息社会,监狱制度文化的传播更为便捷和高效,监狱刑(狱)务公开和执法公信力备受社会关注。学习一些必要的科学技术、提高科学技术素养,既是罪犯的义务也成了罪犯的权利。

二、现代监狱法律制度的构成要素

1. 先进的监狱行刑理念和价值取向

理念涉及思维学、政治学、心理学、社会学、文化学等多学科,内涵丰富、意蕴深刻且与时嬗变。监狱行刑理念是"与现代社会、现代思想相适应、相协调,反映社会文明、人类进步的监狱信念和价值状态"❶,监狱行刑的价值则是监狱行刑对主体(人或

---

❶ 张晶. 中国监狱制度从传统走向现代. 北京:海潮出版社,2001:85.

者由人组成的社会)的效用和意义,是监狱行刑制度在具体运作中所要实现的价值目标。监狱的行刑理念、行刑价值与监狱制度互为表里,互相制约、互相促进。现代监狱法律制度必须坚持正确的发展方向,树立公正、依法、科学和文明的行刑理念,凸显公正、人道和效率三大价值取向。

(1) 公正 "正义是一切社会制度的首要价值,正如真理是思想体系的首要价值一样。"❶ 监狱本身就是社会公正的一种调节器,公正是监狱制度第一位的内在品质,它始终是监狱制度设计和监狱行刑实践追求的一个永恒的、神圣的目标。

行刑正当——即刑罚执行制度必须具有正当性。它要求依据"良法"而衍生、制定的具体执行规则之设定,必须基于充分认识刑罚理念、精神和目的的前提下,经过充分论证并有正当的根据和理由,与理性的要求相符合。刑罚执行的手段、方法、技术和过程的选择必须经过慎重的考虑和精密的设计。

行刑平等——要求监狱刑罚执行人员对待服刑的罪犯一视同仁、平等对待,无论其国籍、种族、性别、语言、宗教、政见或其他主张、财产、出身、服刑前身份与地位等。所有罪犯的人格尊严和合法权益都得到无差别的尊重和保护,不歧视任何一名罪犯,任何一名罪犯不得享有特权。当然,行刑平等不排斥由于罪犯特殊信仰、特殊情况和特殊的不利身份(如外籍犯、女犯、少数民族犯和少数教派成员)产生的需要而给予囚犯的不同待遇。❷

程序正当——程序正当与实体公正一样,不可或缺。涉及罪犯在行刑过程中的奖励和惩戒时,必须要有正当的程序规定作为凭据并依此作出决定,包括:罪犯的权利义务、监狱的纪律、对罪犯奖惩的相关规定应该在罪犯一入狱时就明确告知;必须对有关的奖惩事由进行调查核实并事先告知罪犯;给罪犯就有关奖惩问题足够的答辩时间;赋予罪犯不服奖惩决定的申诉权利。

(2) 人道 人道是爱护人的生命、关怀人的幸福、尊重人的人格和权利的美好道德。

首先,要将罪犯当人看,为其提供能够满足其作为人的健康需要和基本生活的物质条件,满足罪犯有关情感维系及对其人格尊严的尊重等最低限度的精神方面的需求。

其次,不能采用野蛮、残酷、不适当的方式,不应增加罪犯因刑罚执行本身所固有的痛苦,要禁止酷刑、折磨、侮辱、打骂、体罚、虐待等一切不文明行为。即使是制度明确规定的惩戒措施如禁闭、依法使用警械武器等,也必须本着最小伤害的原则,谦抑使用、适度使用。

最后,人道要体现在对罪犯未来发展的关注上,监狱行刑绝不是单纯对罪犯的人身进行"保管",而是要促进其顺利回归并融入社会,要帮助其进行相应的心理、生理、技能的准备和社会知识的储备。

---

❶ [美] 约翰·罗尔斯. 正义论. 何怀宏,译. 北京:中国社会科学出版社,1988:3.

❷ 《联合国囚犯待遇最低限度标准规则》详解》特别指出:区别对待囚犯在任何时候都绝对不是偏见、成见、狂热信仰或者偏执态度产生的结果。在下列情况下的区别对待被认为是合理的:当它是执行一项公正、合理的措施时;当它被充分的理论与实践证明是合理时;当它是为了提高囚犯的人身地位和社会地位时;当它被高度容忍和充分理解时。《〈联合国囚犯待遇最低限度标准规则〉详解》,刑法改革国际编,于南,译. 北京:法律出版社,1998:15-16.

（3）效率 行刑效率是在消耗最少行刑资源的情况下取得改造罪犯质量的最佳效果。1992年诺贝尔经济学奖获得者加里·S·贝克尔在《人类行为的经济分析》中指出，"经济分析是一种统一的方法，适用于解释全部人类的行为。"虽然刑释人员重新犯罪的原因异常复杂，监狱改造罪犯作为一种非常特殊的"公共产品"很难完全用经济学的方法进行衡量，但监狱行刑不能放弃对效率的考量和追求。

首先，要按照罪犯的刑期（刑种）、人身危险性、管理与矫正难度等情况，合理配置有关物质资源和人力资源，建立罪犯分类与动态流动制度、监狱警戒等级分类制度、管理与矫正人力资源调配制度，优化配置管理与矫正的各种资源。

其次，根据罪犯的改造表现，及时、适当地落实减刑、假释和暂予监外执行制度，推进监狱行刑与社区矫正的有机衔接。

再次，进一步深化监狱体制改革，剥离监狱"办社会"的职能，突出刑罚执行职能并充分运用社会力量和社会资源。

最后，监狱要配合有关部门开展刑释人员重新犯罪情况的调查统计和原因分析，查找和改进监狱工作的不足，提高教育改造的针对性和实效性。

2. 科学的罪犯矫正方法和技术

罪犯矫正制度安排需要改变单纯的"宏大叙事"模式，寻求科学技术的支撑。要坚持以现代科学理论为指导，以现代科技为支持，尊重罪犯改造的基本规律，切实发挥传统的劳动、狱政管理和教育"三大"改造手段的作用。

要尊重罪犯在改造中的主体性地位，关注其个性和需求、激发其互应互动，避免统一的、强制性、填鸭式的教育模式，推行改造质量评估技术、刑期管理技术、心理矫治技术、危机干预技术、风险评估技术、信息技术等，使改造人的良好愿望和美好设计变成科学的现实。

推进罪犯改造工作的社会化，广泛引入社会资源介入罪犯改造工作。在改造内容上，要增加罪犯的亲社会性教育和再社会化知识体系内容，正如我国台湾监狱学者蔡墩铭认为，"社会性可谓人生活于社会上应有之人格属性……监狱只有一方面设法除去人犯之反社会性，另一方面重视人犯之社会教育与训练，方可使出狱之人犯获得社会性，真正适应社会，不再为非作歹"❶。

要借鉴吸收域外罪犯矫正的科学技术，积极试点和开展罪犯犯因性研究、人格测试、人身危险性评估、心理矫治、循证矫正、罪犯分类和监狱分级等工作。对于现行监狱法规定的离监探亲（行政奖励）和特许离监制度要积极利用，探索罪犯监内积假休息、临释前增加监内自由度等处遇方法。

3. 完善的监狱法律制度体系

第一，要健全以监狱法为核心，包括法律解释、法规、部门规章、强制性技术标准❷和规范性法律文件等在内的不同层次的法律渊源。就目前来看，监狱制度在以下重大

---

❶ 蔡墩铭. 矫治心理学. 新北：正中书局，1988：637-648.

❷ 目前主要是《监狱建筑标准》（建标139-2010），它是强制性标准，具备法律适用效力，这里将类似的强制性标准纳入监狱法律制度范畴。

问题上存在法律缺失:《监狱武装警戒条例》和《关于监狱罪犯脱逃追捕的规定》——解决监狱与执行看押任务的武警部队的关系协调、用兵机制,与公安部门的追捕分工、责任和关系协调;《监狱组织条例》——规定监狱的组织体系、管理体制、机构设置、职数配置和财政保障等问题;《监狱企业管理条例》——明确监狱企业的性质、产业与项目类型、投资与国有资产增值保值、利润分配;《罪犯劳动管理办法》《监狱执法监督条例》《刑满释放人员保护办法》《罪犯生活卫生基本标准》《未成年犯教育改造条例》《外国籍罪犯管理规定》和《病残犯管理规定》等以及解决"三难"问题(保外难、释放难和死亡处理难)的规范性法律文件。❶

第二,非法律制度得以有效整合。基于不同地区和不同监狱的具体情况以及不同的历史发展时期,部属监狱管理局、省级监狱管理机关和监狱会制定大量的具体制度与规定,这些制度和规定必须依据和遵循相关法律,体现法律的立法精神,不得破坏监狱法制的统一。这里需要特别注意两个倾向。一是为了监狱安全稳定而制定的制度不能违背法律规定和法律精神。如在罪犯带入和拥有物品问题上,我国监狱法明确规定罪犯可以带入和持有少量与学习、生活有关的书籍、衣物等物品,目前有的监狱采取"一刀切"的做法,一律取消了接见物品的带入,实现所谓的"零带入",实质上压缩和限制了罪犯的合法财产权利。在发生影响较大的"监狱事件"后,伴随而来的"特别规定"不乏极端、武断和应景的特质,罪犯离监探亲和特许离监制度被束之高阁,一些经实践证明能有效促进罪犯改造的方法、手段被勒令取消。二是监狱出于自身便利或利益的考虑,习惯性地存在着一些不尽合理的制度。如对于罪犯会见的时间、频次作出"休息日一律不会见"或"固定日会见"等规定;罪犯释放当日的出监时间弹性较大,认为"从当日的零点到二十四时都行"。就罪犯的狱内消费而言,监狱的招标采购制度实际上存在变相指定供应商、价格缺乏透明度、供应商返利给监狱等不规范的地方。

第三,对于一些以惯例、习俗等非正式制度形式存在的积极有益的文化现象,要予以适当的引导和培育。比如,允许临释罪犯留头发,是一种促进罪犯回归的积极行为;罪犯将个人物品转赠给关系较好或困难的罪犯应当被允许。

第四,要进一步严密监狱法律制度体系的逻辑性。比如,我国一直强调对罪犯的思想改造,将改造的重心放在罪犯世界观、人生观和价值观的转化上。目前不少学者开始对思想改造背后的"价值僭越"进行颠覆性的理论批判,基于"人是可以改造且应当改造的"基本假设之上的"改造理论"受到一定程度的质疑。而以"罪犯的可改造性"为立论基础而形成的"刑罚体验——改造表现——考核奖罚——未来重新犯罪可能"的链条,呈现出一定的逻辑缺陷和脆弱性。"刑罚体验"难以精密计量并因人而异;"狱内改造表现"的认定更多地基于监狱民警的主观感觉或认识,将它们与罪犯"将来"的犯罪或不犯罪的"可能性"等同起来,包含了太多的任意性和偶然性。基于这种逻辑对罪犯进行行政、法律方面的奖罚和生活待遇方面的差别化,可能会使罪犯变得不诚实和投机改造,无客观根据地造成罪犯之间的不平等。又如,现行的监狱企业虽然已经不再担负为罪犯挣"囚粮"、为民警挣"工资"的使命,但监狱经费缺口的存在使得监狱的赢利

---

❶ 范方平. 监狱法二十年回顾与展望. 北京:中国长安出版社,2014:166-174.

冲动仍然客观存在。一方面国家财政保障下的监狱企业"与民争利",违背了社会主义市场经济的基本伦理,另一方面,监狱企业的生产组织管理和产业类型选择还未将罪犯改造效果视为一种特殊的"公共产品",监狱劳动在一定程度上还很难真正地成为为罪犯改造服务的一种手段。再如,监狱行刑实践中一些习以为常的惯例、技术、方法和手段缺乏相应的伦理底蕴。如罪犯联号制度,以罪犯的连带(连坐)责任为核心,这既与个人责任自负原则相冲突,也在客观上纵容了告密等不健康的罪犯亚文化的滋生;信息化技术的全面采用,使罪犯 24 小时全面地暴露于视频画面中,并未适当地考虑罪犯应有的尊严和隐私;罪犯家庭的一些变故情况被"善意"地隐瞒或延迟告知;一些调动罪犯积极性的措施(如奖励香烟给表现好的罪犯)和惩戒措施(如对严重违规的罪犯进行公开批判)缺乏伦理性;监狱关押布局和产业结构调整后,监狱关押密度骤增,建筑的压抑性明显增加,罪犯狱内空间被进一步压缩。

第五,监狱制度要得以有效执行和及时更新。制度的生命力在于执行,一方面制度应该广泛地凝聚共识,不脱离实际,具有可操作性;另一方面,制度必须得到严格的遵守和执行。要培养各级管理者和民警的法律素质,提高执法水平,建立监狱执法检查、执法考评、执法监督和狱务公开等制度。无论是法律还是规范性文件、具体规定,都存在一个更新的问题。因为我国《立法法》对法律的制定、颁布和修改作出了相应规定且法律的稳定性较强,这里特别强调的是,部监狱管理局和省级监狱管理机关应当建立规范性文件、规定的审查机制和运行效果评价机制,及时进行"立改废"。

4. 规范的权力运作模式

刑罚执行权是一种国家公权力,其行使必须遵循公权力运行的基本规则和伦理。刑罚执行权与其他公权力一样,具有滥用、扩张、膨胀的本能冲动和倾向——"在现代社会对法治的威胁主要不是来自社会、来自公民个人,而是来自国家权力及权力的实际掌握者。掌握公共权力和大量社会资源的执法者也是有七情六欲的普通人,因此依法治国的重点在于治权而非治事,在于治官而非治民。"❶ 所以,"现代刑事法律的核心存在价值是制约国家权力而非控制犯罪人。"❷ 以权利对抗权力、用权力制约权力、用权力保障权利是现代法治的逻辑起点。监狱的刑罚执行权力既要依靠刑事法律赋予的罪犯权利来与之抗衡,也要通过内部的设计和安排"把权力关进笼子",进而,罪犯权利和监狱刑罚执行权力相互制衡、相对平衡,均不逾越正当边界。

对监狱警察权的控制和治理将成为约束、规范刑罚执行权力的重点。行刑法律规范设计时,要在量上和质上合理地安排监狱警察的义务性规范与权利性规范,强化对监狱警察义务、责任的规定和权力行使的限制。作为刑罚执行权的行使者,监狱警察必须树立强烈的法律意识,自觉维护法律尊严,文明执法、谨慎用权,遵守职业道德和职业伦理,特别要注意不能出于情感、非理性追求矫正效果等原因,在矫正罪犯的善良愿望和群体道德的掩护下,漠视和侵犯罪犯的合法权益。

监狱刑罚执行权的行使必须接受监督。要落实人民检察院对监狱刑罚执行活动的法

---

❶ 袁曙宏. 建设社会主义国家是我国现代化的重要目标. 法制日报,2001-6-4.
❷ 李海东. 刑法原理入门——犯罪论基础. 北京:法律出版社,1998:3.

律监督，积极拓展社会公众监督、媒体监督的方式和渠道，建立监狱内部的督巡查、执法检查与考评制度。

公信力是衡量公权力运行规范性的有效标准。监狱行刑公信力是监狱通过刑罚执行活动，在整个开放社会建立起来的一种公共信用，既是监狱获得社会公众信任和信赖的能力，也是社会公众对监狱工作的一种主观评价。当下的监狱与社会公众之间存在一定程度的隔阂，形成了官方和民间两套不同的"叙事系统"。推动监狱行刑公信力的提升是现代监狱制度和监狱制度文化的应有之义。要立足监狱、着眼社会，大力推进监狱功能由单纯狱内行刑向多方位服务社会拓展，推动监狱工作从封闭走向开放、从狱内走向社会、从孤立走向协同，实现监狱行刑由一元主体向监狱与社会多元主体的理念转变；要着眼内部效能提升与寻求社会力量支持的并行并举、监狱发展与国家社会发展的同频共振；要通过公开促进公信、通过合作增加公信，进一步推进狱务公开、刑务公开，建设监狱公共关系，提高监狱透明度，消除公众对监狱的神秘感、疑虑和误解，向社会展示监狱的文明、法治和改造成果，争取社会民众的广泛支持。

三、监狱法律制度现代化的路径选择

改革开放以来，特别是随着社会主义市场经济体制的确立，我国进入了社会转型期。"中国的社会转型是一个非常复杂的过程，是社会经济、政治、文化结构分化重组、递升跃迁的历史运动。"[1] 转型带来的最大问题是社会规范的软化和错位，价值信仰的基础平台重构没能迅速跟进，时空压缩下的文化价值冲突，正成为未来社会矛盾的深层次影响因素。面对社会转型的浪潮，监狱法律制度同样遇到了前所未有的冲击和挑战。

1. 深度融入社会主义法治文化

监狱法律制度与社会主义法治文化的关系尤为密切。作为社会主义法治文化的有机组成部分，由于刑罚执行"在整个刑事司法程序里，处于最后一个环节，是公平正义的最后一道法治防线，"[2] 监狱刑罚执行活动的错误和低效率，无疑是对刑罚正义、刑事法治乃至国家法治的"釜底抽薪"。正如清末徐谦认为"监狱制度与刑法审判二者有密切之关系，监狱不良则行刑之机关未完善，而立法与执法之精神均不能见诸作用。无论法律若何美备，裁判若何公平，而刑罚宣告以后悉归于无效。"监狱法律制度要深度融入社会主义法治文化，积极回应社会关切和民众期许。在现代信息社会，任何一起不公正的刑罚执行行为都有可能导致社会民众法治信仰的动摇和对法律公信力的严重破坏，如"有钱人"与"有权人"减刑假释快、实际刑罚执行期限短的问题；民警打骂体罚罪犯、收受贿赂；监狱管理混乱导致的罪犯脱逃甚至在监狱"猎艳"；等等。此类问题必须从制度、管理上得到有效的解决。又如，在设计监狱法律制度时应该考虑到如何积极发现"冤狱"案件——刑罚因犯罪而发动，刑罚无罪之人则是彻头彻尾的不正义。除了要落实现有法律规定，保证罪犯申诉权利、畅通罪犯申诉渠道外，监狱应该在尊重法院刑事判决权的基础上积极排查和发现"冤狱"，在冤假错案的纠正上积极作为，尤其要

---

[1] 马凤鸣. 社会学视野下的文化变迁理论. 甘肃政法成人教育学院报, 2004（2）.
[2] 李福全. 监狱民警执法质量评估. 北京：法律出版社, 2008：绪论.

在对相关法律文书进行认真核查的基础上，结合罪犯关于证据、刑讯逼供等方面的反映，对持有一定怀疑的案件，积极主动申请有关机关进行复查。有关机关应该在限定的时间内作出明确的意见。❶

2. 以人类社会的文明成果为源泉

构建中国特色的监狱法律制度，现代化绝对不是"西方化"，构建现代监狱法律制度必须立足我国的基本国情和所处的时代特征。唯如此，才能形成我国特色的监狱法律制度体系，监狱法律制度才能适应我国的土壤生根发芽茁壮成长。比如，要坚持道路自信、理论自信和文化自信，坚持党对监狱工作的领导不动摇，坚持我国长期处于社会主义初级阶段的认知不动摇；对于被实践证明行之有效的劳动改造罪犯制度来说，迫切需要的是如何进一步规范和改进，而不是照搬某些西方国家的理论和实践，将劳动设置成罪犯可以选择的权利；对于任何罪犯都要给出路、让其在希望中改造，而不能过分迷信"终身监禁不得减假"制度、长期单独监禁和纯粹监禁等模式的效果。

以建立健全法律制度体系为核心和重点，尤其要推进监狱法律制度的科学立法和民主立法。习近平总书记指出："科学立法的核心在于尊重和体现客观规律，民主立法的核心在于为了人民、依靠人民。"以加强重点领域立法为抓手，开展广泛的立法调研，集中监狱行刑各方主体的智慧，切实解决影响和制约监狱发展的重大问题。同时，要精细立法技术，使监狱法律制度有机融入刑事法律体系。

监狱法律制度和其他任何一种文化一样，都是在对传统文化的扬弃取舍和域外文化的借鉴吸收过程中实现自身变迁和发展的。"中国的传统文化对历代统治者的刑罚制定都有较深的影响，中国传统文化作为一种集体精神的指向，一旦形成并被人们普遍接受，便具有顽强的延续性和永久的影响力。"❷ 中国传统刑罚文化中注重道德先行、注重社会和谐发展、注重亲情伦理、明刑弼教、宽猛相济等思想对现代刑罚文化产生着积极的影响，而缺少对个人主体性的尊重和人文关怀精神、喜好严刑峻法、适用"贵贱亲疏"等级差别并始终把惩罚当作捍卫人伦、弘扬道德的工具等倾向，则是与现代监狱制度格格不入的。

在全球化的背景下，各国的法律制度之间不断沟通、渗透和吸收，从而逐渐形成一个协调发展、趋于接近的法律格局，法律文化的民族、地域和历史个性逐渐减弱，❸ 世界法律文明成果得以共享。各国的共同认识和努力使得各国的刑罚理念逐渐趋同，如刑

---

❶ 2013 年轰动全国的浙江"张氏叔侄强奸冤案"得以昭雪，监狱和驻监检察部门的积极作为起了关键作用，很有启迪意义。张辉与张高平系叔侄关系，因涉及 2003 年发生在杭州的一起强奸致死案，于 2004 年分别被浙江高院终审判处死刑缓期二年执行和有期徒刑十五年。2014 年杭州市公安局发现该案被害人指甲内提取的 DNA 分型与一名已被执行死刑的罪犯勾某高度吻合。2013 年 3 月浙江高院依法对张辉、张高平强奸再审案公开宣判，撤销原审判决，宣告张辉、张高平无罪。在狱中，张高平、张辉均坚称自己无罪。张高平称杭州另一起杀人强奸案中的凶手勾某系此案嫌疑人，而张辉称曾在狱中遭遇牢头狱霸袁某的暴力取证。张辉在狱中认罪并获得减刑，而张高平则坚决不认罪甚至拒绝减刑以至于多次被关禁闭。张高平的坚持不认罪引起了监狱及驻监狱检察官的关注，监狱帮助张高平转递申诉材料，驻监检察官亲自写信给浙江当地的司法机关建议组织案件复查。由于张高平及张辉父亲张高发的持续申诉，特别是新疆监狱部门的帮助申诉，引起了杭州市有关政法机关的重视，将该系列入了专项督查与审查的范围，进而冤案得以昭雪。

❷ 廖斌. 监禁刑现代化研究. 北京：法律出版社, 2008：106.

❸ 田宏杰. 本土化还是国际化：中国刑法现代化的道路选择. 金陵法律评论, 2001 春.

罚的谦抑性和人道化，正是这一方面的表现。刑罚制度的同构性也从一个侧面反映着一个国家刑罚制度现代化的程度。作为"世界法"之一的《联合国宪章》已经成为被世界绝大多数国家广泛接受的规则，在一系列意图保障人权的国际公约中不同程度地涉及监禁刑领域中的人权保护问题，比如《囚犯待遇最低限度标准规则》（2015年10月联合国对该规则进行了修改，并以南非前总统纳尔逊·曼德拉命名，称之为《纳尔逊·曼德拉规则》）、《囚犯待遇基本原则》《禁止酷刑和其他残忍、不人道、有辱人格的待遇或处罚公约》《有关医务人员、特别是医生在保护被监禁和拘留的人不受酷刑和其他残忍、不人道或有辱人格的待遇或处罚方面的任务的医疗道德原则》和《关于外籍囚犯待遇的建议》等。我国宽严相济刑事司法政策的确立、社区矫正制度的生成、矫正技术的拓展等，客观上也是对域外刑罚理念、刑罚执行制度和监狱制度的积极借鉴和吸收。目前，恢复性司法模式在不少国家获得了有效运用。在构建和谐社会的进程中，我国要适当吸收这类经验，关注刑事被害人、国家、罪犯、罪犯亲属等各类被犯罪行为破坏的社会关系的修复，关注罪犯子女犯罪、刑释人员安置帮扶、社会保障衔接等问题，使监狱深度融入到社会综合治理体系之中。

3. 坚持顶层设计与实践创新并举，丰富现代监狱法律制度的内涵

监狱法律制度的变迁受制于刑罚文化、法律文化以及国家与社会治理模式的嬗变。"国家保障和尊重人权"的宪法宣示，构建法治社会的愿景以及国家对犯罪现象、犯罪原因、犯罪人和改造罪犯的理性认知，不断地丰富着监狱制度文化的内涵。宽严相济刑事司法政策的施行、社区矫正制度的确立、刑罚结构调整、司法体制改革等顶层设计使得监狱制度文化突破了原有的"监狱视野"。关乎监狱法律制度的顶层设计，除了健全以监狱法为核心，包括法律解释、法规、部门规章、强制性技术标准和规范性法律文件等在内的不同层次的法律渊源外，还主要包括以下四个方面。

① 落实中央《关于全面推进依法治国若干重大问题的决定》中提出的"完善刑罚执行制度，统一刑罚执行体制""完善司法管理体制和司法权力运行机制"等要求，积极开展相关调研和试点工作；尽快制定《社区矫正法》，使得监禁刑与非监禁刑有机衔接。

② 进一步规范罪犯的减刑假释工作，规范中级以上人民法院对财产刑执行情况与罪犯减刑假释挂钩的标准和尺度，既要着力破解"判了不赔"的财产刑执行难题，也要规范法院的自由裁量权。要纠正人为确定减刑假释比例、"凑人头"的做法并适当放宽罪犯假释的法定条件、提高假释在刑罚执行变更中的适用率。

③ 重视罪犯的社会保障权益，如入狱前缴纳的"五险一金"的接续、困难刑释人员社会救助、罪犯参加劳动致伤致残致死补偿等问题；创设罪犯救济性权利，如允许律师对涉狱争议进行法律援助，罪犯对狱政管理等"准行政行为"可提起复议、诉讼等。

④ 落实宪法关于特赦的规定。对以下罪犯可适用特赦：所犯罪名被新刑法取消而继续服刑的；以新刑法的量刑标准衡量之前量刑明显过重的；社会危害性不大、自身恶性程度较小的首犯、过失犯和非暴力犯，已经获得刑事被害人的充分谅解、继续服刑导致家庭重大困难或完全丧失再犯罪能力的；为基本生存而犯罪的弱势群体；能通过特赦

显示国家自信、顺应多数社会民众意愿的。❶

上述内容涉及刑法、刑诉法、行政法和社会保障法等多部法律的修改和国家政策的修订以及司法权的重新配置。"司法权是中央事权,司法体制改革事关全局,政治性、政策性很强,必须在中央统一领导下,加强顶层设计,自上而下有序推进。习近平总书记强调,凡属重大改革要于法有据。完善司法管理体制和司法权力运行机制,是国家司法制度和司法体制的重大改革,许多改革举措都涉及现行法律规定,必须坚持顶层设计,需要修改法律的,应当先修改法律,做到先立后破,在法治轨道上推进改革,确保实现改革目标任务。"❷

监狱是社会的一面镜子,监狱生态极其复杂。"凡于社会人事上有关系之事,皆备于监狱,故监狱为社会之小影,而世界社会之各种学问,监狱学中,皆包含一部分。"❸丰富的监狱生态、深厚的文化底蕴、具体的行刑实践和理性的探索研究,使监狱法律制度的创新成为可能。源于生活、源于实践、源于基层的尝试和创新,一直为我国监狱制度文化的前进提供了不竭的动力。无论是办特殊学校、开展亲情帮教、个别教育攻坚、打造"文化监狱",还是创新罪犯出监模式、建设现代监狱❹,这些基层首创的鲜活经验和创新成果被上升为监狱法律层面,焕发出强大的生命力与影响力,极大地充实和丰富了监狱法律制度的内涵。要一如既往地尊重基层群众的首创精神,为创新提供相应的机制保障,促进创新成果转化为教育改造罪犯的生产力、监狱制度的执行力和监狱制度文化的影响力。

拓展阅读

清末监狱改良

清末"预备立宪"运动中,清廷诏令载泽、戴鸿慈等五大臣分赴各国考察宪政。1900年,沈家本与伍廷芳被保举为修订法律大臣,主持修法。因列强以"刑罚、审判、监狱之不良"为借口拒不放弃在华领事裁判权、把中国抑为三等国并且不给予清政府参加历届国际监狱会议资格,清政府意图"模范列强",制定监狱法典,遂翻译西方、日本监狱法规、专著,派员东渡日本考察审判、监狱改革事宜和出席第八届国际监狱会议,并延聘日本监狱学家小河滋次郎来华执教法政学堂监狱专科课程,起草《大清监狱律草案》。清政府诏令在北京筹建新式监狱(即模范监狱),并要求各省一律筹建新式监狱。

《大清监狱律草案》是我国第一部监狱法典,也是我国近代改良监狱的第一张蓝图。草案一改我国传统的"诸法合体、刑民不分"的立法体例而成部门法。草案分"总则"

---

❶ 乔成杰.监狱哲学的现代构建.犯罪与改造研究,2015(7):41.
❷ 孟建柱.完善司法管理体制和司法权力运行机制.人民日报,2014-11-7.
❸ 《监狱学》,日小河滋次郎口述,熊元翰编、易花萍点校,上海人民出版社2013年版,绪论.
❹ 江苏省监狱管理局从2014年开始,把建设现代监狱纳入江苏省率先实现基本现代化的发展战略中,出台了《关于建设现代监狱的意见(试行)》《现代监狱建设指标体系(试行)》和《现代监狱建设考核评估实施办法》,以"安全有序、行刑公正、矫正科学、形态完备、运行规范、素质精良"为目标,坚持"整体谋划、统筹推进、协调发展、创新驱动"的原则,分三个阶段力争到2020年,全省所有监狱实现省定现代监狱标准。

"收监""拘禁""戒护""作业""教诲与教育""给养""卫生及医疗""出生及死亡""接见及书信""赏罚""领置""特赦减刑及暂释""释放"14章计241条。虽然草案未及颁行，但却成为北洋政府、民国政府监狱法之蓝本。

草案在理论上渊源于风靡近代的教育刑论，把监狱作为执行自由刑、限制受刑人自由，使受教化、服国法而后复归社会的场所。沈家本提出了关于监狱性质和宗旨的理论。他认为：自由刑的执行是要"借监狱之地，施教诲之方"，"设狱之宗旨，非以苦人、辱人，将以感化人也"；如无"以感化为归宿"的改良监狱相配合，则自由刑难以执行，新刑律、新刑制也无实效。沈家本也因此被称为我国"监狱改良之父"。

附 录

一、中华人民共和国监狱法

（1994年12月29日第八届全国人民代表大会常务委员会第十一次会议通过1994年12月29日中华人民共和国主席令第35号公布根据2012年10月26日第十一届全国人民代表大会常务委员会第二十九次会议通过2012年10月26日中华人民共和国主席令第63号公布自2013年1月1日起施行的《全国人民代表大会常务委员会关于修改〈中华人民共和国监狱法〉的决定》修正）

第一章 总 则

第一条 为了正确执行刑罚，惩罚和改造罪犯，预防和减少犯罪，根据宪法，制定本法。

第二条 监狱是国家的刑罚执行机关。

依照刑法和刑事诉讼法的规定，被判处死刑缓期二年执行、无期徒刑、有期徒刑的罪犯，在监狱内执行刑罚。

第三条 监狱对罪犯实行惩罚和改造相结合、教育和劳动相结合的原则，将罪犯改造成为守法公民。

第四条 监狱对罪犯应当依法监管，根据改造罪犯的需要，组织罪犯从事生产劳动，对罪犯进行思想教育、文化教育、技术教育。

第五条 监狱的人民警察依法管理监狱、执行刑罚、对罪犯进行教育改造等活动，受法律保护。

第六条 人民检察院对监狱执行刑罚的活动是否合法，依法实行监督。

第七条 罪犯的人格不受侮辱，其人身安全、合法财产和辩护、申诉、控告、检举以及其他未被依法剥夺或者限制的权利不受侵犯。

罪犯必须严格遵守法律、法规和监规纪律，服从管理，接受教育，参加劳动。

第八条 国家保障监狱改造罪犯所需经费。监狱的人民警察经费、罪犯改造经费、罪犯生活费、狱政设施经费及其他专项经费，列入国家预算。

国家提供罪犯劳动必需的生产设施和生产经费。

第九条 监狱依法使用的土地、矿产资源和其他自然资源以及监狱的财产，受法律保护，任何组织或者个人不得侵占、破坏。

第十条 国务院司法行政部门主管全国的监狱工作。

第二章 监 狱

第十一条 监狱的设置、撤销、迁移，由国务院司法行政部门批准。

第十二条 监狱设监狱长一人、副监狱长若干人，并根据实际需要设置必要的工作机构和配备其他监狱管理人员。

监狱的管理人员是人民警察。

第十三条 监狱的人民警察应当严格遵守宪法和法律，忠于职守，秉公执法，严守纪律，清正廉洁。

第十四条 监狱的人民警察不得有下列行为：

（一）索要、收受、侵占罪犯及其亲属的财物；

（二）私放罪犯或者玩忽职守造成罪犯脱逃；

（三）刑讯逼供或者体罚、虐待罪犯；

（四）侮辱罪犯的人格；

（五）殴打或者纵容他人殴打罪犯；

（六）为谋取私利，利用罪犯提供劳务；

（七）违反规定，私自为罪犯传递信件或者物品；

（八）非法将监管罪犯的职权交予他人行使；

（九）其他违法行为。

监狱的人民警察有前款所列行为，构成犯罪的，依法追究刑事责任；尚未构成犯罪的，应当予以行政处分。

第三章 刑罚的执行

第一节 收 监

第十五条 人民法院对被判处死刑缓期二年执行、无期徒刑、有期徒刑的罪犯，应当将执行通知书、判决书送达羁押该罪犯的公安机关，公安机关应当自收到执行通知书、判决书之日起一个月内将该罪犯送交监狱执行刑罚。

罪犯在被交付执行刑罚前，剩余刑期在三个月以下的，由看守所代为执行。

第十六条 罪犯被交付执行刑罚时，交付执行的人民法院应当将人民检察院的起诉书副本、人民法院的判决书、执行通知书、结案登记表同时送达监狱。监狱没有收到上述文件的，不得收监；上述文件不齐全或者记载有误的，作出生效判决的人民法院应当及时补充齐全或者作出更正；对其中可能导致错误收监的，不予收监。

第十七条 罪犯被交付执行刑罚，符合本法第十六条规定的，应当予以收监。罪犯收监后，监狱应当对其进行身体检查。经检查，对于具有暂予监外执行情形的，监狱可以提出书面意见，报省级以上监狱管理机关批准。

第十八条 罪犯收监，应当严格检查其人身和所携带的物品。非生活必需品，由监狱代为保管或者征得罪犯同意退回其家属，违禁品予以没收。

女犯由女性人民警察检查。

第十九条 罪犯不得携带子女在监内服刑。

第二十条 罪犯收监后，监狱应当通知罪犯家属。通知书应当自收监之日起五日内发出。

第二节 对罪犯提出的申诉、控告、检举的处理

第二十一条 罪犯对生效的判决不服的，可以提出申诉。

对于罪犯的申诉，人民检察院或者人民法院应当及时处理。

第二十二条 对罪犯提出的控告、检举材料，监狱应当及时处理或者转送公安机关或者人民检察院处理，公安机关或者人民检察院应当将处理结果通知监狱。

第二十三条 罪犯的申诉、控告、检举材料，监狱应当及时转递，不得扣压。

第二十四条 监狱在执行刑罚过程中，根据罪犯的申诉，认为判决可能有错误的，应当提请人民检察院或者人民法院处理，人民检察院或者人民法院应当自收到监狱提请处理意见书之日起六个月内将处理结果通知监狱。

第三节 监外执行

第二十五条 对于被判处无期徒刑、有期徒刑在监内服刑的罪犯，符合刑事诉讼法规定的监外执行条件的，可以暂予监外执行。

第二十六条 暂予监外执行，由监狱提出书面意见，报省、自治区、直辖市监狱管理机关批准。批准机关应当将批准的暂予监外执行决定通知公安机关和原判人民法院，并抄送人民检察院。

人民检察院认为对罪犯适用暂予监外执行不当的，应当自接到通知之日起一个月内将书面意见送交批准暂予监外执行的机关，批准暂予监外执行的机关接到人民检察院的书面意见后，应当立即对该决定进行重新核查。

第二十七条 对暂予监外执行的罪犯，依法实行社区矫正，由社区矫正机构负责执行。原关押监狱应当及时将罪犯在监内改造情况通报负责执行的社区矫正机构。

第二十八条 暂予监外执行的罪犯具有刑事诉讼法规定的应当收监的情形的，社区矫正机构应当及时通知监狱收监；刑期届满的，由原关押监狱办理释放手续。罪犯在暂予监外执行期间死亡的，社区矫正机构应当及时通知原关押监狱。

第四节 减刑、假释

第二十九条 被判处无期徒刑、有期徒刑的罪犯，在服刑期间确有悔改或者立功表现的，根据监狱考核的结果，可以减刑。有下列重大立功表现之一的，应当减刑：

（一）阻止他人重大犯罪活动的；

（二）检举监狱内外重大犯罪活动，经查证属实的；

（三）有发明创造或者重大技术革新的；

（四）在日常生产、生活中舍己救人的；

（五）在抗御自然灾害或者排除重大事故中，有突出表现的；

（六）对国家和社会有其他重大贡献的。

第三十条 减刑建议由监狱向人民法院提出，人民法院应当自收到减刑建议书之日起一个月内予以审核裁定；案情复杂或者情况特殊的，可以延长一个月。减刑裁定的副本应当抄送人民检察院。

第三十一条 被判处死刑缓期二年执行的罪犯，在死刑缓期执行期间，符合法律规

定的减为无期徒刑、有期徒刑条件的，二年期满时，所在监狱应当及时提出减刑建议，报经省、自治区、直辖市监狱管理机关审核后，提请高级人民法院裁定。

　　第三十二条　被判处无期徒刑、有期徒刑的罪犯，符合法律规定的假释条件的，由监狱根据考核结果向人民法院提出假释建议，人民法院应当自收到假释建议书之日起一个月内予以审核裁定；案情复杂或者情况特殊的，可以延长一个月。假释裁定的副本应当抄送人民检察院。

　　第三十三条　人民法院裁定假释的，监狱应当按期假释并发给假释证明书。

　　对被假释的罪犯，依法实行社区矫正，由社区矫正机构负责执行。被假释的罪犯，在假释考验期限内有违反法律、行政法规或者国务院有关部门关于假释的监督管理规定的行为，尚未构成新的犯罪的，社区矫正机构应当向人民法院提出撤销假释的建议，人民法院应当自收到撤销假释建议书之日起一个月内予以审核裁定。人民法院裁定撤销假释的，由公安机关将罪犯送交监狱收监。

　　第三十四条　对不符合法律规定的减刑、假释条件的罪犯，不得以任何理由将其减刑、假释。

　　人民检察院认为人民法院减刑、假释的裁定不当，应当依照刑事诉讼法规定的期间向人民法院提出书面纠正意见。对于人民检察院提出书面纠正意见的案件，人民法院应当重新审理。

第五节　释放和安置

　　第三十五条　罪犯服刑期满，监狱应当按期释放并发给释放证明书。

　　第三十六条　罪犯释放后，公安机关凭释放证明书办理户籍登记。

　　第三十七条　对刑满释放人员，当地人民政府帮助其安置生活。

　　刑满释放人员丧失劳动能力又无法定赡养人、扶养人和基本生活来源的，由当地人民政府予以救济。

　　第三十八条　刑满释放人员依法享有与其他公民平等的权利。

第四章　狱政管理

第一节　分押分管

　　第三十九条　监狱对成年男犯、女犯和未成年犯实行分开关押和管理，对未成年犯和女犯的改造，应当照顾其生理、心理特点。

　　监狱根据罪犯的犯罪类型、刑罚种类、刑期、改造表现等情况，对罪犯实行分别关押，采取不同方式管理。

　　第四十条　女犯由女性人民警察直接管理。

第二节　警　戒

　　第四十一条　监狱的武装警戒由人民武装警察部队负责，具体办法由国务院、中央军事委员会规定。

　　第四十二条　监狱发现在押罪犯脱逃，应当即时将其抓获，不能即时抓获的，应当立即通知公安机关，由公安机关负责追捕，监狱密切配合。

　　第四十三条　监狱根据监管需要，设立警戒设施。监狱周围设警戒隔离带，未经准许，任何人不得进入。

第四十四条 监区、作业区周围的机关、团体、企业事业单位和基层组织，应当协助监狱做好安全警戒工作。

第三节 戒具和武器的使用

第四十五条 监狱遇有下列情形之一的，可以使用戒具：

（一）罪犯有脱逃行为的；

（二）罪犯有使用暴力行为的；

（三）罪犯正在押解途中的；

（四）罪犯有其他危险行为需要采取防范措施的。

前款所列情形消失后，应当停止使用戒具。

第四十六条 人民警察和人民武装警察部队的执勤人员遇有下列情形之一，非使用武器不能制止的，按照国家有关规定，可以使用武器：

（一）罪犯聚众骚乱、暴乱的；

（二）罪犯脱逃或者拒捕的；

（三）罪犯持有凶器或者其他危险物，正在行凶或者破坏，危及他人生命、财产安全的；

（四）劫夺罪犯的；

（五）罪犯抢夺武器的。

使用武器的人员，应当按照国家有关规定报告情况。

第四节 通信、会见

第四十七条 罪犯在服刑期间可以与他人通信，但是来往信件应当经过监狱检查。监狱发现有碍罪犯改造内容的信件，可以扣留。罪犯写给监狱的上级机关和司法机关的信件，不受检查。

第四十八条 罪犯在监狱服刑期间，按照规定，可以会见亲属、监护人。

第四十九条 罪犯收受物品和钱款，应当经监狱批准、检查。

第五节 生活、卫生

第五十条 罪犯的生活标准按实物量计算，由国家规定。

第五十一条 罪犯的被服由监狱统一配发。

第五十二条 对少数民族罪犯的特殊生活习惯，应当予以照顾。

第五十三条 罪犯居住的监舍应当坚固、通风、透光、清洁、保暖。

第五十四条 监狱应当设立医疗机构和生活、卫生设施，建立罪犯生活、卫生制度。罪犯的医疗保健列入监狱所在地区的卫生、防疫计划。

第五十五条 罪犯在服刑期间死亡的，监狱应当立即通知罪犯家属和人民检察院、人民法院。罪犯因病死亡的，由监狱作出医疗鉴定。人民检察院对监狱的医疗鉴定有疑义的，可以重新对死亡原因作出鉴定。罪犯家属有疑义的，可以向人民检察院提出。罪犯非正常死亡的，人民检察院应当立即检验，对死亡原因作出鉴定。

第六节 奖 惩

第五十六条 监狱应当建立罪犯的日常考核制度，考核的结果作为对罪犯奖励和处罚的依据。

第五十七条　罪犯有下列情形之一的，监狱可以给予表扬、物质奖励或者记功：

（一）遵守监规纪律，努力学习，积极劳动，有认罪服法表现的；

（二）阻止违法犯罪活动的；

（三）超额完成生产任务的；

（四）节约原材料或者爱护公物，有成绩的；

（五）进行技术革新或者传授生产技术，有一定成效的；

（六）在防止或者消除灾害事故中作出一定贡献的；

（七）对国家和社会有其他贡献的。

被判处有期徒刑的罪犯有前款所列情形之一，执行原判刑期二分之一以上，在服刑期间一贯表现好，离开监狱不致再危害社会的，监狱可以根据情况准其离监探亲。

第五十八条　罪犯有下列破坏监管秩序情形之一的，监狱可以给予警告、记过或者禁闭：

（一）聚众哄闹监狱，扰乱正常秩序的；

（二）辱骂或者殴打人民警察的；

（三）欺压其他罪犯的；

（四）偷窃、赌博、打架斗殴、寻衅滋事的；

（五）有劳动能力拒不参加劳动或者消极怠工，经教育不改的；

（六）以自伤、自残手段逃避劳动的；

（七）在生产劳动中故意违反操作规程，或者有意损坏生产工具的；

（八）有违反监规纪律的其他行为的。

依照前款规定对罪犯实行禁闭的期限为七天至十五天。

罪犯在服刑期间有第一款所列行为，构成犯罪的，依法追究刑事责任。

第七节　对罪犯服刑期间犯罪的处理

第五十九条　罪犯在服刑期间故意犯罪的，依法从重处罚。

第六十条　对罪犯在监狱内犯罪的案件，由监狱进行侦查。侦查终结后，写出起诉意见书，连同案卷材料、证据一并移送人民检察院。

第五章　对罪犯的教育改造

第六十一条　教育改造罪犯，实行因人施教、分类教育、以理服人的原则，采取集体教育与个别教育相结合、狱内教育与社会教育相结合的方法。

第六十二条　监狱应当对罪犯进行法制、道德、形势、政策、前途等内容的思想教育。

第六十三条　监狱应当根据不同情况，对罪犯进行扫盲教育、初等教育和初级中等教育，经考试合格的，由教育部门发给相应的学业证书。

第六十四条　监狱应当根据监狱生产和罪犯释放后就业的需要，对罪犯进行职业技术教育，经考核合格的，由劳动部门发给相应的技术等级证书。

第六十五条　监狱鼓励罪犯自学，经考试合格的，由有关部门发给相应的证书。

第六十六条 罪犯的文化和职业技术教育,应当列入所在地区教育规划。监狱应当设立教室、图书阅览室等必要的教育设施。

第六十七条 监狱应当组织罪犯开展适当的体育活动和文化娱乐活动。

第六十八条 国家机关、社会团体、部队、企业事业单位和社会各界人士以及罪犯的亲属,应当协助监狱做好对罪犯的教育改造工作。

第六十九条 有劳动能力的罪犯,必须参加劳动。

第七十条 监狱根据罪犯的个人情况,合理组织劳动,使其矫正恶习,养成劳动习惯,学会生产技能,并为释放后就业创造条件。

第七十一条 监狱对罪犯的劳动时间,参照国家有关劳动工时的规定执行;在季节性生产等特殊情况下,可以调整劳动时间。

罪犯有在法定节日和休息日休息的权利。

第七十二条 监狱对参加劳动的罪犯,应当按照有关规定给予报酬并执行国家有关劳动保护的规定。

第七十三条 罪犯在劳动中致伤、致残或者死亡的,由监狱参照国家劳动保险的有关规定处理。

第六章 对未成年犯的教育改造

第七十四条 对未成年犯应当在未成年犯管教所执行刑罚。

第七十五条 对未成年犯执行刑罚应当以教育改造为主。未成年犯的劳动,应当符合未成年人的特点,以学习文化和生产技能为主。

监狱应当配合国家、社会、学校等教育机构,为未成年犯接受义务教育提供必要的条件。

第七十六条 未成年犯年满十八周岁时,剩余刑期不超过二年的,仍可以留在未成年犯管教所执行剩余刑期。

第七十七条 对未成年犯的管理和教育改造,本章未作规定的,适用本法的有关规定。

第七章 附 则

第七十八条 本法自公布之日起施行。

二、联合国囚犯待遇最低限度标准规则

联合国囚犯待遇最低限度标准规则
（纳尔逊·曼德拉规则）

序言部分 1

订立下列规则并非在于详细阐明一套监所典型制度，其目的仅在于以当代思潮的一般公意和当今各种最恰当制度的基本构成部分为基础，说明什么是人们普遍同意的囚犯待遇和监狱管理的优良原则和惯例。

序言部分 2

1. 鉴于世界各国的法律、社会、经济和地理情况差异极大，并非全部规则都能够到处适用，也不是什么时候都适用，这是显而易见的。但是，本套规则应足以激发不断努力，以克服执行过程中产生的实际困难，因为知道它们整体体现的是联合国认为适当的最低条件。

2. 另一方面，本套规则所涵盖领域中的思想正在不断发展之中。因此，规则的目的并不在于排除实验和实践，只要这些实验和实践与各项原则相符，并能对规则整体文字所述的目标有所促进。中央监狱管理部门若依照这种精神而授权变通各项规则，总是合理的。

序言部分 3

1. 本套规则第一部分规定监狱的一般管理，适用于各类囚犯，无论刑事犯或民事犯，未经审讯或已经判罪，包括法官下令采取"保安措施"或改造措施的囚犯。

2. 第二部分所载的规则只适用于各节所规定的特殊类别。但是，对服刑囚犯适用的 A 节各项规则，应同样适用于 B、C 和 D 各节涉及的各类囚犯，但以不与关于这几类囚犯的规则发生矛盾并对其有利者为限。

序言部分 4

1. 本套规则的目的不在于管制专为青少年设立的监所——例如少年拘留所或感化院——的管理，但是，一般而言，第一部分同样适用于这种监所。

2. 青少年囚犯这一类别最少应当包括属少年法庭管辖的所有青少年。一般而言，对这些青少年不应判处监禁。

一、一般适用的规则

基本原则

规则 1

对待所有囚犯，均应尊重其作为人所固有的尊严和价值。任何囚犯均不应遭受——且所有囚犯均应得到保护以免遭受——酷刑和其他残忍、不人道或有辱人格的待遇或处罚，对此，不得援引任何情形为例外理由。任何时候都应确保囚犯、工作人员、服务提供者和探访者的安全。

规则 2

1. 本套规则应予公正执行。不应基于种族、肤色、性别、语言、宗教、政见或其他主张、国籍或社会出身、财产、出生或任何其他身份而加以歧视。应当尊重囚犯的宗教信仰和道德标准。

2. 为将不歧视的原则付诸实施,监狱管理部门应当考虑到囚犯的个人需要,特别是监狱环境中最脆弱的几类人。需要制定保护和促进有特殊需要的囚犯之权利的措施,而且这种措施不应被视为有歧视性。

规则 3

监禁和将人同外界隔绝的其他措施因剥夺人的自由而致其不能享有自决权利,所以使人感受折磨。因此,除非为合理隔离和维持纪律等缘故,监狱系统不应加重此项情势所固有的痛苦。

规则 4

1. 判处监禁或剥夺人的自由的类似措施的目的主要是保护社会避免受犯罪之害并减少再犯。唯有利用监禁期间在可能范围内确保犯人释放后重新融入社会,从而能够遵守法律、自食其力,才能达到这一目的。

2. 为此,监狱管理部门和其他主管机关应提供教育、职业培训和工作,以及适当可用的其他帮助形式,包括具有改造、道德、精神、社会、健康和体育性质的帮助形式。所有此类方案、活动和服务均应按照囚犯所需的个性化待遇来提供。

规则 5

1. 监狱制度应设法减少狱中生活同自由生活的差别,以免降低囚犯的责任感,或囚犯基于人的尊严所应得的尊重。

2. 监狱管理部门应作出所有合理的通融和调整以确保有身体残疾、精神残疾或其他残疾的囚犯能够在公正基础上充分有效地融入监狱生活。

囚犯档案管理

规则 6

凡是监禁犯人的场所都要具备标准化的囚犯档案管理系统。此种系统可以是电子记录数据库,也可以是有页码和签字页的登记簿。应当有程序确保安全审计线索和防止擅自查阅或更改系统所载任何信息。

规则 7

如无有效的收监令,监狱不得收受犯人。在接收每一位囚犯时,应在囚犯档案管理系统中输入下列信息:

(a) 能够决定他或她唯一身份的准确资料,并尊重他或她自己感知的性别;

(b) 他或她被监禁的原因和主管机关,以及逮捕的日期、时间和地点;

(c) 收监和出狱的日期和时刻,以及任何移送的日期和时刻;

(d) 任何显见创伤和对先前所受虐待的申诉;

(e) 他或她个人财物的详细目录;

(f) 他或她的家人的姓名,如适用,包括他或她的子女的姓名,及子女的年龄、所在地和照看或监护状况;

(g) 囚犯近亲的紧急联系方式和信息。

规则 8

在监禁过程中，应在囚犯档案管理系统中输入以下信息（如适用）：

(a) 与司法程序有关的信息，包括法院听审日期和诉讼代理人；

(b) 初步评估和分类报告；

(c) 与行为和纪律有关的信息；

(d) 请求和申诉，包括对酷刑或其他残忍、不人道和有辱人格的待遇或处罚的指控，除非这些是保密性质的；

(e) 关于实行纪律惩罚的信息；

(f) 创伤或死亡的背景情况和原因的相关信息，若是死亡，遗体归于何处。

规则 9

规则 7 和规则 8 提及的所有记录都应保密并且只提供给因专业责任而需要查阅这些记录的人。应允许囚犯查阅与自己有关的、须依据国内法律授权加以订正的记录，其获释时应有权得到一份这些记录的正式副本。

规则 10

囚犯档案管理系统还应当用于生成关于监狱人口趋势和特点的可靠数据，包括居住率，以便为循证决策提供依据。

按类隔离

规则 11

不同类别的囚犯应按照性别、年龄、犯罪记录、被拘留的法定原因和必需施以的待遇，分别送入不同的监所或监所的不同部分；因此：

(a) 应尽量将男犯和女犯拘禁于不同监所；兼收男犯和女犯的监所应将分配给女犯的房舍彻底隔离；

(b) 应将未经审讯的囚犯同已经判罪的囚犯隔离；

(c) 因欠债被监禁的囚犯和其他民事囚犯应同因犯刑事罪而被监禁的囚犯隔离；

(d) 青少年囚犯应同成年囚犯隔离。

住宿

规则 12

1. 如就寝安排为单个囚室或单间，囚犯晚上应单独占用一间囚室或房间。除了由于特别原因，例如临时人多拥挤，中央监狱管理部门不得不对本项规则破例处理外，不宜让两名囚犯占用一间囚室或房间。

2. 如设有宿舍，应小心分配囚犯，使之在这种环境下能够互相保持融洽。晚上应按照监狱的性质，按时监督。

规则 13

所有供囚犯占用的房舍，尤其是所有住宿用的房舍，必须符合保健规定，同时应妥为注意气候情况，尤其是立方空气容量、最低限度的地面面积、灯光、暖气和通风等项。

规则 14

在囚犯必须居住或工作的所有地方：

(a) 窗户的大小应以能让囚犯靠天然光线阅读和工作为准,在构造上,无论有没有通风设备,应能让新鲜空气进入;

(b) 应有充分灯光,使囚犯能够阅读和工作,不致损害视力。

规则 15

卫生设备应当充足,能随时满足每一名囚犯大小便的需要,并应维持清洁和体面。

规则 16

应当供给充分的浴盆和淋浴设备,使每一名囚犯都能够及可被要求在适合气候的室温之下沐浴或淋浴,其次数依季节和区域的情况,视一般卫生的需要而定,但是,在温和气候之下,最少每星期一次。

规则 17

囚犯经常使用的监狱中各部分应当予以适当维护,始终保持绝对清洁。

个人卫生

规则 18

1. 囚犯必须保持身体清洁,为此目的,应当提供为维持健康和清洁所需的用水和梳洗用具。

2. 为使囚犯可以保持整洁外观,维持自尊,应当提供妥为修饰须发的用具,男犯应得以经常刮胡子。

衣服和被褥

规则 19

1. 囚犯如不准穿着自己的衣服,应发给适合气候和足以维持其良好健康的全套衣服。发给的衣服不应有辱人格或有失体面。

2. 所有衣服应当保持清洁整齐。内衣应常常更换和洗濯,以维持卫生。

3. 在特殊情况下,经准许将囚犯移至监狱之外时,应当准许其穿着自己的衣服或其他不惹人注目的衣服。

规则 20

如准许囚犯穿着自己的衣服,应于他们入狱时作出安排,确保衣服洁净和适合穿着。

规则 21

应当按照当地或国家的标准,供给每一位囚犯一张床,分别附有充足的被褥,发给时应是清洁的,并应保持整洁,且常常更换,以确保清洁。

饮食

规则 22

1. 监狱管理部门应当于惯常时刻,供给所有囚犯足以维持健康和体力的有营养价值的饮食,饮食应滋养丰富、烹调可口和供应及时。

2. 所有囚犯口渴时都应有饮用水可喝。

锻炼和运动

规则 23

1. 凡是未受雇从事户外工作的囚犯,如气候许可,每天最少应有一小时在室外作适当锻炼。

2. 青少年囚犯和其他在年龄和体力方面适宜的囚犯，在锻炼时间应获得体育和文娱训练。应为此目的提供场地、设施和设备。

医疗保健服务

规则 24

1. 为囚犯提供医疗保健是国家的责任。囚犯应享有的医疗保健标准应与在社区中能够享有的相同，并应能够免费获得必要的医疗保健服务，不因其法律地位而受到歧视。

2. 应与普通公共卫生管理部门紧密合作安排医疗保健服务，确保持续治疗和护理，包括对艾滋病毒、肺结核和其他传染病以及毒瘾的持续治疗和护理。

规则 25

1. 所有监狱都应有医务处，负责评估、促进、保护和改善囚犯的身心健康，特别关注具有特殊保健需要的囚犯或有阻碍其恢复正常生活的健康问题的囚犯。

2. 医务处应有一个跨学科团队，有足够多在临床上完全独立行事的合格工作人员，并应具备足够的心理学和精神病学专业知识。所有囚犯都应能获得合格牙医的服务。

规则 26

1. 医务处应当编写并保持所有囚犯的准确、最新、机密的个人病历，所有囚犯若有要求，均应允许他们查阅自己的病历。囚犯可指定第三方查阅他或她的病历。

2. 在移送囚犯时应将病历移送至接收监所的医务处，并将病历作为医疗机密。

规则 27

1. 所有监狱均应确保在紧急情况下立即提供医疗照顾。需要专科治疗或手术的囚犯应当移往专科院所或民用医院。如监狱有自己的医院设施，这些设施应配备充足的工作人员和设备，为送来的囚犯提供适当的治疗和护理。

2. 只有负责的医疗保健专业人员才可作出临床决定，监狱的非医疗工作人员不可否决或忽视这些决定。

规则 28

女犯监狱应特别提供各种必需的产前和产后照顾和治疗。可能时应作出安排，使婴儿在监狱外的医院出生。如果婴儿在监狱出生，此点不应列入出生证内。

规则 29

1. 允许儿童在监狱与自己父/母同住的决定应当基于相关儿童的最佳利益。如果允许儿童在监狱中与父/母同住，应在以下方面做好准备：

（a）雇有合格工作人员的内部或外部育儿所，除由父/母照顾的时间外，儿童应放在育儿所；

（b）专门的儿童保健服务，包括接收时进行健康检查和由专科医生持续监测其发育情况。

2. 在狱中与父/母同住的儿童绝不应被视为囚犯。

规则 30

医生或无论是否要向该医生汇报的其他合格医疗保健专业人员，应于囚犯入狱后，尽快与之会晤、交谈并予以检查，以后于必要时，亦应会晤、交谈和检查。应当特别注意：

(a) 查明医疗保健需求，并采取所有必要措施予以治疗；

(b) 查明被送来的囚犯在入狱前可能受到的任何虐待；

(c) 查明因被监禁而产生的任何心理压力或其他压力的迹象，包括但不限于自杀或自残的风险，以及因停用毒品、药品或酒精而造成的戒断症状；并开展一切适当的个性化措施或治疗；

(d) 将怀疑患传染病的囚犯临床隔离，并为处于传染阶段的囚犯提供充分治疗；

(e) 断定各名囚犯是否适合工作、锻炼和视情况参加其他活动。

规则 31

医生或其他合格医疗保健专业人员（若适用）应当每天诊看所有患病囚犯、所有自诉有生理或心理健康问题或伤害的囚犯以及他们特别关注的任何囚犯。所有体检均应在完全保密的情况下进行。

规则 32

1. 医生或其他医疗保健专业人员与囚犯之间的关系应当遵守适用于社区中患者的道德标准和专业标准，特别是：

(a) 保护囚犯的生理和心理健康的义务以及仅按临床理由预防和治疗疾病；

(b) 在医患关系中遵守患者对自身健康的自主权和知情同意权；

(c) 医疗资料保密，除非保密会即刻导致损及病人或其他人的切实威胁；

(d) 绝对禁止积极或消极地进行可能构成酷刑或其他残忍、不人道或有辱人格的待遇或处罚的行为，包括可能损害囚犯健康的医学或科学实验，如摘取囚犯的细胞、身体组织和器官。

2. 在无损于本项规则第 1 款（d）项的前提下，如果预期将给囚犯的健康带来直接、重大裨益，可在自由且知情同意的基础上，依据适用法，允许囚犯参加可在社区参与的临床试验和其他保健研究，并允许囚犯为亲属捐献细胞、身体组织和器官。

规则 33

医生如认为继续予以监禁或监禁的任何条件已经或将会危害某一囚犯的生理或心理健康时，应当向监狱长提出报告。

规则 34

医疗保健专业人员若在囚犯入狱体检时或在此后为囚犯提供医疗服务时发现酷刑或其他残忍、不人道或有辱人格待遇或处罚的任何迹象，应将这些情况记录下来并报告医疗、行政或司法主管部门。应当遵循适当的程序保障措施，以使囚犯或相关人员不会面临可预见的受害风险。

规则 35

1. 医生或公共卫生主管机关应经常检查下列各项，并向监狱长提出意见：

(a) 饮食的分量、质量、烹调和供给；

(b) 监所和囚犯的卫生和清洁；

(c) 监狱的卫生、温度、灯光和通风；

(d) 囚犯的衣服和被褥是否适当和清洁；

(e) 如无技术人员主持体育和运动活动时，这些活动是否遵守规则。

2. 监狱长应当审查按照本项规则第 1 款和规则 33 提出的意见和报告，并应立刻采取步骤落实这些意见和报告中的建议。如果这些意见或建议不在监狱长的权力范围之内或者其不予赞同，监狱长应当立刻向上级提交自己的报告和医生或公共卫生主管机关的意见或建议。

限制、纪律和惩罚

规则 36

维持纪律和秩序时不应实施超过确保安全看守、监狱安全运转和有秩序的集体生活所需的限制。

规则 37

下列各项应始终依法律或依主管行政机关的规章核准：

(a) 违反纪律的行为；

(b) 应受惩罚的种类和期限；

(c) 有权执行惩罚的机关；

(d) 任何形式的与监狱一般囚犯分开的非自愿隔离，例如单独监禁、孤立、隔离、特殊监护室和限制屋，不论是作为纪律惩罚还是出于维护秩序和安全，包括公布关于使用、审查、施加和解除任何形式的非自愿隔离的政策和程序。

规则 38

1. 鼓励监狱管理部门尽可能利用预防冲突机制、调解机制或解决争端的任何其他替代机制，来防止违纪行为或解决冲突。

2. 对于被隔离或曾被隔离的囚犯，监狱管理部门应采取必要措施，以缓解他们在从监狱释放后监禁经历对他们自己和他们的社区造成的潜在不利影响。

规则 39

1. 除非依据规则 37 提及的法律或规章的条款以及公正和正当程序的原则，否则不得惩罚囚犯。对于囚犯，同一行为或罪行不得二罚。

2. 监狱管理部门应确保纪律惩罚与所要惩罚的违纪行为相称，并应适当记录实施的所有纪律惩罚措施。

3. 监狱管理部门在实施纪律惩罚前应考虑囚犯的精神疾病或发育残疾是否及如何造成他或她犯下引起纪律指控的罪行或行为。监狱管理部门不应对据认为是由囚犯的精神疾病或智力残疾直接导致的任何行为实施惩罚。

规则 40

1. 囚犯在监狱服务时，不得以任何惩戒职位雇用。

2. 但本项规则不得妨碍以自治为基础的各项制度的正当推行，根据这些制度，囚犯按应受的待遇分成若干群组，受托在监督之下开展社会、教育或运动等指定活动或担负相应职责。

规则 41

1. 对囚犯违纪行为的任何指控均应立即报告主管机关，主管机关应对此进行调查，不得无故拖延。

2. 应当毫不迟延地以囚犯所懂的语言告知囚犯其所受控告的性质，并给予囚犯充分的时间和便利准备其辩护。

3. 若司法权益有要求，应准许囚犯亲自或通过法律援助为自己辩护，特别是在涉及严重纪律指控的情况下。如果囚犯不懂或不讲纪律听证会所用语言，应免费得到合格口译员的协助。

4. 囚犯应有机会寻求对自己所受的纪律惩罚进行司法审查。

5. 如果违纪行为被作为犯罪起诉，囚犯应当有权享有适用于刑事诉讼的所有正当程序保障，包括不受阻碍地获得法律顾问服务。

规则 42

本套规则述及的一般居住条件，包括与光线、通风、温度、卫生、营养、饮用水、享受户外空气和进行身体锻炼、个人卫生、保健和适当的个人空间有关的条件，应不加例外地适用于所有囚犯。

规则 43

1. 限制或纪律惩罚在任何情况下都不可发展成酷刑或其他残忍、不人道或有辱人格的待遇或处罚。以下做法特别应当禁止：

（a）无限期的单独监禁；

（b）长期单独监禁；

（c）将囚犯关在黑暗或持续明亮的囚室中；

（d）体罚，或减少囚犯饮食和饮水；

（e）集体处罚。

2. 戒具绝不应用作对违反纪律行为的惩罚。

3. 纪律惩罚或限制措施不应包括禁止与家人联系。只可在有限的一段时间内限制与家人联系的方式，而且这种惩罚方式应确实是维持安全和秩序所必要的。

规则 44

就本套规则而言，单独监禁应指一天内对囚犯实行没有有意义人际接触的监禁达到或超过 22 个小时。长期单独监禁应指连续超过 15 天的单独监禁。

规则 45

1. 单独监禁只应作为在例外情形下不得已而采取的办法，时间能短则短，并应受独立审查，而且只能依据主管机关的核准。不应因囚犯所受的判决而施以单独监禁。

2. 在有精神残疾或身体残疾的囚犯的状况会因单独监禁而恶化时应禁止对其实施此类措施。继续适用预防犯罪和刑事司法领域的其他联合国标准和规范❶提及的规定，即在涉及妇女和儿童的情况下禁止使用单独监禁和类似措施。

规则 46

1. 医疗保健人员不应在实施纪律惩罚或其他限制措施上起到任何作用。但他们应当特别注意处于任何形式的非自愿隔离中的囚犯的健康，包括每日访问此类囚犯并在此

---

❶ 见《联合国保护被剥夺自由的少年规则》67（大会第 45/113 号决议）；《联合国关于女性囚犯待遇和女性罪犯非拘禁措施的规则》（曼谷规则）规则 22（大会第 65/279 号决议）

类囚犯或监狱工作人员的请求下立即提供医疗帮助和治疗。

2. 医疗保健人员应毫不迟延地向监狱长报告纪律惩罚或其他限制措施对被施以此类惩罚或措施的囚犯的身心健康产生的任何不利影响,并应在认为出于身心健康原因有必要终止或更改这些惩罚或措施时向监狱长提出建议。

3. 医疗保健人员应有权审查和建议更改对囚犯的非自愿隔离,以便确保这种隔离不致恶化囚犯的健康状况或精神残疾和身体残疾。

戒具

规则 47

1. 应当禁止使用铁链、镣铐和本身具有侮辱性或致痛性的其他戒具。

2. 只有法律许可和在下列情况下,才应使用其他戒具:

(a) 移送囚犯时防其脱逃,但囚犯在司法或行政机关中出庭时,应予除去;

(b) 如果其他管制办法无效,经监狱长下达命令,以避免囚犯伤害自己、伤及他人或损坏财产;遇此情况,监狱长应立即通知医生或其他合格医疗保健专业人员并报告上级行政机关。

规则 48

1. 若依规则 47 第 2 款核准施加戒具,应遵守下列原则:

(a) 仅在更轻微的管制形式无法有效应对无限制移动造成的风险时才可施加戒具;

(b) 基于风险级别和性质,限制办法应是控制囚犯移动所需并合理可得的最不具侵入性的办法;

(c) 仅应在必要期限内施加戒具,当无限制移动造成的风险不再存在后应尽快予以除去。

2. 绝不应对处于生产、分娩过程和刚分娩完的妇女使用戒具。

规则 49

监狱管理部门应寻求获得管制技术并提供使用这种技术的培训,以避免施加戒具的必要或减少其侵入性。

搜查囚犯和囚室

规则 50

有关搜查囚犯和囚室的法律和规章应符合国际法规定的义务并考虑到国际标准和规范,同时铭记需要确保监狱中的保安。进行搜查时应尊重被搜查者作为人所固有的尊严和隐私,并应遵循相称性、合法性和必要性的原则。

规则 51

不应利用搜查进行骚扰、恐吓或对囚犯的隐私进行不必要的侵犯。出于问责目的,监狱管理部门应保存适当的搜查记录,特别是脱衣搜查、体腔搜查和囚室搜查的记录,以及搜查原因、搜查人员身份和搜查结果的记录。

规则 52

1. 应仅在绝对必要时才进行侵入性搜查,包括脱衣搜查和体腔搜查。应鼓励监狱管理部门制订和使用适当的替代方法,以代替侵入性搜查。侵入性搜查应在私下由与囚犯相同性别、受过训练的工作人员进行。

2. 体腔搜查应仅由合格的医疗保健专业人员进行，不得由主要是负责照顾该囚犯的保健人员进行，或至少应由经过医学专业人员适当训练的工作人员按卫生、健康和安全标准进行。

规则 53

囚犯应可以查阅，或应准在不经监狱管理部门查阅的情况下拥有，与其诉讼程序有关的文件。

囚犯获得资料及提出申诉

规则 54

囚犯入狱时应立即发给书面资料，载述以下信息：

（a）监狱法和适用的监狱规章；

（b）囚犯的权利，包括允许以何种方式寻求资料、获得法律咨询，包括借助法律援助计划，以及提出请求或申诉的程序；

（c）囚犯的义务，包括适用的纪律惩罚；

（d）使囚犯能够适应监狱生活的所有其他必要事项。

规则 55

1. 规则54提及的资料应根据监狱囚犯的需要以最通用的语言提供。如果囚犯不懂其中任何语言，应当提供口译协助。

2. 如果囚犯为文盲，应当向其口头传达资料。对于有感官残疾的囚犯，应以适合其需要的方式提供资料。

3. 监狱管理部门应当在监狱的公共区域突出展示资料概要。

规则 56

1. 囚犯应当每日都有机会向监狱长或奉派代表监狱长的监狱工作人员提出请求或申诉。

2. 在监狱检查员进行检查时，应可向其提出请求或申诉。囚犯应有机会同检查员或其他检查官员进行自由和完全保密的谈话，监狱长或其他工作人员不得在场。

3. 应允许囚犯向中央监狱管理部门、司法主管机关或其他主管机关，包括有审查或纠正权的机关，提出关于其待遇的请求或申诉，内容不受检查。

4. 本项规则第1～3款下的权利应当延至囚犯的法律顾问。如果囚犯或其法律顾问都不可能行使那些权利，囚犯的家属或任何了解案情的其他人均可予以行使。

规则 57

1. 对每项请求或申诉都应迅速处理并毫无迟延地给予答复。如果请求或申诉被驳回，或有不当迟延，申诉人应有权提交司法主管机关或其他主管机关。

2. 应当规定保障措施，确保囚犯可安全地提出请求或申诉，并在申诉人请求保密的情况下确保保密。不得使规则56第4款提及的囚犯或其他人因提出请求或申诉而承受任何报复、威吓或其他负面后果的风险。

3. 对囚犯受到的酷刑或其他残忍、不人道或有辱人格的待遇或处罚的指控应当立即加以处理，并应依据规则71第1款和第2款由独立国家机关立即开展公正调查。

同外界的接触

规则 58

1. 囚犯应准在必要监督之下，通过以下方式经常同亲属和朋友联络：

（a）书面通信，以及使用电信、电子、数字和其他方式的通信（如有的话）；

（b）接受探监。

2. 如果允许配偶探访，则应无歧视地适用这一权利，而且女囚犯应能与男囚犯平等行使这一权利。应规定程序和提供场所，以确保公正而平等地提供机会，同时适当注意安全和尊严。

规则 59

应尽可能将囚犯分配至接近其家庭或恢复社会生活的地点的监狱。

规则 60

1. 在探监者同意被搜查后，视条件准许其进入监狱设施。探监者可以随时撤回自己的同意，在此情况下，监狱管理部门可以拒绝其进入。

2. 针对探监者的搜查和进入程序不应有辱人格，应至少遵守规则 50～规则 52 中所规定的保护性原则。应避免体腔搜查，不应对儿童进行这种搜查。

规则 61

1. 应当依据适用的国内法律向囚犯提供适当机会、时间和设施，以便其在不受拖延、阻拦或审查且完全保密的情况下接受自己选择的法律顾问或法律援助提供者的探访并就任何法律问题与之沟通和咨询。咨询可在监狱工作人员视线范围内但听力范围外进行。

2. 如果囚犯不讲当地语言，监狱管理部门应当帮助其获得独立合格口译员的服务。

3. 囚犯应当获得有效的法律援助。

规则 62

1. 外籍囚犯应准获得合理便利同所属国外交和领事代表通讯联络。

2. 囚犯为在所在国没有外交或领事代表的国家的国民和囚犯为难民或无国籍人时，应准获得类似便利，同代管其利益的国家的外交代表或同负责保护这类人的国家或国际机构通讯联络。

规则 63

囚犯应能以阅读报章杂志和特种机关出版物、收听无线电广播、听演讲或以监狱管理部门核准或控制的类似方法，经常获知比较重要的新闻。

书籍

规则 64

监狱应设置图书馆，购置充足的娱乐和教学书籍，以供各类囚犯使用，并应鼓励囚犯充分利用图书馆。

宗教

规则 65

1. 如果监狱囚禁的同一宗教囚犯达到相当人数，应指派或批准该宗教的合格代表一人。如果就囚犯人数而言确实恰当而条件又许可，则该代表应为专任。

2. 本项规则第 1 款中指派的或批准的合格代表应被准许按期举行仪式，并在适当时间，私下前往同一宗教的囚犯处进行宗教访问。

3. 不得拒绝囚犯往访任一宗教的合格代表。但如果囚犯反对任何宗教代表前来访问，此种态度应受充分尊重。

规则 66

在可行范围之内，囚犯应准参加监狱举行的仪式并准持有所属教派宗教戒律和教义的书籍，以满足其宗教生活的需要。

囚犯财产的保管

规则 67

1. 凡囚犯私有的金钱、贵重物品、衣服和其他物件按监狱规定不得自行保管时，应于入狱时由监狱妥为保管。囚犯应在清单上签名。应采取步骤保持物品完好。

2. 囚犯出狱时，这类物品、钱财应照数归还，但囚犯曾奉准使用金钱或将此财产送出监狱之外，或根据卫生理由必须销毁衣物等情形不在此限，囚犯应签收所发还的物品钱财。

3. 代囚犯所收外界送来的财物，应依同样办法加以管理。

4. 如果囚犯携入药剂或药品，医生或其他合格医疗保健专业人员应决定其用途。

通知

规则 68

所有囚犯均应有权并应得到能力和手段立刻将自己被收监、被移送至另一监所以及任何严重疾病或受伤之事告知自己的家人或被指定为联系人的任何其他人。应依据国内立法分享囚犯的个人资料。

规则 69

如果囚犯死亡，监狱长应立即告知囚犯的至亲或紧急联系人。监狱长应向囚犯指定接收其健康信息的个人告知囚犯的严重疾病、受伤或移送至医疗机构的情况。若囚犯明确要求在生病或受伤时不通知其配偶或最近亲属，应当予以尊重。

规则 70

囚犯的近亲或任何其他重要的人重病或死亡时，监狱管理部门应立即通知囚犯。只要情况允许，应批准囚犯在护送下或单独前往身患重病的近亲或任何其他重要的人的床前或参加近亲或其他重要的人的葬礼。

调查

规则 71

1. 即便启动了内部调查，监狱长仍应毫不迟延地向司法或其他主管机关报告监禁中的死亡、失踪或严重受伤事件，该主管机关应独立于监狱管理部门之外并有权立即公正而有效地调查此类事件的背景和原因。监狱管理部门应与该机关充分合作并确保保全所有证据。

2. 不论是否接到正式申诉，只要有合理理由相信狱中实施了酷刑或其他残忍、不人道或有辱人格的待遇或处罚行为，即应平等适用本项规则第 1 款中的义务。

3. 只要有合理理由相信实施了本项规则第 2 款中提及的行为，即应立即采取步骤以确保可能牵涉其中的全部人员没有参与调查且没有与目击者、受害者或受害者家人接触。

规则 72

监狱管理部门应以尊重而有尊严的方式处理死亡囚犯的遗体。应在合理情况下尽快将死亡囚犯的遗体归还其至亲，最迟在调查结束之时。若无其他负责方愿意或能够举办一场文化上得体的葬礼，监狱管理部门应协助举办这样的葬礼并应保存该事项的完整记录。

囚犯的迁移

规则 73

1. 囚犯被送入或移出监所时，应尽量避开公众耳目，并应采取适当保安措施，使他们不受任何形式的侮辱、好奇的注视或宣传。

2. 禁止用通风不良或光线不足的车辆，或使囚犯忍受不必要的肉体痛苦的其他方式运送囚犯。

3. 运送囚犯的费用应由监狱管理部门负担，囚犯所享条件一律平等。

监所人事

规则 74

1. 监狱的正确管理端赖管理人员的正直、仁慈、专业能力和个人的称职，所以，监狱管理部门应就谨慎挑选各级管理人员作出规定。

2. 监狱管理部门应经常设法唤醒管理人员和公众的认识，使其始终确信这项工作是极其重要的社会服务；为此目的，应利用一切向公众宣传的适当工具。

3. 为保证达成上述目的，管理人员应被作为专任的专业监狱工作人员予以任用，具有公务员身份，为终身职，但须符合品行优良、效率高、体能健全等条件。薪资应当适宜，足以罗致并保有称职男女；由于工作艰苦，雇用福利金及服务条件应该优厚。

规则 75

1. 所有监狱工作人员都应具有适当教育水平，并应得到以专业方式履行职责的能力和手段。

2. 所有监狱工作人员就职前应就其一般和特定职责接受定制训练，训练应当反映刑罚科学的当代最佳循证做法。在训练结束时只有成功通过理论和实践测验的候选人方可获准在监狱部门入职。

3. 监狱管理人员就职后和在职期间，监狱管理部门应当确保持续举办在职训练班，以维持并提高工作人员的知识和专业能力。

规则 76

1. 规则 75 第 2 款提及的训练应当至少包括以下方面的训练：

（a）相关的国家法律、条例和政策，以及适用的国际文书和区域文书，必须以其中的规定指导监狱工作人员的工作及其与囚犯的互动；

（b）监狱工作人员在履行职责时的权利和义务，包括尊重所有囚犯作为人的尊严，以及禁止某些行为，尤其是禁止酷刑和其他残忍、不人道或有辱人格的待遇或处罚；

（c）保安和安全，包括动态保安的概念、使用武力和戒具，以及对凶暴罪犯的管理，并适当考虑到预防办法和减少危险的办法，如谈判和调解；

（d）急救、囚犯的社会心理需要和在监狱环境中的相应动态，以及社会关怀和援助，包括及早发现精神健康问题。

2. 负责与某些类别囚犯打交道的监狱工作人员，或被指派从事其他专业职能的监狱工作人员，应当接受具有相应重点的训练。

规则 77

全体监狱工作人员应随时注意言行、善尽职守，以身作则，感化囚犯改恶从善，以赢得囚犯尊敬。

规则 78

1. 监狱工作人员中应该尽可能包括足够人数的精神病医生、心理学家、社会工作人员、教员、手艺教员等专家。

2. 社会工作人员、教员、手艺教员应确定为终身职，但不因此排除兼职或志愿工作人员。

规则 79

1. 监狱长应该在性格、行政能力、适当训练和经验上都合格胜任。

2. 监狱长应以其全部工作时间执行公务，不应是兼职的任用。他或她应在监狱房舍内或附近居住。

3. 一位监狱长兼管两所或更多监狱时，应频繁访问其中每一所监狱。这些监狱各自都应由一位常驻负责官员主管。

规则 80

1. 监狱长、副监狱长及大多数其他监狱工作人员应能讲最多囚犯所用或所懂的语言。

2. 必要时，应利用合格口译员的服务。

规则 81

1. 监狱兼收男女囚犯时，监狱女犯部应由一位女性工作人员负责管理，并由她保管该部全部的钥匙。

2. 除非有女性工作人员陪同，男性工作人员不得进入监狱中的女犯部。

3. 女犯应仅由女性工作人员照料、监督。但此项规定并不妨碍男性工作人员，特别是医生和教员，在专收女犯的监狱或在监狱的女犯部执行其专门职务。

规则 82

1. 除非为自卫，或遇企图脱逃或根据法律或规章所下的命令遭到积极或消极体力抵抗的情况，监狱工作人员在同囚犯的关系中不得使用武力。使用武力的监狱工作人员不得超出严格必要的限度，并须立即将此事件向监狱长提出报告。

2. 监狱工作人员应接受特别体格训练，使他们能够制服凶暴的囚犯。

3. 除遇特殊情况外，监狱工作人员执行职务而同囚犯直接接触时，不应武装。此外，监狱工作人员非经武器使用训练，无论如何不得配备武器。

内部和外部检查

规则 83

1. 应有一种双重系统，定期对监狱和惩教院所进行检查：

（a）中央监狱管理部门进行的内部检查或行政检查；

（b）独立于监狱管理部门的机构（可包括国际或区域主管机构）进行的外部检查。

2. 在这两种情形下，检查的目的应是确保监狱按照现行法律、条例、政策和程序进行管理，从而实现惩教和感化院所的目的，并使囚犯权利得到保护。

规则 84

1. 检查人员应当有权：

（a）查阅关于囚犯人数以及关押地点和位置的所有信息，以及与囚犯待遇有关的所有信息，包括其记录和关押条件；

（b）自由选择所要访问的监狱，包括主动突然访问，并自由选择所要会见的囚犯；

（c）在访问过程中与囚犯和监狱工作人员进行完全保密的私下会见；

（d）向监狱管理部门和其他主管机关提出建议。

2. 外部检查小组应由主管机关指定的富有经验的合格检查员组成，并且包括医疗保健专业人员。应适当注意性别分配均衡。

规则 85

1. 每次检查结束后都应向主管机关提交书面报告。应适当考虑将外部检查报告公之于众，但不包括关于囚犯的任何个人信息，除非其明确同意公开这些信息。

2. 监狱管理部门或其他主管部门视情况应在合理时间内表明其是否会落实外部检查所提出的建议。

二、适用于特殊类别的规则

A. 服刑中的囚犯

指导原则

规则 86

下述指导原则目的在于说明按照本套规则序言部分 1 的陈述管理监所应本着的精神和监所应有的目的。

规则 87

刑期完毕以前，宜采取必要步骤，确保囚犯逐渐恢复正常社会生活。按具体情形，可在同一监狱或另一适当监所内制定出狱前的办法，亦可在某种监督下实行假释，来达到此目的；但监督不可委之于警察，而应与社会援助有效结合。

规则 88

1. 囚犯的待遇不应强调他们被排斥于社区之外，而应强调他们仍是社区的一部分。因此，应该尽可能请求社会机构在恢复囚犯社会生活的工作方面，协助监狱工作人员。

2. 每一所监狱都应联系社会工作人员，由其负责保持并改善囚犯同亲属以及有用社会机构的一切合宜关系。应该采取步骤，在法律和判决所容许的最大可能范围之内，保障囚犯涉及民事利益的权利、社会保障权利和其他社会福利。

规则 89

1. 要实现以上原则，需要对囚犯施以个性化待遇，并因此需要制订富有弹性的囚犯分组制度。所以，宜把各组囚犯分配到适于实行各组不同待遇的不同监狱中去。

2. 这些监狱不必对每组囚犯都作出同样程度的保安。宜按各组的需要，分别作出不同程度的保安。开放式监狱由于不作具体保安来防止脱逃，而依赖囚犯的自我约束，所以可为严格选定的囚犯恢复正常生活提供最有利条件。

3. 关闭式监狱的囚犯人数不宜过多，以免妨碍实施个性化待遇。有些国家认为，这种监狱的人数不应超过500。开放式监狱的人数愈少愈好。

4. 另一方面，监狱又不宜过小，以致不能提供适当设备。

规则90

社会的责任并不因囚犯出狱而终止。所以应有公私机构能向出狱囚犯提供有效的善后照顾，其目的在减少公众对他或她的偏见，便利他或她恢复正常社会生活。

待遇

规则91

对被判处监禁或类似措施的人所施的待遇应以在刑期许可范围内培养他们出狱后守法自立的意愿和能力为目的。此种待遇应该足以鼓励犯人自尊并树立责任感。

规则92

1. 为此目的，应该考虑到囚犯的社会经历和犯罪经过、身心能力和习性、个人脾气、刑期长短及出狱后展望，而按每一位囚犯的个人需要，使用一切恰当办法，其中包括宗教关怀（在可能给予此种关怀的国家）、教育、职业指导和训练、社会个案调查、就业辅导、体能训练和道德品格的加强。

2. 对刑期适当的囚犯，监狱长应于囚犯入狱后，尽早取得关于本项规则第1款所述一切事项的详细报告。此类报告应始终包括医生或其他合格医疗保健专业人员关于囚犯身心状况的报告。

3. 报告及其他有关文件应列入单个档案之内。档案应该反映最新情况，并应加以分类，使负责人员需要时得以查阅。

分类和个性化

规则93

1. 分类的目的如下：

（a）将由于犯罪记录或个性而可能对人发生不良影响的囚犯同其他囚犯隔离；

（b）将囚犯分类，以便利实行有助于他们恢复正常社会生活的待遇。

2. 可能时应该对不同种类的囚犯所施的待遇在不同的监狱或同一监狱的不同部分进行。

规则94

在囚犯入狱并对刑期适当的每一位囚犯的个性作出研究后，应尽快参照有关他或她个人需要、能力、性情的资料，为他或她拟定一项待遇方案。

优待

规则95

每一所监狱都应针对不同种类的囚犯及不同的待遇方法，制定优待制度，以鼓励端正行为，启发责任感、确保囚犯对他们所受待遇发生兴趣并给予合作。

工作

规则 96

1. 服刑囚犯应有机会工作和（或）积极参与恢复正常生活，但以医生或其他合格医疗保健专业人员断定其身心健康为限。

2. 在正常工作日，应交给足够的有用工作，使囚犯积极去做。

规则 97

1. 监狱劳动不得具有折磨性质。

2. 不应将囚犯当作奴隶或劳役对待。

3. 不应要求囚犯为任何监狱工作人员的个人或私人利益工作。

规则 98

1. 可能时，所交工作应足以保持或增进囚犯出狱后诚实谋生的能力。

2. 对能够从中受益的囚犯，特别是对青少年囚犯，应该提供有用行业方面的职业训练。

3. 在符合正当职业选择和监所管理及纪律要求的限度内，囚犯应得以选择所愿从事的工作种类。

规则 99

1. 监狱内工作的组织与方法应尽量接近监狱外类似工作的组织和方法，使囚犯对正常职业生活情况有所准备。

2. 但囚犯及其在职业训练上的利益不得屈从于监狱产业盈利的目的。

规则 100

1. 监所工厂和农场最好直接由监狱管理部门而不由私人承包商经营。

2. 囚犯受雇的工作不受监狱管理部门控制时，他们应始终受监狱工作人员监督。除为政府其他部门工作外，工作的正常工资应由相关劳动所服务的人全数交付监狱管理部门，但应考虑到囚犯的产量。

规则 101

1. 监狱应同样遵守为保护自由工人的安全和健康而制定的防护办法。

2. 应该作出规定，以赔偿囚犯所受工伤，包括职业疾病，赔偿条件不得低于自由工人依法所获条件。

规则 102

1. 囚犯每日及每周最高工时应由法律或行政条例规定，但应考虑到当地有关雇用自由工人的规则或习惯。

2. 所定工时应准许每周休息一日，且有足够时间依规定接受教育和进行其他活动，作为对囚犯所施待遇及其恢复正常生活的一部分。

规则 103

1. 对囚犯的工作，应订立公平报酬的制度。

2. 按此制度，囚犯应准至少花费部分收入购买核定的物件以供自用，并将部分收入交付家用。

3. 此项制度还应规定监狱管理部门应扣出部分收入，设立一项储蓄基金，在囚犯出狱时交给囚犯。

教育和娱乐

规则 104

1. 应该设法对所有可从中受益的囚犯继续进行教育，包括在可以进行的国家进行宗教教育。文盲囚犯及青少年囚犯应接受强迫教育，监狱管理部门应予特别注意。

2. 在可行范围内，囚犯教育应同本国教育制度结合，以便囚犯出狱后得以继续接受教育而无困难。

规则 105

所有监狱均应提供文娱活动，以利囚犯身心健康。

社会关系和善后照顾

规则 106

凡合乎囚犯及其家庭最大利益的双方关系，都应特别注意维持和改善。

规则 107

从囚犯判刑开始便应考虑其出狱后的前途，并应鼓励和协助囚犯维系或建立同监狱外个人或机构的关系，以推动囚犯恢复正常生活并促进其家庭的最佳利益。

规则 108

1. 政府或民间协助出狱囚犯重新自立于社会的服务部门和办事机构都应在可能和必要时确保出狱囚犯持有正当证件，获得适当住所和工作，能有对季节和气候适宜的服装，并持有足够金钱，以前往目的地，并在出狱后一段时间内维持生活。

2. 此类机构经核可的代表应准于必要时进入监狱，会见囚犯，并应在囚犯判刑后受邀咨询囚犯的前途。

3. 宜要求这些机构的活动尽可能集中或协调，以发挥最大的效用。

B. 有精神残疾和（或）健康问题的囚犯

规则 109

1. 经认定没有刑事责任的人，即后来被诊断具有严重精神残疾和（或）健康问题的人，待在监狱中会使其状况恶化，因此不应关押在监狱中，而应作出安排，尽快将他们迁往精神医疗院所。

2. 如有必要，对于有精神残疾和（或）健康问题的其他囚犯，可在专门院所在合格医疗保健专业人员的监督下加以观察和治疗。

3. 医务处应向需要精神病治疗的所有其他囚犯提供治疗。

规则 110

应该同适当机构设法采取步骤，以确保必要时在囚犯出狱后继续进行精神病治疗，并提供社会精神病治疗方面的善后照顾。

C. 在押或等候审讯的囚犯

规则 111

1. 本套规则下称的"未经审讯的囚犯"，是指受刑事控告而被逮捕或监禁、由警察拘留或监狱监禁但尚未经审讯和判刑的人。

2. 未经判罪的囚犯视同无罪，并应受到如此待遇。

3. 在不妨碍保护个人自由的法律规则或订立对于未经审讯的囚犯所应遵守的程序

的情况下，这种囚犯应可享受特殊办法，下述规则仅叙述此项办法的基本要件。

规则 112

1. 未经审讯的囚犯应同已经判罪的囚犯隔离。

2. 未经审讯的青少年囚犯应同成年囚犯隔离，原则上应拘留于不同的监所。

规则 113

未经审讯的囚犯应在单独房间中单独就寝，但地方上因气候而有不同习惯时不在此限。

规则 114

在符合监所良好秩序的限度以内，未经审讯的囚犯可随意通过管理部门或亲友从外界自费购买食物。否则，管理处应供应食物。

规则 115

未经审讯的囚犯如果服装清洁适宜，应准穿着自己的服装。如果该囚犯决定穿着监狱服装，则应与发给已经判罪的囚犯的服装不同。

规则 116

对未经审讯的囚犯应随时给予工作机会，但不得要求其工作。如囚犯决定工作，则应给予报酬。

规则 117

未经审讯的囚犯应准自费或由第三人支付购买不妨碍司法和监所安全及良好秩序的书籍、报纸、书写材料或其他消遣用品。

规则 118

如果未经审讯的囚犯所提申请合理且有能力支付费用，应准其接受私人医生或牙医的诊疗。

规则 119

1. 所有未经审讯的囚犯都有权被立即告知其被拘留的原因和针对其提出的任何指控。

2. 在司法利益有要求的所有情形下，未经审讯的囚犯没有其自己选择的法律顾问的，应有权得到司法机关或其他机关为其指定的法律顾问，该未经审讯的囚犯如果没有足够的手段付费，则无需付费。对于拒绝给予获得法律顾问机会的情况，应当毫不迟延地予以独立审查。

规则 120

1. 未经审讯的囚犯为使自己得到辩护之目的而获得法律顾问或法律援助提供者的权利和方法应当遵守规则 61 所规定的原则。

2. 未经审讯的囚犯若有要求，应向其提供书写材料以编写与其辩护有关的文件，包括对其法律顾问或法律援助提供者的机密指示。

D. 民事囚犯

规则 121

在法律准许因债务或因其他非刑事程序的法院命令而实行监禁的国家，这样被监禁的人所受限制或苛严对待的程度，不得大于确保安全看管和良好秩序所必要的限度。他们所受待遇不应低于未经审讯的囚犯，但也许可以要求他们工作。

E. 未经指控而被逮捕或拘留的人

规则 122

在不妨碍《公民权利和政治权利国际公约》29 第九条规定的情况下，未经指控而被逮捕或被监禁的人应享有本套规则第一部分和第二部分 C 节所给予的同样保护。如适用规则第二部分 A 节的有关规定可有利于这一特定群组的被拘押人，则这些规定应同样适用，但对于未经判定任何刑事罪名的人不得采取任何意味着他们必须接受再教育或改造的措施。

参 考 文 献

[1] 王志亮,黄新明. 中国监狱行刑政策原理. 北京:中国法制出版社,2015.
[2] 金鉴. 监狱学总论. 北京:法律出版社,1999.
[3] 杨殿升. 监狱法学. 第2版. 北京:北京大学出版社,2008.
[4] 乔成杰. 监狱执法实务. 北京:化学工业出版社,2011.
[5] 范方平. 监狱法二十年回顾与展望. 北京:中国长安出版社,2014.
[6] 中国监狱工作协会. 监狱文化解读. 北京:中国长安出版社,2016.
[7] 薛梅卿,黄新明. 中国革命根据地狱制史. 北京:法律出版社,2011.
[8] 柳忠卫. 假释制度比较研究. 济南:山东大学出版社,2005.
[9] 吴宗宪. 当代西方监狱学. 北京:法律出版社,2005.
[10] 林纪东. 监狱学. 台北:台湾三民书局,1997.
[11] 邵雷. 中英监狱管理交流手册. 长春:吉林人民出版社,2014.
[12] 杨木高. 中国老年犯矫正制度研究. 南京:南京大学出版社,2015.
[13] 杨木高. 中国女犯矫正制度研究. 南京:南京大学出版社,2012.
[14] 胡春莉. 未成年犯刑罚制度研究. 武汉:武汉大学出版社,2012.
[15] 王云海. 监狱行刑的法理. 北京:中国人民大学出版社,2010.
[16] 公丕祥. 法理学. 第2版. 上海:复旦大学出版社,2008.
[17] [挪]托马斯·马蒂森. 受审判的监狱. 胡菀如,译. 北京:北京大学出版社,2014.
[18] [美]贝兹·卓辛格. 把他们关起来,然后呢?陈岳辰,译. 北京:中信出版社,2017.
[19] [法]米歇尔·福柯. 规训与惩罚. 刘北成,译. 北京:生活·读书·新知三联书店,1999.
[20] [英]边沁. 道德与立法原理导论. 时殷弘,译. 北京:商务印书馆,2000.
[21] [美]博登海默. 法理学——法哲学与法律方法. 邓正来,译. 北京:中国政法大学出版社,1999.
[22] 肖世杰. 清末监狱改良:思想与体制的重塑. 北京:法律出版社,2009.
[23] [日]小河滋次郎口述. 熊元翰编. 监狱学. 上海:上海人民出版社,2013.
[24] 翟中东. 刑罚个别化研究. 北京:中国人民公安大学出版社,2001.
[25] 翟中东. 矫正的变迁. 北京:中国人民公安大学出版社,2013.
[26] 陈兴良. 宽严相济刑事政策研究. 北京:中国人民大学出版社,2007.